新动能：再造国家治理能力

中国发展动态（2017）

北京大学法治研究中心　编著

中信出版集团 | 北京

图书在版编目（CIP）数据

新动能：再造国家治理能力 / 北京大学法治研究中心编著. --北京：中信出版社，2019.1

（中国道路丛书）

ISBN 978-7-5086-9874-8

Ⅰ. ①新… Ⅱ. ①北… Ⅲ. ①国家-行政管理-研究-中国 Ⅳ. ①D630.1

中国版本图书馆CIP数据核字(2018)第284877号

新动能：再造国家治理能力

著　　者：北京大学法治研究中心

出版发行：中信出版集团股份有限公司

（北京市朝阳区惠新东街甲4号富盛大厦2座　邮编　100029）

承 印 者：北京诚信伟业印刷有限公司

开　　本：787mm × 1092mm　1/16　　印　张：21.75　　字　数：310千字

版　　次：2019年1月第1版　　印　次：2019年1月第1次印刷

广告经营许可证：京朝工商广字第8087号

书　　号：ISBN 978-7-5086-9874-8

定　　价：68.00元

“中国道路”丛书学术委员会

“中国道路”丛书编委会

“中国道路”丛书总序言

中华人民共和国成立60多年以来，中国一直在探索自己的发展道路。特别是在改革开放30多年的实践中，努力寻求既发挥市场活力，又充分发挥社会主义优势的发展道路。

改革开放推动了中国的崛起。怎样将中国的发展经验进行系统梳理，构建中国特色的社会主义发展理论体系，让世界理解中国的发展模式？怎样正确总结改革与转型中的经验和教训？怎样正确判断和应对当代世界的诸多问题和未来的挑战，实现中华民族的伟大复兴？这都是对中国理论界的重大挑战。

为此，我们关注并支持有关中国发展道路的学术中一些有价值的前瞻性研究，并邀集各领域的专家学者，深入研究中国发展与改革中的重大问题。我们将组织编辑和出版反映与中国道路研究有关的成果，用中国理论阐释中国实践的系列丛书。

“中国道路”丛书的定位是：致力于推动中国特色社会主义道路、制度、模式的研究和理论创新，以此凝聚社会共识，弘扬社会主义核心价值观，促进立足中国实践、通达历史与现实、具有全球视野的中国学派的形成；鼓励和支持跨学科的研究和交流，加大对中国学者原创性理论的推动和传播。

“中国道路”丛书的宗旨是：坚持实事求是，践行中国道路，发展中国学派。

始终如一地坚持实事求是的认识论和方法论。总结中国经验、探讨中国模式，应注重从中国现实而不是从教条出发。正确认识中国的国情，正确认识中国的发展方向，都离不开实事求是的认识论和方法论。一切从实际出发，以实践作为检验真理的标准，通过实践推动认识的发展，这是中国共产党的世纪奋斗历程中反复证明了的正确认识路线。违背它就会受挫失败，遵循它就能攻坚克难。

毛泽东、邓小平是中国道路的探索者和中国学派的开创者，他们的理论创新始终立足于中国的实际，同时因应世界的变化。理论是行动的指南，他们从来不生搬硬套经典理论，而是在中国建设和改革的实践中丰富和发展社会主义理论。我们要继承和发扬这种精神，摒弃无所作为的思想，拒绝照抄照搬的教条主义，只有实践才是真知的源头。“中国道路”丛书将更加注重理论的实践性品格，体现理论与实际紧密结合的鲜明特点。

坚定不移地践行中国道路，也就是在中国共产党领导下的中国特色社会主义道路。我们在经济高速增长的同时，也遇到了来自各方面的理论挑战，例如将改革开放前后两个历史时期彼此割裂和截然对立的评价；例如极力推行西方所谓“普世价值”和新自由主义经济理论等错误思潮。道路问题是大是大非问题，我们的改革目标和道路是高度一致的，因而，要始终坚持正确的改革方向。历史和现实都告诉我们，只有社会主义才能救中国，只有社会主义才能发展中国。在百年兴衰、大国博弈的历史背景下，中国从积贫积弱的状态中奋然崛起，成为世界上举足轻重的大国，成就斐然，道路独特。既不走封闭僵化的老路，也不走改旗易帜的邪路，一定要走中国特色的社会主义正路，这是我们唯一正确的选择。

推动社会科学各领域中国学派的建立，应该成为致力于中国道路探讨的有识之士的宏大追求。正确认识历史，正确认识现实，积极促进中国学者原创性理论的研究，那些对西方理论和价值观原教旨式的顶礼膜拜的学风，应当受到鄙夷。古今中外的所有优秀文明成果，我们都应该兼收并蓄，但绝不可泥古不化、泥洋不化，而要在中国道路的实践中融会贯通。以实践创新推动理论创新，以理论创新引导实践创新，从内容到形式，从理论架构到话语体系，一以贯之地奉行这种学术新风。我们相信，通过艰苦探索、努力创新得来的丰硕成果，将会在世界话语体系的竞争中造就立足本土的中国学派。

“中国道路”丛书具有跨学科及综合性强的特点，内容覆盖面较宽，开放性、系统性、包容性较强。其分为学术、智库、纪实专访、实务、译丛等类型，每种类型又涵盖不同类别，例如在学术类中就涵盖文学、历史学、哲学、经济学、政治学、社会学、法学、战略学、传播学等领域。

这是一项需要进行长期努力的理论基础建设工作，这又是一项极其艰巨的系统工程。基础理论建设严重滞后，学术界理论创新观念不足等现状是制约因素之一。然而，当下中国的舆论场，存在思想乱象、理论乱象、舆论乱象，流行着种种不利于社会主义现代化事业和安定团结的错误思潮，迫切需要正面发声。

经过60多年的社会主义道路奠基和30多年的改革开放，我们积累了丰富的实践经验，迫切需要形成中国本土的理论创新和中国话语体系创新，这是树立道路自信、理论自信、制度自信、文化自信，在国际上争取话语权所必须面对的挑战。我们将与了解中国国情，认同中国改革开放发展道路，有担当精神的中国学派，共同推动这项富有战略意义的出版工程。

中信集团在中国改革开放和现代化建设中曾经发挥了独特的作用，它不仅勇于承担大型国有企业经济责任和社会责任，同时也勇于承担政治责任。它不仅是改革开放的先行者，同时也是中国道路的践行者。中信将以历史担当的使命感，来持续推动中国道路出版工程。

2014 年 8 月，中信集团成立了中信改革发展研究基金会，构建平台，凝聚力量，致力于推动中国改革发展问题的研究，并携手中信出版社共同进行“中国道路”丛书的顶层设计。

“中国道路”丛书的学术委员会和编辑委员会，由多学科多领域的专家组成。我们将进行长期的、系统性的工作，努力使“中国道路”丛书成为中国理论创新的孵化器，中国学派的探讨与交流平台，研究问题、建言献策的智库，传播思想、凝聚人心的讲坛。

孔丹

2015年10月25日

新动能：再造国家治理能力

中国发展动态（2017）

主　　编：吴　双　张佳俊

编　　辑（按姓氏笔画排序）：

于文林　王　慧　王玉锦　王依琪　庄晓月　庄慕平

刘红雨　刘环宇　孙文帅　李振宇　吴　双　张宁远

周　盛　胡海娜　段相宇　袁伊劲　贾　冉　翁雯雯

宾　颖　黄时烨　葛　迎　籍　婷

“动态中国”丛书出版说明

党的十八大以来的5年，是中国发展进程中极不平凡的5年，这5年，中国的改革开放和社会主义建设取得历史性的成就。中国从毛泽东时代的“站起来”、邓小平时代的“富起来”开始进入习近平时代的“强起来”。如果说在过去一些年，国内外学者普遍关注“中国崛起”这个话题，并试图在理论上解释中国为什么会崛起，那么最近一些年他们更加关注中国崛起对世界意味着什么，一个强大的中国为世界贡献了什么，中国的复兴能不能为世界发展提供新的发展模式和发展道路，并为其他国家提供中国经验和中国智慧。

近代以来，中国由于遭受列强侵略，社会经济文化相对落后，中华民族一度处于被动挨打地位，中国一直在探索独立和复兴之路。直至一百年前十月革命一声炮响，给中国送来了马克思列宁主义，在马克思列宁主义同中国革命的结合过程中，中国共产党应运而生。中国共产党从成立的第一天起，就义无反顾地肩负起实现中华民族伟大复兴的历史使命，团结带领中国人民走出山河破碎、内忧外患、战争连绵的黑暗境地，并通过长期的革命和建设，建立起繁荣富强的社会主义新中国。

无论是中国革命道路，还是中国社会主义建设道路，中国在探索现代化道路的过程中始终保持着独立自主的政治品格，这构成毛泽东时代、邓小平时代和习近平时代在与时俱进中不断变化的内在连续性，由此走出了一条既具有鲜明中国特色、又深具辐射力的现代化道路。党的十九大报告明确指出，中国的探索“拓展了发展中国家走向现代化的途径，给世界上那些既希望加快发展又希望保持自身独立性的国家和民族提供了全新选择，为解决人类问题贡献了中国智慧和中国方案”。这就意味着，中国走出了一条具有普遍意义的现代化道路。而要理解这条现代化道路的意涵，就必须知道“中国在做什么”，理解“中国在想什么”。这就是我们编辑出版“动态中国”丛书的出发点。

北京大学法治研究中心以2012年中国进入新时代为开端，以智库报告的方式编辑“动态中国”丛书，该丛书包括：“中国发展动态”、“中国思想动态”、“中国法治动态”和“中国港澳动态”。“中国发展动态”着力展现中央推出的各项重大改革政策，包括国家发展战略、政治体制、行政管理、经济民生、文化思想等领域推出的各项改革措施和公共政策，地方政府有创新的改革措施也有所收录。“中国思想动态”旨在跟踪和记录公共知识界就国际重大事件、全球发展格局与走向的思考，就中国发展战略和发展道路以及政治、经济和社会文化领域的思考和辩论。“中国法治动态”旨在跟踪和记录中国在推动法治发展过程中，在立法、执法、司法等领域推出的重大改革举措，以及引发争议的重大案件和法律热点争论等。“中国港澳动态”旨在跟踪和记录中央治理港澳特区的有关政策和举措，港澳特区在政治、经济、司法、民生、文化思想领域的重大事件和发展变化。我们在每月分类整理的基础上形成年度综述报告。如果我们将这些年度综述报告串起来，就可以清晰地呈现习近平新时代中国特色社会主义道路是怎样一步一步走出来的，以及在这一历史进程中，中国在想什么，中国在做什么。

“动态中国”丛书基于对全年度重大事项的记录整理，不仅提供了丰富而生动的具体事项，而且展现出一幅易于把握的历史全景。作为智库报告，我们不是从主观学术立场出发来判断中国的发展走向并由此提供政策建议；相反，我们希望尽可能以一种客观、中立的立场来记载中国究竟在发生什么。因此，每年的年度报告更多是一种客观的综述而不是主观的理论构建，每个人都可以根据这些历史资料进行不同的解读。我们希望“动态中国”丛书成为学术界在研究和思考中国问题时备查的历史资料书。然而，任何历史记录总是会受到编者的关注点和信息搜集能力的限制。我们期待更多人尝试这样的工作，以不同的叙事线索，串起那些散落的珍珠。随着时间的推移，这些记录工作的意义也将与日俱增：当读者站在未来某一时点回顾中国发展历程，他们将能更清晰地看到中国道路是如何从过去某一时点延伸到他们的脚下，由此也能更好地理解当代中国那些看似平淡无奇的思考和实践，究竟是如何在世界历史进程中获得其普遍性的。

需要说明的是，“动态中国”丛书的编辑是一项集体合作的事业。由于相关资料来源的局限性，难免会遗漏一些重大主题。加之我们的专业水平有限，对相关主题的挑选与整理也难免有所偏差。同时，为保持历史脉络的连续性和真实性，书稿中对相关政策事件的表述与评论仍保留当时的分析判断。凡此种种缺点，希望读者见谅。

“动态中国”丛书的编辑和撰写得益于香港丽达集团、香港敏华控股有限公司的支持。同时，要感谢中信改革发展研究基金会理事长孔丹先生和中信出版社副总编辑季红女士，正是他们的重视与远见，使得本丛书以智库报告形式进入“中国道路”丛书。季红副总编辑认真通读了整个报告，从书名、体例到报告内容乃至编辑细节都提出了专业的修改意见，许多内容都是经过反复修改之后才确定下来。中信出版社罗卫平、谭惠芳等编辑做了大量的联系组织工作，没有她们的努力，这套丛书不会以这种方式与大家见面。

“动态中国”丛书编委会

2018 年 3 月

目　录

第一部分 中国发展动态年度报告（2017）

导　言

2017年是承前启后的一年。一方面，十八届中央领导集体开启的各项工作进入收官阶段，或者取得阶段性成果后需要谋划下一阶段的工作；另一方面，在这一年，中国共产党第十九次全国代表大会（以下简称“十九大”）顺利召开，做出了“中国特色社会主义进入了新时代，这是我国发展新的历史方位”的重大判断，开启了全面建设社会主义现代化国家的新征程。

在这一年，党中央实现了最高权力的平稳过渡，确定了未来5年党的“顶层架构”。在中国，“党政军民学，东西南北中，党领导一切”，因此，“办好中国的事情，关键在党”。党中央最高权力的平稳过渡，对正处于发展关键阶段的中国来说，无疑具有至关重要的意义。与此同时，从严治党仍然在继续。“打虎”“拍蝇”力度不减，过去5年从严治党积累的各种经验，也进入阶段总结、建章立制的阶段。

在这一年，中国国内生产总值迈上80万亿元人民币的新台阶，社会生产力水平总体上显著提高，社会生产能力在很多方面进入世界前列。同时，供给侧结构性改革继续深化。通过清理僵尸企业、遏制房地产投机、防控金融风险、调整经济结构，中央旨在把更多的经济资源投入到新兴产业中去，从而培育经济增长的新动能。

在这一年，国家治理现代化继续推进。扶贫工作进入攻坚阶段，开始啃最难啃的硬骨头，2017 年 1000 多万农村贫困人口脱贫。“三农”工作，一方面平衡经济建设与耕地保护、粮食安全，另一方面致力于培育新型农业经营主体。同时，中央试图通过多种优惠政策，吸引人才去农村和基层。医疗、教育等重要民生领域的改革推向深入。军民融合工作有了统一的领导机构。民族和边疆工作思路有了明显调整，更加关注祖国统一和边疆巩固。

在这一年，中国的发展与世界局势之间的联动效应愈加明显。十九大报告指出，中国特色社会主义进入新时代，意味着中国特色社会主义道路、理论、制度、文化不断发展，拓展了发展中国家走向现代化的途径，给世界上那些既希望加快发展又希望保持自身独立性的国家和民族提供了全新选择方案，为解决人类问题贡献了中国智慧和中国方案。随着中国综合实力的增强，中国在扭转以往“独善其身”的状态，越来越多地走向世界。本报告将根据以上线索，梳理 2017 年中国的发展与改革实践。

一、党政：不忘初心再出发

2017 年党政领域最引人注目的大事，莫过于十九大的召开。“中国特色社会主义进入了新时代”，是党的十九大做出的重大政治判断。这一重大政治判断是在准确把握我国发展所处的新的历史方位基础上做出的，具有充分的时代依据、理论依据和实践依据。另外，十九大选举产生了新一届中央委员会和中央纪律检查委员会，实现了领导集体的平稳过渡。与此同时，党的建设工作也在稳步推进。党的建设，大致可分为三个层面，即“不敢腐、不能腐、不想腐”。2018 年，中央实现了巡视全覆盖，加强了对“期权腐败”的治理，更加注重规范公职人员的行为，意在“不敢腐”。更重要的是，中央注重将过去 5 年来从严治党积累的经验及时总结，上升为制度，建章立制，以谋长久，意在“不能腐”。另外，2018党政工作的一个突出趋势，是过好党组织生活，加强党的作风建设。只有真正在“思想上建党”，才能产生“不想腐”的觉悟。

（一）十九大谱写新时代新篇章

2017年10月18日至10月24日，十九大在北京召开。习近平代表第十八届中央委员会向大会做了题为《决胜全面建成小康社会 夺取新时代中国特色社会主义伟大胜利》[①] 的报告（以下简称“报告”），报告是中国共产党作为执政党对未来5年施政方向的通盘规划，因而是观察未来中国政治走向的重要依据。

十九大做出了“中国特色社会主义进入了新时代”的重大判断。根据大会报告，新时代的含义，可以归纳为“近代以来久经磨难的中华民族迎来了从站起来、富起来到强起来的伟大飞跃，迎来了实现中华民族伟大复兴的光明前景”。新时代具有国内国际两层含义：

在国内层面，新时代意味着承前启后、继往开来、在新的历史条件下继续夺取中国特色社会主义伟大胜利，意味着决胜全面建成小康社会、进而全面建设社会主义现代化强国，意味着全国各族人民团结奋斗、不断创造美好生活、逐步实现全体人民共同富裕，意味着全体中华儿女勠力同心、奋力实现中华民族伟大复兴中国梦。

在国际层面，新时代则意味着科学社会主义在21世纪的中国焕发出强大生机活力，在世界上高高举起了中国特色社会主义伟大旗帜；意味着中国特色社会主义道路、理论、制度、文化不断发展，拓展了发展中国家走向现

① 习近平．决胜全面建成小康社会，夺取新时代中国特色社会主义伟大胜利——在中国共产党第十九次全国代表大会上的报告［OL］．新华网，2017－10－27.

代化的途径，给世界上那些既希望加快发展又希望保持自身独立性的国家和民族提供了全新选择，为解决人类问题贡献了中国智慧和中国方案。

换言之，十九大报告在强调中国特色的同时，强调中国的探索具有一定的普遍意义，可以为其他既希望保持独立又希望加快发展的国家所借鉴。

显然，上述关于新时代的论断既同改革开放40年来的发展一脉相承，又有很多与时俱进的新特征。新时代，首先新在中国社会主要矛盾发生了新变化。报告指出，“我国社会主要矛盾已经转化为人民日益增长的美好生活需要和不平衡不充分的发展之间的矛盾”。其次新在中国共产党对其奋斗目标有了新要求。从十九大到二十大，是“两个一百年”奋斗目标的历史交汇期，既要全面建成小康社会、实现第一个百年奋斗目标，又要全面建设社会主义现代化国家，向第二个百年奋斗目标进军。十九大将实现第二个百年奋斗目标分为两个阶段：第一阶段，从2020年到2035年，在全面建成小康社会基础上，再奋斗15年，基本实现社会主义现代化；第二阶段，在基本实现现代化的基础上再奋斗15年，到本世纪中叶把我国建成富强民主文明和谐美丽的社会主义现代化强国。再次新在中国面临的国际环境发生了新变化。新当选的十九届中央政治局常委栗战书在其发表于《人民日报》的长篇署名文章中认为：“我国正处在从大国走向强国的关键时期，‘树大招风’效应日益显现，外部环境更加复杂，一些国家和国际势力对我们的阻遏、忧惧、施压有所增大，这同样是需要面对的重大问题。现在，我国发展同外部世界的交融性、关联性、互动性不断增强，中国正日益走近世界舞台中央。”① 这段话体现了新一届中央领导集体对国际形势的判断。

新形势需要新理论。十九大提出了“习近平新时代中国特色社会主义思想”。新时代中国特色社会主义思想的主要内容包括，明确坚持和发展中国

① 栗战书．全面把握中国特色社会主义进入新时代［N］．人民日报，2017－11－09.

特色社会主义，总任务是实现社会主义现代化和中华民族伟大复兴，在全面建成小康社会的基础上，分两步走，在本世纪中叶建成富强民主文明和谐美丽的社会主义现代化强国；明确新时代中国社会主要矛盾是人民日益增长的美好生活需要和不平衡不充分的发展之间的矛盾；明确中国特色社会主义事业总体布局是“五位一体”、战略布局是“四个全面”；明确全面深化改革总目标是完善和发展中国特色社会主义制度、推进国家治理体系和治理能力现代化；明确全面推进依法治国总目标是建设中国特色社会主义法治体系、建设社会主义法治国家；明确党在新时代的强军目标是建设一支听党指挥、能打胜仗、作风优良的人民军队，把人民军队建设成为世界一流军队；明确中国特色大国外交要推动构建新型国际关系，推动构建人类命运共同体；明确中国特色社会主义最本质的特征是中国共产党领导，中国特色社会主义制度的最大优势是中国共产党领导，党是最高政治领导力量。

除了理论方面的总结和创新以外，十九大完成的另一项重大任务，就是启动了高层的人事调整。在中央层面，十九大产生了新一届党中央，实现了最高领导层的平稳过渡。2017 年 10 月 24 日，大会选举产生了新一届中央委员会和中央纪律检查委员会。10 月 25 日，中国共产党第十九届中央委员会第一次全体会议（以下简称“十九届一中全会”）选举产生了新一届中央领导机构，即由 25 人组成的十九届中央政治局，以及由习近平、李克强、栗战书、汪洋、王沪宁、赵乐际、韩正 7 人组成的中央政治局常务委员会，选举习近平为中央委员会总书记；通过了中央书记处成员；决定了中央军事委员会组成人员；批准了十九届中央纪委一次全会选举产生的领导机构。由此，奠定了未来 5 年中共党内的“顶层架构”。

在地方层面，2017 年 11 月，中共中央和国务院的有关部门以及多省党政机关迎来一系列人事调整。这是十九大之后的首轮重大调整，距离大会闭幕不到半个月，属于十九大人事布局的实质落地。中央层面的人事调整涉及中共中央办公厅、中组部、中宣部、中央统战部、中央党校等党内核心机构，以及公安部、财政部等大部委。省级主政官员人事调整分为两种情况：一是省委书记跨省任职，另一种情况是省级政府一把手转任省委书记。

经过换届调整，中共中央政治局25名委员在中央党政机构和省级一把手岗位上的分工已经基本明晰。在中央层面，中组部、中宣部、中共中央办公厅、中央政法委、统战部都已由中央政治局委员或者中央委员出任。在省级层面，兼任省级一把手的中央政治局委员已经全部到位。就中国共产党的政治传统而言，政治路线确定之后，干部就是决定的因素。党的十九大确定了未来30年的政治路线和执政目标，接下来的首要任务就是安排政治上可靠、能力上过硬的干部到相应的岗位上，贯彻落实政治路线。为此，就需要根据新的政治任务以及新的选人用人标准，进行相应的人事调整。此次调整，有利于进一步打破过去形成的条条块块、地方主义，强化全国“一盘棋”的总体形势，从而为“新时代”开篇布局。

（二）“打虎”“拍蝇”不放松

2017年，是全面从严治党和惩治腐败的关键一年，反腐力度不减、重拳频出。

在这一年，“打虎”“拍蝇”力度不减，反腐败斗争压倒性态势已经形成。2017年前9个月，全国纪检监察机关立案38.3万件，处分33.8万人。其中，共有18名中管干部接受组织审查，再加上直接获留党察看、降级、开除党籍等处分者，共有36人，远超2016年的26人，且时隔2年后，再有副国级高官落马。[①] 同时，海外追逃追赃成效显著。2017年12月7日，随着

① 张莹，岳三猛.2017年反腐“成绩单”：今年落马的36只大老虎都是谁？［OL］. 中国青年网，2017－12－15.

原云南昆明盘龙区国税局工作人员李文革的归案，“百名红通”人员归案过半。这是2017年第14名归案的“百名红通”人员。追逃“布网”随着反腐国际合作深入扩展。通过设置防逃程序，定期开展“裸官”清理，核查个人有关事项报告情况，严格执行出入境证件管理和审批报备制度，开展打击利用地下钱庄和离岸公司转移赃款专项行动等措施，新增外逃人员大幅减少。

在“打虎”“拍蝇”的同时，不放松改进作风。2017年前10个月，全国共查处违反中央八项规定精神问题37824起。2017年10月27日，十九届中央政治局召开会议，审议《中共中央政治局贯彻落实中央八项规定的实施细则》。根据修订后的实施细则，将集中针对近几年中央八项规定实施过程中遇到的新情况新问题，着重对改进调查研究、精简会议活动、精简文件简报、规范出访活动、改进新闻报道、厉行勤俭节约等方面进行进一步的规范、细化和完善。

十八届中央的一大成就是实现巡视全覆盖，进一步完善了巡视制度。2017年6月21日，随着十八届中央第十二轮巡视对中国农业大学、北京航空航天大学等15所中管高校党委巡视反馈情况的公布，十八届中央最后一轮巡视反馈情况全部向社会公布。这标志着党的十八大以来，中央巡视如期完成对省区市地方、中央和国家机关、国有重要骨干企业、中央金融单位和中管高校等5个“板块”的巡视全覆盖，实现了党的历史上首次一届任期内中央巡视全覆盖。在中央巡视的带动下，各省区市党委也完成8362个地方、部门、企事业单位党组织的全面巡视任务，为全面从严治党提供了有力支撑。十九大新修订的党章明确了“党的中央和省、自治区、直辖市委员会实行巡视制度，在一届任期内，对所管理的地方、部门、企事业单位党组织实现巡视全覆盖”的要求，将这一成就上升为制度规范，并将中央和国家机关部门巡视、市县巡察写入党章，为依纪依规开展巡视、推动巡视工作向纵深发展提供了制度保障。

2017 年，监察体制改革试点全面推开。十九大报告指出："深化国家监察体制改革，将试点工作在全国推开，组建国家、省、市、县监察委员会，同党的纪律检查机关合署办公，实现对所有行使公权力的公职人员监察全覆盖。"为了贯彻落实十九大精神，根据党中央确定的《关于在全国各地推开国家监察体制改革试点方案》，第十二届全国人民代表大会常务委员会第三十次会议于 2017 年 11 月 4 日审议通过了《关于在全国各地推开国家监察体制改革试点工作的决定》（以下简称《决定》），在认真总结北京市、山西省、浙江省开展国家监察体制改革试点工作经验的基础上，在全国各地推开国家监察体制改革试点工作。《决定》要求在各省、自治区、直辖市、自治州、县、自治县、市、市辖区设立监察委员会，行使监察职权。监察委员会按照管理权限，对本地区所有行使公权力的公职人员依法实施监察。国家监察体制改革是党中央决定进行的一项事关全局的重大政治体制改革举措。在 2017 年年底 2018 年年初召开的省、市、县人民代表大会上产生的三级监察委员会，使改革与地方人大换届工作紧密衔接，有利于加快改革步伐，确保改革有序深入推进，是巩固发展反腐败斗争压倒性态势的必然要求。

（三）总结经验，建章立制

2017 年是十八届中央领导集体任期的最后一年。5 年以来，从严治党积累了许多经验，2017 年党政工作的重点之一，就是总结经验，建章立制，制定修改了多部党内法规，将管党治党创新成果固化为法规制度。

1. 加强纪委监督执纪工作

党的十八大以来，各级纪委在从严治党，特别是在反腐败斗争中发挥了重要作用，其权力也随之扩大。但纪委本身也是党的一部分，从严治党当然也包括对纪委自身的监督。监督执纪问责是纪委最重要的权力，也是最容易出问题的环节，如果缺乏相应的制度保障，难免造成“灯下黑”的后果。事实上，党的十八大以来，中央纪委机关及全国纪检系统确实查处了一批违纪违法的纪检干部，这表明即使是纪检干部也没有天然的免疫力，纪检系统在管理监督方面存在不少薄弱环节。例如，王岐山在江苏调研时指出，党的十八大以来，中央纪委机关共处理 38 人，其中立案查处 17 人、组织调整 21 人，全国纪检监察系统共处分 7200 余人、谈话函询 4500 余人次、组织处理 2100 余人。[①] 在这一背景下，原有的《案件审理工作条例》《案件检查工作条例》由于年代久远，不少内容已难以适应当前工作的需要，且 100 多个配套制度，规定零散、标准不一，一些关键环节存在制度漏洞。为了更好地发挥纪委在从严治党中的作用，需要根据十八大以来反腐实践中出现的新情况、新问题，完善相关制度，规范与限制纪委的监督执纪问责权，监督“监督者”。

2017 年 1 月 8 日，中央纪委第七次全会通过了《中国共产党纪律检查机关监督执纪工作规则（试行）》（以下简称《工作规则》）。《工作规则》首次明确规定了纪委监督执纪工作的全流程、各环节，划定了权力的负面清单，用制度回应了“谁来监督纪委”的社会关切。

第一，探索执纪监督、执纪审查、案件审理相互协调、相互制约的工作机制。《工作规则》要求，市地级以上纪委可以探索执纪监督和执纪审查部门分设，执纪监督部门负责联系地区和部门的日常监督，执纪审查部门负责对违纪行为进行初步核实和立案审查；案件监督管理部门负责综合协调和监督管理，案件审理部门负责审核把关。这有利于在纪委内部形成监督权、审查权相互制约的机制，避免一个部门权力过大。

第二，统一问题线索的受理部门，防止问题线索处置过程中的违规行为。收集受理各个渠道反映的党员干部问题线索，是监督执纪工作的源头。

① 王岐山在江苏调研时强调，把监督执纪的权力关进制度笼子［OL］. 新华网，2016－12－06.

党的十八大以来，中央纪委对问题线索的管理和处置进行了重大改革。原先，来自不同渠道的问题线索分散在各个纪检监察室手里，从受理到处置都是由各个纪检监察室单独操作。党的十八大之后，中央纪委要求各渠道反映的问题线索统一交由案件监督管理室管理。《工作规则》将信访部门、执纪监督部门、执纪审查部门、干部监督部门等各个渠道反映的问题线索统一交由案件监督管理室管理。

第三，将实践中行之有效的做法和具体技巧，上升为制度规范。按照王岐山的归纳，《工作规则》中的很多规定都是对实践经验的提炼和升华。例如，审查组设立临时党支部，加强对审查组成员的教育和监督；调查取证应当收集原物原件，逐件清点编号，现场登记；建立打听案情、过问案件、说情干预登记备案制度；审查组借调人员，一般从审查人才库抽选，实行一案一借；实行脱密期管理，对纪检干部辞职、退休后的从业做出限制规定；开展“一案双查”，对执纪违纪、失职失责者严肃查处，这些都属于实践中首先摸索出来的行之有效的实招，有利于加强监督制约，管住队伍中的大多数，惩治极少数。①

第四，不再采用“双规”表述，更加突出审查规范。“双规”即“要求有关人员在规定的时间、地点就案件所涉及的问题做出说明”，其未出现在《工作规则》中。“双规”往往能获得大量非常有价值的证据，但这些证据并不是进入司法调查阶段取得的，它们在进入司法程序之后，是否应该被视为非法证据予以排除，一直存在很大争议。《工作规则》删去“双规”，同时既限定审查谈话的地点，还要求谈话全程都要录音录像，对审查人的要求则远大于被审查人，更加体现出依规依纪依法开展立案审查的特点。另外，

① 王岐山．关于《中国共产党纪律检查机关监督执纪工作规则（试行）》的说明［OL］．新华网，2017－01－20.

由于国家监察体制改革正在进行，试点中的监察委员会可以依据法律授权，依法对被监察人采取留置等处置措施。因此，新规则不对“双规”做出规定，也可与即将出台的国家监察法相互衔接和配套。

2. 完善个人事项报告制度

党要管党，首先是管好干部；从严治党，关键是从严治吏。严格执行领导干部个人有关事项报告制度，就是从严管党治吏的一项重要抓手。随着经济社会的发展，就业从业形式和投资渠道都越来越多样化。在一些地区，特别是经济发达地区，越来越多地出现了所谓“一家两制”的现象。一家两制，是指领导干部家庭既有家庭成员在党政机关工作，又有家庭成员在非公有制经济部门、民营企业等不同领域从业的现象。由于领导干部家庭成员极易利用领导干部的职权或职务影响获取不正当利益，因此“一家两制”极易引发腐败。“一家两制”式腐败往往披着合法合规的隐身衣，具有极大的隐蔽性，既难发现又难查处。从防范利益冲突、促进领导干部廉洁用权廉洁齐家的角度，亟待对报告的家事、家产有关事项予以进一步明晰和完善。

此外，官员队伍中的“裸官”现象也亟须治理。裸官，是指配偶、子女等亲属以及大部分财产都在境外，自己孤身一人在国内做官的国家工作人员。将妻儿全部移民海外，既便于将腐败所得转移出境，又为自己腐败行为一旦暴露留好后路。即使不慎“翻船”、外逃又未成功，一人“受过”，也可保得家人安全富足。虽然“裸官”并不等同于贪污腐败，也并不一定意味着会卷款外逃，但“裸官”群体确实是腐败的高发人群，很多“裸官”距离贪官和外逃，不过一步之遥。

与此同时，随着国有企业改革不断深化、事业单位分类改革力度进一步加大，干部管理监督需要更加科学化、精准化，对报告对象范围做适当调整势在必行。在这一背景下，2017 年 4 月，中共中央办公厅、国务院办公厅印发了新修订的《领导干部报告个人有关事项规定》（以下简称《规定》）和新制定的《领导干部个人有关事项报告查核结果处理办法》（以下简称《办法》）。

在报告主体上，《规定》进一步突出了“关键少数”。《规定》对报告对象的范围做了适当调整，主要是对企事业单位按照分类管理的原则，做了进一步区分。概括地讲，就是“一突出、两调整”。“一突出”，就是突出党政领导干部这个重点。党政机关县处级副职以上的干部，都要报告个人有关事项。参照公务员法管理的人民团体和事业单位的报告对象，范围同党政机关一致。“两调整”，就是将未列入参照公务员法管理的人民团体、事业单位的报告对象范围调整为领导班子成员及内设管理机构领导人员，将国有企业的报告对象范围调整为中央企业的领导班子成员及中层管理人员、省管和市管国有企业的领导班子成员。这样调整，更好地体现了分类管理的原则、精准科学的理念、重点监督的要求。

在报告事项内容上，《规定》更加突出与领导干部权力行为关联紧密的家事、家产情况。根据《规定》，总体上还是报告 8 项家事、6 项家产共 14 项内容，但有的项目做了进一步明晰、补充完善，个别项目做了合并调整。家事包括婚姻、因私出国（境）证件和行为、移居国（境）外、从业、被司法机关追究刑事责任等情况。家产包括工资收入、劳务所得、房产、持有股票、基金和投资型保险、经商办企业以及在国（境）外的存款和投资等情况。

此次《规定》修订的一个重点是增加了抽查核实的规定。新《规定》专列了 5 条，对开展查核的方式、比例、对象以及查核结果运用等做出规定。对家庭财产来源合法性验证、查核结果的运用等做了原则性规定。同时，明确了查核联系工作机制和抽查核实纪律。

任何制度都必须附加一定的惩罚机制才更有效。如果不追究制度不执行、不落实的责任，必然导致制度悬空、形同虚设。因此，此次修订《规定》时，一并研究制定了《领导干部个人有关事项报告查核结果处理办法》，为今后严肃处理不如实报告的行为画出了底线，亮出了红线。《办法》主要明确了三个方面的问题：一是明确认定漏报或者瞒报需要掌握的基本原则。二是区分了漏报、瞒报的具体情形和处理规定。三是明确了领导干部因不如实报告个人有关事项受到组织处理和纪律处分的影响期。《办法》重申或者明确，受到诫勉处理的，半年内不得提拔或者进一步使用；受到取消考察对象（后备干部人选）资格处理的，一年内不得提拔或者进一步使用；受到调离岗位、改任非领导职务、免职处理的，一年内不得提拔；受到降职处理的，两年内不得提拔；受到纪律处分的，依照《中国共产党纪律处分条例》等规定执行。

3. 规范党的工作机关的运作

党在规范领导干部行为的同时，也要规范党的机关的运作。2015 年 6 月 16 日，中共中央印发《中国共产党党组工作条例（试行）》，对党组设立、职责、组织原则、议事决策等做出全面规范。2016 年 1 月，中共中央又印发了《中国共产党地方委员会工作条例》，突出地方党委全面从严治党的政治责任，健全地方党委发挥领导核心作用的制度基础，完善地方党委的运行机制。党组、地方党委，都属于党的组织机构的重要组成部分。但只有以上两部党内法规，还没有完全覆盖党的全部组织机构。

2017 年 4 月，中共中央印发《中国共产党工作机关条例（试行）》（以下简称《条例》），对党的工作机关的性质、工作内容和方式方法等问题做出规定，是规范党的工作机关设立、职责和运行的基础主干党内法规，是继党组工作条例、地方党委工作条例之后，加强党的组织制度建设的又一重要成果。党的工作机关与党委、党组级别不同。党委，是党的各级领导机关。党组，是党在中央和地方国家机关、人民团体、经济组织、文化组织、社会组织和其他组织领导机关中设立的领导机构，在本单位发挥领导核心作用。

《条例》适用于中央和地方党的工作机关，主要涵盖了办公厅（室）、职能部门、办事机构和派出机关。根据《条例》，党的工作机关是党实施政治、思想和组织领导的政治机关，是落实党中央和地方各级党委决策部署，实施党的领导、加强党的建设、推进党的事业的执行机关，主要包括办公厅（室）、职能部门、办事机构和派出机关。具体而言，党委办公厅（室）是党委的综合部门，负责推动党委决策部署的落实，按照党委要求协调有关方面开展工作，承担党委运行保障具体事务。党委职能部门是负责党委某一方面工作的主管部门，按照规定行使相对独立的管理职能，制定相关政策法规并组织实施，协调指导本系统、本领域工作。党委办事机构是协助党委办理某一方面重要事务的机构，一般是指党委为加强跨领域、跨部门重要工作的领导和组织协调而设立的议事协调机构的常设办事机构，承担议事协调机构的综合性服务工作，可以根据有关规定履行特定管理职责。党委派出机关是党委为加强对特定领域、行业、系统领导而派出的工作机关，根据有关规定代表党委领导该领域、行业、系统的工作。

《条例》的制定，填补了关于党内组织机构法规的较大一块空白。在机关设置方面，《条例》第二章规定："党的工作机关的设立，应当适应加强党的领导和党的建设的需要，遵循精简、统一、效能原则，实行总量控制和限额管理。"避免地方部门搞对策，设置多余编制，导致党的机关过于膨胀，人浮于事。同时，合署办公的部门坚持由党委主管。在职权上，《条例》第三章明确界定了党的工作机关应当履行的职责范围。既杜绝惰政懒政，又防止滥用职权。同时在工作机关内部，《条例》特别强调民主集中的原则，规定了重大事项必须通过召开部（厅、室）务会议或委员会会议讨论决定，禁止少数领导拍板决定和"一言堂"。最后，工作机关的活动需要受党委、纪检部门及党外监督，对违反本条例有关规定的依规进行追责。

4. 修改巡视工作条例

党的十八大以来，执政党高度重视巡视工作，把巡视作为加强党内监督的战略性制度安排，纳入全面从严治党的总体部署中。2017 年 7 月 14 日，新华社受权发布《中共中央关于修改〈中国共产党巡视工作条例〉的决定》。这是继 2009 年 7 月发布《中国共产党巡视工作条例（试行）》和 2015 年 8 月修改巡视工作条例以来，第二次修改《中国共产党巡视工作条例》（以下简称《条例》）。党的十八大以来，中共中央一共开展了 12 轮巡视，而 2015 年 8 月修改时，第 7 轮巡视刚刚开始一个月，因而这次修改未能吸收随后的实践中积累的新成果和新经验。另外，中共中央于 2016 年 11 月发布的《关于新形势下党内政治生活的若干准则》与《中国共产党党内监督条例》都对巡视监督做出了新规定。这些都迫切要求再次修改《条例》。这次修改对原《条例》进行了“增、补、调”，即增加有关新要求、补充有关新内容、调整有关新条款。

首先，《条例》根据习近平总书记系列重要讲话精神，明确巡视是“政治巡视”的定位。2016 年 5 月 26 日，习近平在听取中央第九轮巡视情况汇报时强调，要坚定政治方向、坚持问题导向、坚守价值取向，坚定不移深化政治巡视。之所以强调政治巡视，是因为政治巡视抓住了“党的建设”这个根本。回顾过去各轮巡视发现的方方面面问题，归根结底都是因为党的领导不力，党组织没有发挥领导核心作用，管党治党失之于宽松软。政治巡视区别于业务巡视。换言之，巡视监督，不是对被巡视单位的日常工作、业务工作进行检查，不是巡视行政审批、股票市场、企业生产经营等，这些都有专门的部门来管。中央巡视组向中央的报告，不再是汇报被巡视单位的具体业务问题，而是集中反映被巡视党组织在坚持党的领导、加强党的建设、贯彻执行党的路线方针政策等方面的情况。因此，《条例》规定，巡视工作应当

“牢固树立政治意识、大局意识、核心意识、看齐意识，坚定不移维护以习近平同志为核心的党中央权威和集中统一领导”，“深化政治巡视，聚焦坚持党的领导、加强党的建设、全面从严治党”。

其次，《条例》明确一届任期内巡视全覆盖的任务。十八届中央在党的历史上首次实现了一届任期内巡视全覆盖的目标。然而，完成一届任期内巡视全覆盖不是终点，而是新的起点。只有往后的每一届任期内巡视均完成全覆盖目标，才能保证力度不减、震慑常在。因此，《条例》认真总结巡视全覆盖经验，明确规定“党的中央和省、自治区、直辖市委员会实行巡视制度，建立专职巡视机构，在一届任期内对所管理的地方、部门、企事业单位党组织全面巡视”。

再次，《条例》根据实践发展需要，明确中央和国家机关巡视。中央和国家机关是党和国家治理体系的中枢，权力集中、地位重要，既是党的路线方针政策的“第一执行者”，又是各个领域、系统的领导者，然而，在党的十八大之前，对中央和国家机关党组织的巡视工作基本没有开展。党的十八大以后，在对中央和国家机关巡视的反馈情况中，管党治党宽松软等问题均不同程度存在，“灯下黑”现象令人警醒。对此，新条例进一步提出具体要求，规定“中央有关部委、中央国家机关部门党组（党委）可以实行巡视制度，设立巡视机构，对所管理的党组织进行巡视监督”。

最后，《条例》根据全面从严治党向基层延伸的要求，明确市县巡察制度。修改前的《中国共产党章程》只规定了两级巡视，即“党的中央和省、自治区、直辖市委员会实行巡视制度”。至于省区市以下的市县党委是否实行类似的制度，党章没有规定。党的十八大以后，党中央大力开展中央和省一级巡视工作。但在实践中，市县以下的基层不同程度地存在“上面九级风浪，下面纹丝不动”的现象。县以下直至乡村，是巡视监督的薄弱地带。但从中央巡视和一些省级纪委收到的信访举报来看，事实上，县处级以下基层干部的贪腐问题十分严重。因此，建立市县党委巡察制度，有利于推进全面从严治党向基层延伸，打通党内监督“最后一公里”。《条例》系统总结巡察工作实践经验，规定“党的市（地、州、盟）和县（市、区、旗）委员会建立巡察制度，设立巡察机构，对所管理的党组织进行巡察监督”。

5. 推进党务公开

十九大报告指出，要加强对权力运行的制约和监督，让人民有监督权力，让权力在阳光下运行。2017 年 12 月，中共中央印发了《中国共产党党务公开条例（试行）》（以下简称《条例》）。推进党务公开，有利于畅通党员参与党内事务、监督党的组织和干部、向上级党组织提出意见和建议的渠道，使广大党员更好地了解和参与党内事务，充分调动全党积极性、主动性、创造性，从而积极推进党内民主，最终动员组织人民群众形成最大的同心圆和凝聚力。由此可见，党务公开具有很强的政治性、政策性，推进党务公开首先必须坚持正确的政治方向。党务公开必须自觉服从和服务于加强和改善党的领导这个根本要求，党务公开的过程要在党的领导下进行，党务公开的结果要有利于加强和完善党的领导，而不得危及政治安全特别是政权安全、制度安全，以及经济安全、军事安全、文化安全、社会安全、国土安全和国民安全等。

《条例》规定了三类党务公开主体：一是党的中央组织、地方组织、基层组织，二是党的纪律检查机关，三是党的工作机关、党委派出机关、党委直属事业单位、党组等。这三类主体基本上涵盖了党的各级各类组织，有利于实现全党党务公开工作全覆盖、无死角。需要指出的是，以往关于党务公开的文件主要针对地方和基层党组织党务公开工作进行部署和规范，这次中央制定《条例》把党的中央组织也纳入其中，体现党中央以身作则、以上率下的用意。

《条例》按照从宏观到微观的逻辑逐层规范党务公开内容。第二条明确了党务公开内容主要包括党的领导活动、党的建设工作两大板块。第七条对党务公开的普遍性内容做出一般性规定，强调党的组织贯彻落实党的基本理论、基本路线、基本方略情况，领导经济社会发展情况，加强党的建设情况，职能机构情况等一般均应当公开。第九条至第十三条对各级各类党的组织的公开内容分别做出规定，提取最大公约数，分门别类予以规范。第十四条要求党的组织对党务公开内容做进一步细化，编制党务公开目录，做到量体裁衣。《条例》明确了四种公开范围：向社会公开，在全党公开，在本地区、本部门、本单位公开，对特定党的组织、党员和群众公开。具体公开范围的确定主要依据党的组织职责权限、党务与党员和群众的关联程度等。从党内法规制度体系建设来看，《条例》属于“四梁八柱”，它的制定出台对于到建党100周年时形成比较完善的党内法规制度体系具有重要意义。

6. 紧抓党的作风建设

民心是最大的政治。党的作风如何，直接关系到党在人民心目中的形象。从严治党的效果如何，执政党的作风也是最直观的反映。作风建设永远在路上，必须驰而不息改进作风。2017年10月27日，十九届中共中央政治局召开会议，研究部署学习宣传贯彻党的十九大精神，其中审议了一项重要文件——《中共中央政治局贯彻落实中央八项规定的实施细则》（以下简称《实施细则》）。党的十九大刚刚闭幕后的第一次政治局会议，就研究进一步深化落实中央八项规定，既是对党的十九大新部署新要求的坚定贯彻，也释放了紧抓作风建设的信号。

党的十八大刚刚闭幕，十八届中共中央政治局召开会议，审议中央政治局关于改进工作作风、密切联系群众的八项规定，全面从严治党由此破题。十九大分析新的执政环境和影响党的先进性、弱化党的纯洁性的因素，对全面从严治党做出新部署新要求，其中一项重要任务就是持之以恒正风肃纪。根据这几年中央八项规定实施过程中遇到的新情况新问题，《实施细则》着重对改进调查研究、精简会议活动、精简文件简报、规范出访活动、改进新闻报道、厉行勤俭节约等方面内容做了进一步规范、细化和完善，更加切合工作实际，增强了指导性和操作性。

同日，国务院公布了《机关团体建设楼堂馆所管理条例》（以下简称《条例》），将以往有关“楼堂馆所”建设的管理措施、成功经验固定为制度规范，规定了各项措施严格控制机关团体楼堂馆所建设，旨在把宝贵的财政资金更多用于经济发展和改善民生，以简朴政府造福于民。

《条例》还将调整主体由党政机关扩大到党政机关（包括党的机关、人大机关、行政机关、政协机关、审判机关、检察机关）和人民团体（包括工会、共青团、妇联等人民团体）。党政机关、人民团体的经费和办公用房建设、维修资金都由财政予以保障，对其建设楼堂馆所应当严格控制。

为了保证条例的规定落到实处，《条例》规定了监督检查和责任追究机制。《条例》还对建设楼堂馆所信息的公开和违法行为的举报做了明确规定。对建设楼堂馆所中的违法行为，《条例》区别不同情况，规定了责令停止相关建设活动或者改正，对所涉楼堂馆所予以收缴、拍卖或者责令限期腾退，对负有责任的领导人员和直接责任人员依法给予处分等法律责任。

2017 年 12 月，中共中央办公厅和国务院办公厅印发了《党政机关办公用房管理办法》和修订后的《党政机关公务用车管理办法》。作为我国首部全国层面统一规范各级党政机关办公用房管理的党内法规，《党政机关办公用房管理办法》坚持问题导向，着重解决 6 个方面的突出问题。

一是针对职责不清、边界不明问题，具体明确机关事务等管理部门职责分工，按职履责、分工协作，主管本级、指导下级。二是针对苦乐不均、调剂困难问题，提出权属统一登记至机关事务管理部门，推动所有权与使用权相分离，党政机关作为使用单位，按标准使用办公用房。三是针对分散办公、配套设施重复建设问题，提出加强规划引领，优化布局，倡导逐步推进集中或相对集中办公，促进可持续发展。四是针对超标准建设问题，提出从严控制配置“入口”，明确配置方式优先级顺序，统一配置标准，严格审核程序，首先调剂，其次置换或租用，最后才能采取建设方式。五是针对超标准配备、使用办公用房问题，严格使用管理，明确保障范围，对于使用单位办公用房调整安排、占用腾退以及领导干部多处办公、调离、退休等，提出具体管理要求。六是针对资源闲置、资产使用效益低问题，多渠道创新办公用房闲置资产“出口”。

修订后的《党政机关公务用车管理办法》以全面实行公务用车编制和标准管理为核心，强化配备、使用、处置等全流程管理，着力构建公务用车管理新制度，确保管用、实用。

（四）思想建党

中国共产党是按照列宁建党思想建立起来的马克思主义政党，着重从思想上建党是党的建设重要的历史经验，也是中国共产党区别于其他政党最鲜明的特征。坚持思想建党和制度治党的紧密结合，是中国共产党推动自身建设的一贯遵循。党的十八大以来，中国共产党始终坚持思想建党和制度治党“同向发力、同时发力”。思想建党与制度建党的区别在于，制度建党主要是“他律”，即依靠外部强制力量，事先预防或者事后惩罚党员领导干部的腐化堕落，从而使之不敢腐、不能腐；思想建党则带有更多自觉、“自律”的成分，它主要依靠教育、学习、过组织生活等方式，提高党员自身的觉悟，坚定其理想信念，从而实现不想腐。基于高度思想觉悟和坚定理想信念的“不想腐”，应当是执政党的“先进性”的题中应有之义。但思想建党与制度建党并不是截然分开的，思想建党总要通过一定的制度措施才能落实下去，并取得一定成效；而成功的制度措施，也或多或少能对实施对象的思想觉悟产生一定的规训效果。

1. 建立健全各种学习机制

党的思想建设的一大特色是建立各种学习机制。党的十九大提出建设“马克思主义学习型政党”。2017 年 1 月 30 日，中共中央办公厅印发《中国共产党党委（党组）理论学习中心组学习规则》（以下简称《规则》）。根据《规则》，党委（党组）理论学习中心组主要由党委（党组）领导班子成员组成，可以根据学习需要适当吸收有关人员参加。也就是说，《规则》调整的主要是各级党委（党组）领导班子成员的学习。

《规则》第一条明确，制定该《规则》的目的是“提高领导干部的理论水平和工作能力，加强领导班子思想政治建设”。第三条强调，党委（党组）理论学习中心组的学习以政治学习为根本，以深入学习贯彻习近平总书记系列重要讲话精神为重点。根据《规则》，各级党委（党组）对本级理论学习中心组学习负主体责任，对本地区本部门本单位的理论学习中心组学习负领导责任。党委（党组）书记是理论学习中心组学习第一责任人。《规则》第八条将“习近平总书记系列重要讲话和治国理政新理念新思想新战略”列入了学习内容。换言之，《规则》的用意在于“加强各级领导班子思想政治建设”，增强各级党委（党组）领导班子成员的“四个意识”，进而使他们自觉做到“两个维护”，即维护习近平总书记核心地位以及维护党中央权威和集中统一领导。

党内另一学习机制是民主生活会。2017 年 1 月，中共中央办公厅印发了《县以上党和国家机关党员领导干部民主生活会若干规定》（以下简称《若干规定》），要求各级党委（党组）从全面从严治党、严肃党内政治生活的高度，开好民主生活会，解决自身问题。但近年来，很多地方的党内民主生活会制度正在变质，严重影响了党内民主生活会的质量和效果。一些党组织和党员领导干部以种种非正常理由，长期不组织、不参加党内民主生活会，有些党组织的生活会流于形式纯属应付检查。不少地方和部门把民主生活会开成了工作总结会，甚至成了评功会，存在“批评自己怕丢面子，批评上级怕丢位子，批评下级怕丢选票，批评同级怕伤感情”的思想。一些单位为了开会而开会，会开完了任务就结束了，而不注重落实整改措施。

从严治党既需要建章立制，也需要恢复党内已有制度的活力。2013 年以来，中央提出要在全党深入开展群众路线教育实践活动，其中就要求各级党组织召开民主生活会。2016 年 12 月 26 日至 27 日，中共中央政治局召开民主生活会，意在以身作则，为下级党组织开好民主生活会做出示范。此次中央修订出台《若干规定》，事先在党内广泛征求了意见，旨在通过规范性文件来更好地指导民主生活会的开展，使其与时俱进，真正发挥“发扬党内民主、加强党内监督、依靠领导班子自身力量解决矛盾和问题”的功能。

《若干规定》取代了 1990 年的《关于县以上党和国家机关党员领导干部民主生活会的若干规定》（以下简称 1990 年《若干规定》），为适应新形势对民主生活会的新要求提出了一些新措施。首先，《若干规定》提高了党员领导干部对党章党规、中央的创新理论以及相关文件学习与掌握的要求。《若干规定》将“遵守党章，坚定理想信念，贯彻党的理论路线方针政策和决议，执行党的政治纪律和政治规矩，维护党中央权威的情况”作为民主生活会的基本主题之一，同时将“领导班子成员认真学习党章党规和党的创新理论以及有关文件，提高思想认识”作为召开民主生活会的必要准备工作之一。显然，这符合深入学习领会党的十八届六中全会精神与“两学一做”的要求。

其次，《若干规定》对民主生活会的准备工作、召开程序、讨论方式、整改落实，都做出了更加细致的规定。例如，在确定会议主题时，《若干规定》要求，民主生活会的主题“一般由上级党组织统一确定”；如果由领导班子根据自身建设实际确定，必须“报上级党组织同意”。针对现实中存在的党员领导干部的亲属、身边工作人员利用其职权和影响力下海经商、搞权钱交易等现象，《若干规定》要求党员领导干部在民主生活会上就“注重家庭、家教、家风，教育管理好亲属和身边工作人员的情况”进行对照检查，开展批评和自我批评。关于到会人数，针对以往一些党员领导干部借故缺席民主生活会的现象，《若干规定》要求“到会人数必须达到应到会人数的三分之二以上”。此外，还要求个人发言提纲应当自己动手撰写，民主生活会召开情况应当向下级党组织或者本单位通报。

最后，《若干规定》明确了责任机制，细化规定了上级党组织监督下级党组织民主生活会的具体办法。党的十八大以来，执政党强调党委要担负起从严治党的“领导责任”，纪委要担负起“监督责任”。落实到《若干规定》中，中央政治局要“带头开好民主生活会”，各级党委（党组）要履行组织开好民主生活会的“领导责任”；并将执行民主生活会制度情况，纳入领导班子及其成员履行全面从严治党责任考核内容，作为考核评价领导班子的重要依据。此外，《若干规定》将上级每年参加一定数量的下级民主生活会变成一项强制性义务，同时要通过派出督导组、派人列席等方式，对下级单位召开的民主生活会进行督促检查和指导，具体工作由组织部门会同纪律检查机关负责。

2. 推进“两学一做”学习教育常态化制度化

2017 年思想建党的另一项重点工作，是推进“两学一做”学习教育常态化制度化。2017 年 3 月，中共中央办公厅印发《关于推进“两学一做”学习教育常态化制度化的意见》（以下简称《意见》），并发出通知，要求各地区各部门认真贯彻落实。“两学一做”是指“学党章党规、学系列讲话，做合格党员”。“两学一做”学习教育实践活动从2016年开始，2016年学习教育的任务是推动党内教育从“关键少数”向广大党员拓展、从集中性教育向经常性教育延伸。此次发布《意见》，则是为了持续推动全面从严治党突出“关键少数”并向基层延伸，促进“两学一做”学习教育常态化制度化。

《意见》首先明确了推进“两学一做”学习教育常态化制度化涉及“讲政治”的重大问题。根据《意见》，之所以要学习党章党规和系列讲话，是因为“党章是管党治党的总章程，党规是党员思想和行为的具体遵循”，“习近平总书记系列重要讲话是中国特色社会主义理论体系最新成果，是当代中国马克思主义最新发展”。推进“两学一做”学习教育常态化制度化，就是要“进一步用习近平总书记系列重要讲话精神武装全党”，“确保全党更加紧密地团结在以习近平同志为核心的党中央周围”。可见，“两学一做”的最终用意，在于维护全党的集中统一。

关于学习机制，《意见》要求：“各级党委（党组）要以理论学习中心组学习、民主生活会等制度为主要抓手，组织党员领导干部定期开展集体学习；基层党组织要以‘三会一课’为基本制度，以党支部为基本单位，把‘两学一做’作为党员教育的基本内容，长期坚持、形成常态。”开展“两学一做”学习教育，一方面依托既有的组织和制度，另一方面旨在进行思想教育，是坚持思想建党、组织建党、制度治党紧密结合的一大抓手，是加强执政党的思想政治建设的有效途径。

二、经济战略：脱虚向实，转型升级

十九大报告中提出，要实现“两个一百年”奋斗目标和中华民族伟大复兴的中国梦。“中国梦”，首先意味着“富强”，意味着物质技术层面的富裕和强大，这就需要强大的科技、经济实力。强大的科技、经济实力，是人民群众过上富裕生活以及支撑各种内外战略的前提和基础。当前，中国经济已由高速增长阶段转向高质量发展阶段，正处在转变发展方式、优化经济结构、转换增长动力的攻关期，建设现代化经济体系是跨越关口的迫切要求和中国发展的战略目标。

2017 年是实施“十三五”规划的重要一年，也是供给侧结构性改革的深化之年。在此背景下，2016 年年末和 2017 年年初高层相继召开了中央经济工作会议和中央财经领导小组第十五次会议，对 2017 年的经济工作做出总体部署。

（一）去产能：抓住“僵尸企业”这个“牛鼻子”

中央财经领导小组第十五次会议要求，深入推进去产能，要抓住处置僵尸企业这个“牛鼻子”。换句话说，“去产能”是 2017 年经济工作的四大重点之一，而处置僵尸企业又是“去产能”的重点。[①] 之所以要清理僵尸企业，是因为僵尸企业占据了大量资金、土地、能源、劳动力等经济资源，一来导致这些资源无法投入到其他经济活动中，甚至对优质企业形成“逆向淘汰”效应；二来增加了银行的呆坏账比率，容易积聚金融风险。

正因为如此，2016 年 12 月召开的全国发展和改革工作会议强调“2017 年是去产能的攻坚年”。[②] 中央财经领导小组第十五次会议要求有关部门、地方政府、国有企业和金融机构把思想和认识统一到党中央要求上来，坚定不移处置僵尸企业，做好转岗就业、再就业培训等各项工作。

2017 年去产能、处置僵尸企业的着力点，主要是钢铁、煤炭、煤电行

---

① 冯彪．国务院重申清理“僵尸企业”，持续亏损 3 年以上企业成“靶心”［OL］．中国政府网，2015 - 12 - 10.

② 于祥明．发改委：2017 年是去产能攻坚年［OL］．新华网，2016 - 12 - 19.

业。2017 年 4 月 17 日，国家发展改革委、工业和信息化部、财政部等 25 个单位联合印发《关于做好 2017 年钢铁煤炭行业化解过剩产能实现脱困发展工作的意见》（以下简称《化解过剩产能意见》）以及《2017 年钢铁去产能实施方案》、《2017 年煤炭去产能实施方案》。《化解过剩产能意见》做出如下部署：

首先，坚定不移处置僵尸企业。将处置僵尸企业作为化解过剩产能的“牛鼻子”，抓好推动钢铁行业重组处置僵尸企业工作方案的落实，实施煤炭行业僵尸企业处置工作方案，做好僵尸企业分类处置。对于长期停工停产、连年亏损、资不抵债，没有生存能力和发展潜力的僵尸企业，加快实施整体退出、关停出清、重组整合。

其次，对煤钢产能根据不同情况做出不同处理。其一，严格依据标准淘汰落后产能。其二，清理查处违法违规产能。其三，严格控制新增产能。

再次，做好职工安置和社会稳定工作，稳妥处置资产债务问题。针对处置僵尸企业产生的下岗职工，《化解过剩产能意见》要求企业和政府都要承担相应的安置责任。企业方面，要摸清涉及职工底数，多渠道分流安置职工，挖掘内部转岗分流潜力，落实好稳岗补贴政策。政府方面，要加强对失业人员再就业帮扶，强化职业培训、就业服务和政策扶持，做好社会保障衔接。针对处置僵尸企业产生的资产债务问题，要求继续推进银行业金融机构债权人委员会制度，做好金融债务重组和市场化债转股；进一步落实有保有压的金融政策，对优势企业实施兼并重组、升级改造和转型发展项目给予积极支持，停止对落后产能的金融支持。

最后，大力推动企业兼并重组、优化布局和转型升级。主要目标是，加强跨地区去产能协作，引导产能向资源条件好、竞争能力强的地区和企业集中。具体而言，鼓励优势企业按照市场化原则加大兼并重组力度，推动钢铁行业跨地区、跨所有制的兼并重组，再启动若干钢铁行业重大兼并重组，鼓励有条件、有实力的钢铁企业通过多种方式开展国际产能合作。鼓励煤矿之间通过兼并重组、减量置换和产能指标交易等市场化方式，加快淘汰落后产能，积极培育和发展先进产能。鼓励对化解煤炭过剩产能实施方案以外的煤矿进行减量重组。

与此同时，煤电也被纳入2017年去产能重点领域。2017年3月5日，李克强总理在第十二届全国人大第五次会议上所做的《政府工作报告》中提出，2017年要淘汰、停建、缓建煤电产能5000万千瓦以上，以防范化解煤电产能过剩风险，优化能源结构，为清洁能源发展腾空间。[①] 由此，各地掀起了去产能、处置僵尸企业的热潮。

经过一年的高压推动，2017年的去产能任务基本完成。钢铁方面，全年去产能目标为5000万吨，至8月底已经提前完成。煤炭方面，去产能目标为1.5亿吨，到10月已经提前完成。煤电方面，前三季度，全国已淘汰关停落后煤电机组约240万千瓦，加上停缓建产能，完成了全年目标。[②] 过剩产能出清，使供求关系明显改善，煤价、钢价持续回升，企业效益持续好转，经济运行质量明显提高。

不过，2017年的去产能、处置僵尸企业工作仍然存在一些不尽完善的地方。首先，钢铁、煤炭行业的负债率仍然普遍偏高，债务处理的压力大。其次，人员安置问题有待解决。

（二）房地产：遏投机，增供应，建立长效机制

2017年2月28日中央财经领导小组第十五次会议强调，“建立促进房地

---

① 李克强．政府工作报告——2017年3月5日在第十二届全国人民代表大会第五次会议上［OL］．中国政府网，2017－03－16．

② 去产能全年目标提前超额完成［N］．中国经济导报，2017－12－16．

产市场平稳健康发展长效机制”。因此，在实践层面摸索建立“房地产长效机制”，是2017年经济工作的另一项重点任务。

在过去二十年左右的时间里，我国住房制度改革的方向一直是市场化。自新中国成立到20世纪80年代初，中国在城镇范围内实行实物福利性质的住房分配模式，这种模式的主要特点在于国家统包、无偿分配、广覆盖、低租金、无限期使用等。1998年是中国住房制度改革一个划时代的年份，国务院发布《关于进一步深化城镇住房制度改革加快住房建设的通知》，明确提出停止住房实物分配，逐步实现住房分配货币化的改革目标，标志着我国住房制度市场化改革全面启动。2003年，国务院发布《关于促进房地产市场持续健康发展的通知》，明确将房地产行业定位为国民经济的支柱产业之一。由此，我国房地产行业进入快速发展期。2003年以来，大部分城市房价上涨明显，而且增长范围从北京、上海等一线城市向全国范围的各级城市扩散。在此过程中，政府也在对房价过热进行调控。但2008年爆发的全球经济危机造成较大的经济下行压力，在政策支持、通胀恐慌、外贸出口受阻三大因素驱动下，房地产业又迎来一轮暴涨。

房价的非理性上涨吸引了大量资金，特别是金融系统的资金涌入房地产市场，除了进一步推高房价以外，还大大增加了实体经济发展的成本，使中高端制造业和新兴产业发展缺乏足够的资金支撑。而且，房地产与金融系统的“绑定”也积聚了系统性金融风险。银行给房地产商的贷款建立在土地和住房价格会不断上涨的预期之上，但经济增长显然不能长期依靠房地产拉动，一旦房地产泡沫破裂、房价下跌，房地产商无法维持资金流进而无法偿还银行贷款，就会引发系统性金融风险。此外，过高的房价以及针对低收入人群的住房保障制度的缺失或不完善，使住房问题成为一大民生问题。因此，对房地产市场的调控有两大任务：一是遏制房价过快上涨和住房投机，使住房回归居住属性，优先满足居住需求；二是将过剩资金从房地产市场中挤出，使其更多地投入到实体经济中去，支撑产业的转型升级。

在这一背景下，我们应寻求“建立房地产长效机制”的意义。究竟什么才是“房地产长效机制”呢？经过2017年的实践与探索，2017年12月18日至20日在北京举行的中央经济工作会议明确，要加快建立“多主体供应、多渠道保障、租购并举的住房制度”。换言之，新的“房地产长效机制”的两大要点是“租购并举”与“多主体供应、多渠道保障”。一方面将“租赁”作为解决住房问题的主要手段之一，提高到与“购买”同等的地位；另一方面建立“多主体”“多渠道”的住房供应机制。

1. 调控政策：遏制住房投机

2017年，房地产市场迎来频繁调控。据不完全统计，全年有超过100个城市发布了楼市调控政策，热点城市不断运用限购、限贷、限价、限售、限商等政策手段遏制房价过快上涨和住房投机。[①]

第一波调控始于2月28日福建连江出台限购措施。在这一波出台调控政策的城市中，既有北京、广州这样的一线城市，又有河北涿州、浙江嘉善这样的受外溢效应影响的环一线三、四线城市，以及南京、杭州、青岛等热点二线城市。到2017年5月，已有接近60个城市出台调控政策抑制房价过快上涨。总的来看，各地房市调控手段存在众多相同点。

首先，各地普遍将本地户籍作为购房的前提条件。连接户籍制度的关键在于明确住房需求人群，抑制外地人群炒房现象，优先保障本地居民和新市民的住房需求。

其次，收紧购房信贷。北上广深四大一线城市已经全部实施“认房又认

① 董建国，郑钧天，程士华．超百城发布150余次楼市政策，2017年房地产调控效果如何？［OL］．新华网，2017－12－12.

贷”政策。重庆市楼市新政规定预售商品房不得抵押。金融信贷调控意在提高购房信贷门槛，筛选出有能力偿还贷款的购房人群，避免购房贷款成为银行不良资产集中地。

最后，限制认购二套房。居民家庭往往只需要一套房屋就能满足其居住需求，认购二套房在实际情况中往往是投资行为，以“低首付 + 长期房贷”的模式即可获得商品房所有权用以牟利。因此，限制认购二套房是从住房需求的源头把握住房制度改革，遏制低投入高回报的房屋流通现象。

第二波调控始于 9 月 22 日，长沙、重庆、南昌、南宁、西安、贵阳、石家庄、武汉、无锡等 9 个城市相继密集出台了楼市调控政策。多数城市均将限售作为本次调控的重要手段。此前没有出台限购限贷限售政策的城市，或政策力度不及其他城市的，此次也加大了政策力度。这波调控具有以下两个特点：一是启动限售是本轮调控的核心措施，二是各个城市一般还辅以“限购、限价、限贷”等调控措施。

不过，不同城市面临的调控任务有所区别。有些靠近热点城市或者自身有产业依托的城市，对人口有一定吸引力，住房需求旺盛。这些城市的主要任务是遏制房价过快上涨和投机。但还有不少城市则因过去盲目开发或者本身缺乏产业依托，对人口缺乏吸引力，造成不少楼盘销售困难。对这些城市来说，并不存在房价过快上涨和过度投机的问题，主要的问题是去库存。

2. 租购并举：多措并举增加住房供应

遏制住房投机，有助于挤压房地产泡沫，防止金融风险。但仅仅遏制住房投机，无法正面解决人民群众的住房问题。因此，2017 年房地产领域的另一工作重点，就是通过发展住房租赁市场、共有产权住房等，增加住房供应。

据估计，我国共有大约2.45亿流动人口，[①] 人口净流入的大中城市每年都要涌入大批“新市民”。当前，我国城镇化进程的要务之一就是解决住有所居的问题。但近年来房价一直居高不下，如此庞大的流动人口，显然不可能都通过买房在城市安家落户。有住房需求又无力通过买房解决，租赁自然成了理论上最佳的替代选择。但如果要把住房租赁上升为解决城市化人口住房问题的一种主要途径，现有的住房租赁市场还远远不能满足需求。目前，中国的住房供应主要包括三个渠道：一是交易市场，二是租赁市场，三是住房保障市场。其中，住房交易市场是住房供应的主角，住房保障体系也是在最近几年才加快建立并形成规模的，而住房租赁市场仍然处于自发状态。当前我国66%的租赁房源集中在个人手中，规模化、集约化程度较低。另外，租赁需求的住房供给只能通过二手房市场获得，基本上不存在新房租赁市场。更重要的是，租房者不能完全享受当地的公共服务，摆脱不了“外地人”的尴尬身份，因此对租房有所保留。[②]

有鉴于此，2016年6月3日，国务院印发《关于加快培育和发展住房租赁市场的若干意见》（以下简称《意见》），明确提出要培育和发展住房租赁市场，建立购租并举的住房制度，促进实现住有所居。但该《意见》没有正视附加在住房之上的公共服务问题。而且，那些人口净流出的城市并不存在住房供应压力，《意见》对此未做区分，针对性不强。2017年7月18日，住房和城乡建设部会同国家发展改革委、公安部、财政部、国土资源部等九部门联合印发《关于在人口净流入的大中城市加快发展住房租赁市场的通知》（以下简称《通知》），拟采取多种措施加快推进租赁住房建设，培育和发展住房租赁市场，并选取了广州、深圳、南京、杭州、厦门、武汉、成都、沈

① 白剑锋. 特大城市人口聚集态势加强，我国流动人口2.45亿［OL］. 人民网，2014-11-19.

② 万亿住房租赁市场，两类标的明显受益［OL］. 新华网，2016-06-22.

阳、合肥、郑州、佛山、肇庆等12个人口净流入的大中城市首批开展住房租赁试点。梳理《通知》，亮点如下：

首先，《通知》要求培育机构化、规模化住房租赁企业，增加租赁住房有效供应，同时建立健全相关配套制度。《通知》鼓励国有、民营的机构化、规模化住房租赁企业发展，鼓励房地产开发企业、经纪机构、物业服务企业设立子公司拓展住房租赁业务。鼓励各地通过新增用地建设租赁住房，在新建商品住房项目中配建租赁住房等方式，多渠道增加新建租赁住房供应。鼓励住房租赁国有企业将闲置和低效利用的国有厂房、商业办公用房等，按规定改建为租赁住房。同时，要建设政府住房租赁交易服务平台，建立部门相互协作配合的工作机制，及时跟进监管、规范住房租赁市场。

其次，对租房所享有的公共服务问题，《通知》只有一句“承租人可按照国家有关规定凭登记备案的住房租赁合同等有关证明材料申领居住证，享受相关公共服务”。显然，《通知》的意思是按照既有的居住证制度，给承租人提供公共服务，同时给地方政府留下了自由裁量权。

最后，各地对承租人享受公共服务都设定了一定的前置条件，同时规定了公共服务的范围。换言之，“租售并举”不能简单地等同于“租购同权”。例如，《广州市加快发展住房租赁市场工作方案》规定，赋予符合条件的承租人子女享有就近入学等公共服务权益，保障租购同权，而这里的“条件”则是“具有本市户籍的适龄儿童少年、人才绿卡持有人子女等政策性照顾借读生、符合市及所在区积分入学安排学位条件的来穗人员随迁子女，其监护人在本市无自有产权住房，以监护人租赁房屋所在地作为唯一居住地且房屋租赁合同经登记备案”。

发展住房租赁市场需要解决的另一个重要问题是土地来源问题。要增加住房，就必须增加建设用地供应。如果由政府建设公租房，必须先征收土地，再建造房屋出租，成本高且租金收益低，因此地方政府缺乏积极性。在这种情况下，利用村集体建设用地建设住房不失为一条可能的出路。如果由村集体利用村集体建设用地建公租房，不需要支付征地拆迁费用，土地成本没有了，可节省大量费用，也符合集体土地与国有土地“同地、同权”的改革大方向。

2017 年 8 月 28 日，国土资源部、住房和城乡建设部印发了《利用集体建设用地建设租赁住房试点方案》（以下简称《方案》），宣布将在 13 个城市开展利用集体建设用地建设租赁住房试点，以缓解住房供需矛盾。《方案》要点如下：

首先，试点城市限于人口净流入、住房供应紧张的大城市。《方案》要求，在超大、特大城市和国务院有关部委批准的发展住房租赁市场试点城市中，确定租赁住房需求较大，村镇集体经济组织有建设意愿、有资金来源，政府监管和服务能力较强的城市，开展利用集体建设用地建设租赁住房试点。正是因为人口流入导致住房需求增加，才有必要通过各种途径增加土地和住房供应，人口流入和住房供应压力不大甚至人口净流出的城市自然不需要试点。

其次，试点坚持政府主导、审慎稳妥、有序可控，同时强调尊重地方和农民集体的意愿。一方面，《方案》要求项目用地应当符合三大规划，即城乡规划、土地利用总体规划及村土地利用规划，并且以存量土地为主，不得占用耕地，所建住房不得转租，不得以租代售；另一方面，试点实行地方自愿原则，尊重农民集体意愿，统筹考虑农民集体经济实力。建设租赁住房毕竟是长期项目，一旦建成，占用的土地在较长时间内就无法作其他用途，需要进行投资/收益的权衡，因此要尊重各地方、各村集体的意愿。

再次，要求各地完善试点项目审批程序和集体租赁住房建设和运营机制。《方案》提出试点城市要梳理规范性程序，建立快速审批通道，推进统一规划、统筹布局、统一管理，统一相关建设标准。为保证项目高效落实，还要求试点区域需具备一定的基础设施条件。村镇集体经济组织可以自行开发运营，也可以通过联营、入股等方式建设运营集体租赁住房。在尊重农民集体意愿，兼顾各方利益，统筹考虑农民集体经济实力，以确定合理的项目运作模式。

最后，探索租赁住房监测监管并保障承租人获得基本公共服务的权利机制。《方案》规定承租的集体租赁住房，不得转租，不得以租代售。探索建立租金形成、监测、指导、监督机制，防止租金异常波动，维护市场平稳运行。承租人可依法申领居住证，享受规定的基本公共服务，与租购同权协调发展，并鼓励有条件的城市，进一步建立健全对非本地户籍承租人的社会保障机制。

除租赁房以外，各地还在进行共有产权住房试点。2017 年 9 月 14 日，住房和城乡建设部印发了《关于支持北京市、上海市开展共有产权住房试点的意见》，支持北京市、上海市开展共有产权住房试点，鼓励两市结合本地实际，在共有产权住房建设模式、产权划分、使用管理、产权转让等方面进行大胆探索，力争形成可复制、可推广的试点经验。如果这些试点成功，就有望在商品房、保障房以外，提供新的满足城市化人口住房需求的渠道。

（三）金融：防控风险，引导方向

中国经济经过多年运行，已经积累了大量风险。尤其是自 2008 年实行宽松货币政策以来，巨量资金涌入金融系统，银行业信贷迅速膨胀。但传统信贷业务的增长无法满足市场新兴需求和银行业转型发展的需要，因此银行表外业务得以迅速增长。而表外业务在缺乏监管的情况下很容易推高杠杆，积累金融风险。同时，过去在缺乏监管能力的情况下发展民间金融市场，导致影子银行规模急剧扩大，资金在金融系统内空转，资产泡沫迅速膨胀，既累积了风险，又没有使资金流入实体经济，支持中国经济的转型升级。同时，企业杠杆率高企，债务规模增长过快，企业债务负担不断加重。在国际经济环境更趋复杂、我国经济下行压力仍然较大的背景下，一些企业经营困难加剧，一定程度上导致债务风险上升。因此，金融工作的任务，首先是加强监管、防控风险，其次是引导金融服务实体经济，为产业的转型升级提供资金支撑。

1. 监管体系升级，加强制度建设

金融监管首先要依靠一系列监管制度。2017 年，监管层新建或加强了一系列金融监管制度。

2017 年 7 月 14—15 日，五年一度的全国金融工作会议决定将“机构监管”变为“功能监管、行为监管”。在过去分业监管体系下，“一行三会”的监管模式均为“机构监管”，即“一行三会”仅监管自己负责的机构。但是，各被监管机构存在广泛的跨市场、跨领域的业务活动，在这种“混业经营”的大背景下，针对特定机构进行监管显得力不从心。此次会议确认监管模式为“功能监管、行为监管”，标志着“机构监管”将转变为“功能监管、行为监管”，这是监管模式和监管思维的重大转变。同时，会议决定在“一行三会”之上新设立国务院金融稳定发展委员会，代替 2013 年设立的“只议事，不决策”的金融监管协调部际联席会议。从名称上看，委员会的前缀是国务院，委员会的行政层级高于目前正部级的“一行三会”；从职能上讲，委员会的职能往往带有较强的综合性。这就意味着，“垂直协调”将取代“水平协调”，同时监管范围更广泛，金融监管协调体系正式从 1.0 版本升级到 2.0 版本。①

2017 年 8 月 4 日，中国人民银行支付结算司下发《关于将非银行支付机

① 全国金融工作会议在京召开［OL］. 中国政府网，2017 - 07 - 15.

构网络支付业务由直连模式迁移至网联平台处理的通知》（以下简称《通知》），将传统的第三方支付从之前的“直连模式”改为“网联模式”。“直连模式”是指第三方支付机构在各银行开设自己的账户，客户的支付和转账几乎全部在第三方支付机构自己的银行账户内完成。第三方支付不仅履行了支付的职能，还履行了“代清算”的职能，使海量的交易数据掌握在第三方支付机构手中，国家反而成为信息孤岛，这就架空了国家统一的清算职能，不利于国家整体的金融安全。“直连模式”到“网联模式”的转变，实际上只多了一个中介，在用户、支付机构、银行中间插入了网联平台，所有涉及银行账户的网络支付都必须通过网联平台处理，而不是在支付机构自己的不同银行账户中循环，国家因此得以监管每一笔通过第三方支付机构结算的资金流，这无疑是一项重要的金融监管的基础制度设施。

2. 及时将新事物纳入监管

2017年，代币发行融资、现金贷等金融领域的新事物、新现象大量涌现，监管层及时跟进监管，防止监管盲区中积聚金融泡沫，产生金融风险。

2017年9月4日，中国人民银行、中央网信办、工业和信息化部、工商总局、银监会、证监会以及保监会联合发布《关于防范代币发行融资风险的公告》（以下简称《公告》），要求各类代币发行融资活动应当立即停止。近年来，各种虚拟货币价格大幅上涨，引发投机资本的追捧。因此，《公告》禁止任何组织和个人非法从事代币发行融资活动，禁止任何代币融资交易平台从事法定货币与代币、“虚拟货币”相互之间的兑换业务或者为代币或“虚拟货币”提供定价、信息中介等服务，并禁止各金融机构和非银行支付机构开展与代币发行融资交易相关的业务。

2017年12月1日，互联网金融风险专项整治、P2P网贷风险专项整治工作领导小组办公室正式下发《关于规范整顿“现金贷”业务的通知》（以下简称《通知》），明确统筹监管，开展对网络小额贷款清理整顿工作。“现金贷”存在过度借贷、重复授信、不当催收、畸高利率、侵犯个人隐私等问题，存在着较大的金融风险和社会风险隐患。针对现金贷的高利率问题，《通知》对包括利率在内的借款综合成本进行了限定；针对现金贷过度授信、重复借贷、多头借贷等问题，《通知》要求，各类机构应当遵守“了解你的客户”原则，充分保护金融消费者权益，不得以任何方式诱致借款人过度举债，陷入债务陷阱；针对现金贷业务的主体之一网络小额贷款公司，《通知》提出将统筹监管，开展对网络小额贷款清理整顿工作；针对银行业金融机构参与现金贷业务，《通知》提出，银行业金融机构与第三方机构合作开展贷款业务的，不得将授信审查、风险控制等核心业务外包，不得接受无担保资质的第三方机构提供增信服务以及兜底承诺等变相增信服务，应要求并保证第三方合作机构不得向借款人收取息费。

3. 引导金融支持制造强国

如前所述，中国经济正处于转型升级的关键时期。可以说，淘汰僵尸企业、遏制住房投机、加强金融监管，主要目的之一就是让资金流向实体经济，为产业的转型升级提供资金支持。正如习近平在2017年7月14—15日召开的全国金融工作会议上指出的，要“把更多金融资源配置到经济社会发展的重点领域和薄弱环节，更好满足人民群众和实体经济多样化的金融需求”。①

2017年3月29日，中国人民银行等五部门联合印发《关于金融支持制造强国建设的指导意见》（以下简称《意见》），围绕《中国制造2025》，加强和改进对制造强国建设的金融支持和服务。首先，《意见》明确：“金融

① 全国金融工作会议在京召开［OL］. 中国政府网，2017-07-15.

部门应聚焦制造业发展的难点痛点，坚持区别对待、有扶有控原则。”换言之，金融支持制造强国，并不是平均用力，而要重点加强对制造业科技创新、转型升级和科技型中小制造企业等重点领域和关键任务的金融支持。哪些领域和任务算是“重点领域和关键任务”呢？根据《意见》，核心基础零部件等“四基”企业、企业技术改造、制造业两化融合发展和智能化升级、促进制造业绿色发展、高端装备领域突破发展和扩大应用、工业互联网重点项目、制造业个性化定制和服务型制造，这些都是金融应当着力支持的重点领域和关键任务。

其次，《意见》提出积极发展和完善支持制造强国建设的多元化金融组织体系。一方面，《意见》要求各类银行机构发挥各自职能与优势，进行差异化运作，激发金融服务的协同效应。具体而言，开发性、政策性金融机构的任务是在重点领域和薄弱环节发挥引领作用，加大对重大项目、重大技术推广和重大装备应用的融资支持；全国性商业银行要发挥网络渠道、业务功能协同等优势，为制造业企业提供综合性金融服务，并不断改进和提升对中小型制造业企业金融服务的质量效率；地方法人金融机构则要立足当地，服务中小企业，积极开发针对中小型制造业企业的特色化、专业化金融产品和服务。另一方面，《意见》提出完善银行机构组织架构，以提升金融服务的专业化水平。包括鼓励有条件的金融机构探索建立先进制造业融资事业部制、鼓励符合条件的银行业金融机构在新型工业化产业示范基地等先进制造业聚集地区设立科技金融专营机构、推动小微企业专营机构建设，以加强对战略重点行业和小微企业的专业化支持。

最后，《意见》提出大力发展多层次资本市场，加强对制造强国建设的资金支持。除改进银行融资渠道外，国家鼓励、支持符合条件的优质、成熟制造业企业在主板市场上市融资，鼓励高技术制造业、先进制造业企业在中小企业板、创业板、全国中小企业股份转让系统和区域性交易市场上市或挂牌融资，充分发挥股权融资作用。对创业投资主体加大扶持力度，发挥市场的自我调节机制，在主体层面扶助制造业企业的创设与发展。此外，《意见》支持制造业企业发行债券进行融资，并可以将资产证券化，以化解制造业过程产能领域信贷风险，针对各个领域、各个层级，发展不同的融资渠道，为制造业企业的发展提供强有力的支撑。

（四）调结构：培育经济增长新动能

当前，中国经济正处在转变发展方式、优化经济结构、转换增长动力的攻关期。转变发展方式，关键是找到拉动经济增长的新动能。另外，大力去产能、淘汰“僵尸企业”的目的也正在于优化资源配置，将更多的经济资源投入到培育新动能、支持新兴产业的发展中去。2017 年，我国 GDP 增速为 6.9%。在各个细分产业中，农林牧渔业、制造业、建筑业、批发和零售业、交通运输仓储和邮政业、住宿和餐饮业、金融业、房地产业等的增速都在 4.1%~9.0% 之间，与 GDP 增速差别不大，甚至低于 GDP 增速。但信息传输、软件和信息技术服务业的增速则高达 26.0%，十分亮眼。[①] 这说明，信息传输、软件和信息技术服务业作为经济增长的新动能已经形成。十九大报告也提出，加快建设制造强国，加快发展先进制造业，推动互联网、大数据、人工智能和实体经济深度融合，在中高端消费、创新引领、绿色低碳、共享经济、现代供应链、人力资本服务等领域培育新增长点、形成新动能。作为一个后发国家，我国在许多传统领域都与发达国家存在较大差距。但大数据、人工智能、移动互联网等都是新兴产业，我国与发达国家在这些领域基本处于同一起跑线上。大力发展新兴产业，不仅能为经济发展提供新动

① 国家统计局. 2017 年四季度和全年国内生产总值（GDP）初步核算结果［OL］. 国家统计局网站，2018－01－19.

能，推进供给侧结构性改革，更有可能使我国实现弯道超车。因此，扶植新兴产业发展，正是2017年我国经济工作的一大重点。

1. 支持大数据产业以及软件和信息技术服务业发展

2017年1月17日，工业和信息化部发布《大数据产业发展规划（2016—2020年）》和《软件和信息技术服务业发展规划（2016—2020年）》（以下分别简称《大数据规划》和《软件信息技术规划》）。两份文件分别提出了大数据产业与软件和信息技术服务业的发展目标。《大数据规划》提出的产业目标是，到2020年，技术先进、应用繁荣、保障有力的大数据产业体系基本形成，大数据相关产品和服务业务收入突破1万亿元，年均复合增长率保持30%左右，为实现制造强国和网络强国提供强大的产业支撑。《软件信息技术规划》提出的目标则是，到2020年，软件信息业务收入突破8万亿元，年均增长13%以上，占信息产业比重超过30%；培育一批国际影响力大、竞争力强的龙头企业，软件和信息技术服务收入百亿级企业达20家以上，产生5到8家收入千亿级企业，以企业为主体的产业创新体系进一步完善，基本形成具有国际竞争力的产业生态体系。

为此，两份文件规划了一系列重大工程。其中，《大数据规划》提出了大数据关键技术及产品研发与产业化工程、大数据服务能力提升工程、工业大数据创新发展工程、跨行业大数据应用推进工程、大数据产业集聚区创建工程、大数据重点标准研制及应用示范工程、大数据公共服务体系建设工程、大数据安全保障工程等八项重大工程。《软件信息技术规划》则提出了软件“铸魂”工程、信息技术服务能力跃升工程、云计算能力提升工程、大数据技术研发和应用示范工程、工业技术软件化推进工程、面向服务型制造的信息技术服务发展工程、软件和信息技术服务驱动信息消费工程等七项重点工程。

为实现上述目标，两份文件提出了多种保障措施。《大数据规划》提出要加大政策扶持力度，包括制定面向大数据产业发展的金融、政府采购等政策措施，落实相关税收政策；充分发挥国家科技计划（专项、基金等）资金扶持政策的作用，鼓励有条件的地方设立大数据发展专项基金，支持大数据基础技术、重点产品、服务和应用的发展；鼓励产业投资机构和担保机构加大对大数据企业的支持力度，引导金融机构对技术先进、带动力强、惠及面广的大数据项目优先予以信贷支持。《软件信息技术规划》则要求加大财政金融支持创新财政资金支持政策，加大对软件和信息技术服务业发展的支持；采用政府引导、市场化运作方式，探索建立国家软件和信息技术服务业产业投资基金；支持有条件的地方、大企业和投资机构设立产业专项资金或产业基金、创新创业基金、天使创投、股权和并购等各类基金。鼓励运用政府和社会资本合作（PPP）模式，引导社会资本参与重大项目建设；此外，创新人才培养实施人才优先发展战略，加快建设满足产业发展需求的人才队伍。强化人才培养链与产业链、创新链有机衔接，依托重大人才工程，加强“高精尖缺”软件人才的引进和培养。

2. 促进移动互联网有序发展

2017 年 1 月，中共中央办公厅、国务院办公厅印发了《关于促进移动互联网健康有序发展的意见》（以下简称《移动互联网意见》），旨在贯彻落实网络强国战略，促进我国移动互联网健康有序发展。《移动互联网意见》一方面要求全面推进第四代移动通信（4G）网络在城市地区深度覆盖、在农村地区逐步覆盖、在贫困地区优先覆盖；另一方面要求加快第五代移动通信（5G）技术研发，统筹推进标准制定、系统验证和商用部署。此外，《移动互联网意见》还要求实现核心技术系统性突破，加快移动芯片、移动操作系统、智能传感器、位置服务等核心技术突破和成果转化，推动核心软硬件、开发环境、外接设备等系列标准制定，加紧人工智能、虚拟现实、增强现实、微机电系统等新兴移动互联网关键技术布局，尽快实现部分前沿技术、颠覆性技术在全球率先取得突破。同时，《移动互联网意见》提出，发挥国家中小企业发展基金、国家创新基金等政策性基金的引导扶持作用，落实好税费减免政策，在信用担保、融资上市、政府购买服务等方面予以大力支持，积极扶持各类中小微企业发展移动互联网新技术、新应用、新业务。

3. 全面启动人工智能发展

2017 年 3 月 5 日，李克强总理在《政府工作报告》提出“全面实施战略性新兴产业发展规划，加快新材料、新能源、人工智能、集成电路、生物制药、第五代移动通信等技术研发和转化，做大做强产业集群”。这是人工智能首次被写入政府工作报告。7 月 20 日，国务院发布《新一代人工智能发展规划》（以下简称《规划》），提出了面向 2030 年我国新一代人工智能发展的指导思想、战略目标、重点任务和保障措施，部署构筑我国人工智能发展的先发优势，加快建设创新型国家和世界科技强国。

《规划》阐述了发展人工智能的战略态势，经过 60 多年的演进，特别是在新理论新技术以及经济社会发展强烈需求的共同驱动下，我国人工智能发展将进入新阶段，将推动经济社会各领域从数字化、网络化向智能化加速跃升。在此背景下，人工智能将成为国际竞争的新焦点和经济发展的新引擎。人工智能是引领未来的战略性技术，世界主要发达国家都把发展人工智能作为提升国家竞争力、维护国家安全的重大战略，加紧出台规划和政策，围绕核心技术、顶尖人才、标准规范等强化部署，力图在新一轮国际科技竞争中掌握主导权。同时，作为新一轮产业变革的核心驱动力，人工智能有望重构生产、分配、交换、消费等经济活动各环节，催生新技术、新产品、新产业、新业态、新模式，引发经济结构重大变革。

首先，《规划》确立了我国人工智能发展的“三步走”战略以及“构建一个体系、把握双重属性、坚持三位一体、强化四大支撑”的总体布局。“三步走”战略的时间节点分别是2020年、2025年和2030年，每5年为一个阶段，逐步发展人工智能的基础理论、总体技术与应用。在总体布局中，“一个体系”是指开放协同的人工智能科技创新体系，旨在形成原创性基础理论以及重大产品和系统的持续创新能力；“双重属性”是指人工智能的技术属性和社会属性，既要加大人工智能研发和应用力度，最大程度地发挥人工智能潜力，又要预判人工智能给社会政策带来的挑战并防范风险；“三位一体”是指协调推进研发攻关、产品应用和产业培育，强化创新链和产业链深度融合、技术供给和市场需求互动演进，实现技术—应用—产业的滚动发展和持续提升；“四大支撑”是指全面支撑科技、经济、社会发展和国家安全，一是以人工智能技术突破带动国家创新能力全面提升，二是为我国未来十几年乃至几十年经济繁荣创造一个新的增长周期，三是促进民生福祉改善，四是提升国防实力，保障和维护国家安全。

其次，《规划》依据总体布局，提出人工智能发展的重点任务。第一，构建开放协同的人工智能科技创新体系。发展人工智能的前提在于拥有足够的源头创新，没有足够的源头创新，后面的产业化、社会化等一切都无从谈起。人工智能科技创新体系旨在从前沿基础理论、关键共性技术、基础平台、人才队伍等方面，促进资源共享，系统提升持续创新能力，确保我国人工智能科技水平跻身世界前列。第二，培育高端高效的智能经济，包括发展人工智能新兴产业、推进产业智能化升级、大力发展智能企业、打造人工智能创新高地四项子任务。第三，建设安全便捷的智能社会，即将人工智能应用于公共服务、社会治理、公共安全、社会交往等领域。第四，加强人工智能领域军民融合，这意味着军民双方在人工智能基础理论和关键共性技术上共同研发并共享共用，为此要建立科研院所、高校、企业和军工单位的常态化沟通协调机制，引导国防领域人工智能科技成果向民用领域转化应用，同时鼓励优势民营科研力量参与国防领域人工智能重大科技创新任务。第五，构建泛在安全高效的智能化基础设施体系。第六，前瞻布局新一代人工智能重大科技项目，形成以新一代人工智能重大科技项目为核心、现有研发布局为支撑的“1+N”人工智能项目群。“1”是指新一代人工智能重大科技项目，聚焦基础理论和关键共性技术的前瞻布局；“N”是指国家相关规划计划中部署的人工智能研发项目，重点是加强与新一代人工智能重大科技项目的衔接，协同推进人工智能的理论研究、技术突破和产品研发应用。

最后，妥善应对人工智能可能带来的挑战，形成适应人工智能发展的制度安排。虽然人工智能诞生已经有几十年了，但其产业化与大规模应用还是新事物。《规划》对人工智能可能带来的挑战具有清醒的意识。一是针对人工智能可能冲击法律与社会伦理、侵犯个人隐私、挑战国际关系准则等问题，《规划》要求制定促进人工智能发展的法律法规和伦理规范，为新技术的快速应用奠定法律基础。二是建立人工智能技术标准和知识产权体系。作为一个新兴产业，人工智能的许多技术标准都有待制定，这将很大程度上决定各国在未来的人工智能产业中的地位。三是建立人工智能安全监管和评估体系。加强人工智能对国家安全和保密、就业、社会伦理等领域影响的研究与评估。

2017 年 11 月 15 日，科技部在京召开新一代人工智能发展规划暨重大科技项目启动会。这次会议的召开标志着新一代人工智能发展规划和重大科技项目进入全面启动实施阶段。

首先，会议建立了新一代人工智能发展规划实施的组织推进机制。会议宣布成立了新一代人工智能发展规划推进办公室，其职责是负责推进新一代人工智能发展规划和重大科技项目的组织实施，包括科技部、国家发展改革委、工业和信息化部、中央军民融合发展委员会办公室等 15 个参与部门。

同时成立了一个顾问机构，即新一代人工智能战略咨询委员会。其职责是为规划和重大科技项目实施，以及国家人工智能发展的相关重大部署提供咨询。

其次，会议就人工智能的未来发展做出了部署。会议明确了五大主攻方向：大数据智能、跨媒体智能、混合增强智能、群体智能、自主智能系统。同时明确了“一体两翼”的工作部署。“一体”是指人工智能开源开放平台。人工智能需要一个开放透明的基础技术平台，而打造这样的公益平台，需要新一代人工智能重大科技项目引领，也需要汇聚全国以及全球的人力资源和社会力量，并向全球各种人工智能应用开放。“两翼”中的左翼，是以专家为主体的多个工作组，包括标准工作组、知识产权工作组、投融资工作组等。标准工作组以AVS（数字音视频编解码技术）十五年标准制定和知识产权管理经验为基础，已经开始制定《神经网络表示与压缩》《深度学习特征编码》《人脸识别评测》等标准的制定工作。右翼是以企业为主体的应用推进组，目的是深化人工智能应用，促进产业发展，例如智能物流、智能医疗、智能政府、智能教育等。

尤其引人注目的是，这次会议成立了四大国家级开放创新平台，即依托百度公司建设自动驾驶国家新一代人工智能开放创新平台，依托阿里云公司建设城市大脑国家新一代人工智能开放创新平台，依托腾讯公司建设医疗影像国家新一代人工智能开放创新平台，依托科大讯飞公司建设智能语音国家新一代人工智能开放创新平台。

4. 深化发展工业互联网

2017年11月，国务院发布《关于深化“互联网+先进制造业”发展工业互联网的指导意见》（以下简称《工业互联网意见》），提出通过系统构建网络、平台、安全三大功能体系，打造人、机、物全面互联的新型网络基础设施，形成智能化发展的新兴业态和应用模式。[①]《工业互联网意见》提出的目标是，到2025年，基本形成具备国际竞争力的基础设施和产业体系，覆盖各地区、各行业的工业互联网网络基础设施基本建成，形成3~5个达到国际水准的工业互联网平台；产业体系较为健全，掌握关键核心技术，供给能力显著增强，形成一批具有国际竞争力的龙头企业；基本建立起较为完备可靠的工业互联网安全保障体系。《工业互联网意见》提出了发展工业互联网的主要任务和配套工程，包括夯实网络基础，与之配套的是工业互联网基础设施升级改造工程；打造平台体系，与之配套的是工业互联网平台建设及推广工程；加强产业支撑，与之配套的是标准研制及试验验证工程和关键技术产业化工程；促进融合应用，与之配套的是工业互联网集成创新应用工程；完善生态体系，与之配套的是区域创新示范建设工程；强化安全保障，与之配套的是安全保障能力提升工程；最后是推动开放合作。

推动产业发展，光提要求显然不够，还要出台支持政策。《工业互联网意见》提出探索采用首购、订购优惠等支持方式，促进工业互联网创新产品和服务的规模化应用；鼓励有条件的地方通过设立工业互联网专项资金、建立风险补偿基金等方式，支持本地工业互联网集聚发展。落实相关税收优惠政策，推动固定资产加速折旧、企业研发费用加计扣除、软件和集成电路产业企业所得税优惠、小微企业税收优惠等政策落实，鼓励相关企业加快工业互联网发展和应用。同时，创新金融服务方式。支持扩大直接融资比重，支持符合条件的工业互联网企业在境内外各层次资本市场开展股权融资，积极推动项目收益债、可转债、企业债、公司债等在工业互联网领域的应用，引

① 国务院关于深化“互联网+先进制造业”发展工业互联网的指导意见［OL］. 中国政府网，2017-11-27.

导各类投资基金等向工业互联网领域倾斜。加大精准信贷扶持力度，完善银企对接机制，为工业互联网技术、业务和应用创新提供贷款服务；鼓励银行业金融机构创新信贷产品，在依法合规、风险可控、商业可持续的前提下，探索开发数据资产等质押贷款业务。

5. 数字经济助力经济增长

在培育经济增长新动能上，地方政府也有动作。2017 年 2 月 6 日，贵州省发布《贵州省数字经济发展规划（2017—2020 年）》（以下简称《规划》）。首先，《规划》提出发展资源型数字经济，释放数据资源新价值。其次，《规划》提出发展技术型数字经济，以发展数字技术硬件产品研发制造、软件开发和技术服务、通信服务为重点，夯实数字经济发展的技术基础和产业基础。最后，《规划》提出发展融合型、服务型数字经济，激发转型升级新动能。所谓“融合型数字经济”，就是将数字技术与一、二产业融合应用，发展智能制造、数字农业、智慧能源等新型业态，推动实体经济的数字化、智能化。服务型数字经济有类似之处，即将数字技术与服务业融合发展。在工业制造、农业生产、能源、白酒、老干妈等产业的生产过程中，以及旅游、医疗、电子商务、金融、物流等服务业中应用数字技术，本身就会增加对数字产品和技术的需求，同时又能提高生产的效率和服务的质量。可以说，《规划》提出的大多数重大工程都与融合型、服务型数字经济有关，例如数字政府增效便民工程、民生服务数字化应用工程、民生服务数字化应用工程。

（五）继续完善社会主义市场经济体制

经济体制改革是全面深化改革的重要组成部分，改革的核心问题是处理好政府和市场的关系，使市场在资源配置中起决定性作用和更好发挥政府作用。在深化经济体制改革中，国有资产和国有企业又是重中之重。2017 年，国有资产管理和国有企业的改革，有一系列值得关注的动作。

1. 国资委从“管资产”向“管资本”转变

2017 年 5 月 10 日，国务院办公厅印发《国务院国资委以管资本为主推进职能转变方案》（以下简称《方案》），提出继续推进国有资产监管机构职能转变，进一步提高国有资本运营和配置效率。改革开放至党的十八大以前，国有资产监管的特点是国有资产监管机构既管人、管事、管资产，又管企业的具体经营。党的十八届三中全会以来，国有资产监管开始从管人、管事、管资产，向以管资本为主转变。“管资产”与“管资本”仅一字之差，却体现了两种截然不同的监管思路。“资产”是静止的，通常指企业的动产与不动产；“资本”是流动的，本身可泛指一切投入再生产过程的有形资本、无形资本、金融资本和人力资本。“资本”以流动性体现价值，流动性越高则资本价值越大，这决定了资产与资本的属性区别。从管资产到管资本的转变就是要让企业具有更多的自主性，为流动性开辟道路。

《方案》有以下几个方面特点：一是将国有资产管理架构由目前的“国资委—国企”两级，改为“国资委—国有资本投资运营公司—国企”三级。类似的三级架构在新加坡取得了巨大的成功，被称作“淡马锡模式”。其主要特点是设立由国家机关为法人团体的投资运营公司，通过参与其所投资企业的董事会的管理层以获取稳定的回报。事实上，我国目前存在两套国有资产管理体制，其中金融与文化类企业的国有资产由财政部履行出资人职责，财政部主要通过汇金公司来管理金融国有资产，如四大商业银行（中国工商银行、中国农业银行、中国建设银行和中国银行），其体制类似于新加坡的淡马锡模式；而实业类的国有资产则由 2003 年成立的国资委履行出资人职责，国资委用“管人管事管资产”的方式直接监管国企。国资委此次改革将使实业类国有资产的监管模式与金融、文化类国有资产监管模式统一起来。二是取消、下放了多项管理权限。《方案》中直接罗列的43项被精简的国资监管事项，实际上就是一个放权清单，大多涉及企业经营权。如下放审批地方国资委监管企业的上市公司国有股权管理事项的权利和审批中央企业子企业股权激励方案的权利，目的就是让企业在经营活动中成为独立的市场主体。其中力度最大的一项改革是将经理层成员选聘、经理层成员业绩考核、经理层成员薪酬管理三项重要权限下放至企业。三是提出“坚持党的领导不动摇”，并将“坚持党的领导”作为基本原则，同时在调整优化监管职能方面强调“全面加强党的建设，强化管党治党责任”。《方案》不仅多处有“党的领导”的表述，并且将其作为指导思想和基本原则，因此在这一轮的国有资产监督管理体制改革中，党的领导作用将更加凸显。

2. 完善国企法人治理结构

2017年5月3日，国务院办公厅发布了《关于进一步完善国有企业法人治理结构的指导意见》（以下简称《意见》）。一方面，《意见》要求“改进国有企业法人治理结构，完善国有企业现代企业制度”。国有企业法人治理结构，由履行出资人职责的机构（以下简称出资人机构）、股东会（包括股东大会，下同）、董事会、经理层、监事会、党组织和职工代表大会等机构组成。完善国有企业现代法人治理结构，意味着落实并规范这些机构的职权。尤其是要赋予董事会依法选择经营管理者的权力与经营管理者的用人权。根据《意见》，“国有独资公司要依法落实和维护董事会行使重大决策、选人用人、薪酬分配等权利，增强董事会的独立性和权威性”。《意见》还要求“有序开展国有独资公司董事会选聘经理层试点，加强对经理层的管理和监督”。换言之，董事会拥有决策权、人事权、考核权等权力。

另一方面，《意见》又规定“坚持党的领导”，要求“明确国有企业党组织在法人治理结构中的法定地位，发挥国有企业党组织的领导核心和政治核心作用，保证党组织把方向、管大局、保落实”。坚持党的领导，意味着要坚持党管干部原则。那么，如何平衡党管干部原则与董事会依法选择经营管理者、经营管理者的用人权呢？

《意见》的探索，一是双向进入、交叉任职的领导体制，即符合条件的国有企业党组（党委）领导班子成员可以通过法定程序进入董事会、监事会、经理层，董事会、监事会、经理层成员中符合条件的党员可以依照有关规定和程序进入党组（党委）；党组（党委）书记、董事长一般由一人担任，推进中央企业党组（党委）专职副书记进入董事会。二是在董事会选聘经理层成员工作中，上级党组织及其组织部门、国有资产监管机构党委应当发挥确定标准、规范程序、参与考察、推荐人选等作用。

在2017年铁路系统的公司制改革中，这一探索又有所推进。2017年9月5日，中国铁路总公司印发《中国铁路总公司关于全面推进铁路局公司制改革的意见》，启动铁路局公司制改革。到2017年11月，铁总旗下的18家铁路局（公司）已经全部完成工商登记变更。改制后，各铁路局的名称变更为“中国铁路××局集团有限公司”，由全民所有制企业改为由总公司出资的一人有限责任公司。但仍有三个重要方面保持不变：一是坚持党对国铁企业的领导、坚持国家铁路的基本定位不变；二是维护铁路“一张网”，坚持运输统一调度指挥、维持现行18个铁路局的布局模式、保持“总公司—铁路局—基层站段”三级运输管理构架不变；三是干部职工工资收入、福利待遇、社会保险、企业年金以及住房公积金等待遇不变。

在法人治理结构方面，铁路局改制后不设股东会，由总公司行使出资人职权。设立董事会、监事会和经理层。按规定设立公司党委会，充分发挥党组织的政治核心作用。依法建立职工董事制度、职工监事制度，健全以职工代表大会为基本形式的企业民主管理制度。在领导体制方面，改制后的公司坚持党的领导，实行“双向进入、交叉任职”的领导制。这与前述《关于进一步完善国有企业法人治理结构的指导意见》相同。在决策机制方面，公司法人治理结构建立后，按照新的体制机制运行，将党委会研究讨论作为董事会、经理层决策重大问题的前置程序，充分发挥党委会把方向、管大局、保落实的政治核心作用以及董事会的决策作用、经理层的经营管理作用。新增了“将党委会研究讨论作为董事会、经理层决策重大问题的前置程序”这一措施，这是在“双向进入、交叉任职”以外的新探索，意在使党组织成为国有企业法人治理结构的有机组成部分，保证党的领导。

3. 弘扬企业家精神，助力民营经济发展

非公有制经济是社会主义市场经济的重要组成部分。《中共中央关于全面深化改革若干重大问题的决定》强调“必须毫不动摇鼓励、支持、引导非公有制经济发展，激发非公有制经济活力和创造力”。2017 年 9 月 25 日，中共中央、国务院公布《关于营造企业家健康成长环境 弘扬优秀企业家精神更好发挥企业家作用的意见》（以下简称《意见》）。

《意见》高度肯定了企业家的价值，并强调对企业家权益的保护以及帮助服务。《意见》开篇指出，企业家是经济活动的重要主体，并肯定了改革开放以来，企业家为积累社会财富、创造就业岗位、促进经济社会发展、增强综合国力做出的重要贡献。同时，《意见》提出要营造依法保护企业家合法权益的法治环境，包括保护企业家的财产权、商业模式、文化创意等创新成果的知识产权以及自主经营权，并通过公平竞争审查制度、市场准入负面清单制度、反对垄断和不正当竞争、反对地方保护、依法清理废除妨碍统一市场公平竞争的各种规定和做法等措施，保障企业家公平竞争的权益。此外，《意见》要求加强对企业家优质高效务实服务，提出要以市场主体需求为导向深化“放管服”改革，深化简政放权、放管结合，优化服务；健全企

业家参与涉企政策制定机制，建立政府重大经济决策主动向企业家问计求策的程序性规范；建立健全帮扶企业家的工作联动机制，帮助解决企业实际困难。

《意见》更注重对优秀企业家精神的规范、培育和引导。《意见》提出营造促进企业家公平竞争诚信经营的市场环境，这既包括对企业家公平竞争权益的保障，更意味着对企业家经营活动的规范和监管。在这方面，《意见》提出实施企业诚信承诺制度，利用全国信用信息共享平台和国家企业信用信息公示系统，整合企业及企业家信息，建立企业家个人信用记录和诚信档案，实行守信联合激励和失信联合惩戒。同时，《意见》提出要弘扬企业家爱国敬业遵纪守法艰苦奋斗的精神、创新发展专注品质追求卓越的精神、履行责任敢于担当服务社会的精神，都是对企业家的积极的、更高的要求。另外，《意见》还要求有意识地培育优秀企业家，即加强对企业家队伍建设的统筹规划，将培养企业家队伍与实施国家重大战略同步谋划、同步推进，在实践中培养一批具有全球战略眼光、市场开拓精神、管理创新能力和社会责任感的优秀企业家。

三、内外联动：三大战略和四大板块协同推进

改革开放以来，针对不同地区的实际情况，我国逐步形成了以“四大板块”为地理单元、各有侧重的区域发展战略，即西部开发、东北振兴、中部崛起、东部率先的区域发展总体战略。近年来，我国大力推动“一带一路”建设、京津冀协同发展、长江经济带发展三大战略，由此形成“三大战略+四大板块”的区域发展战略体系。在这一体系中，四大板块是基础，从国家层面对全国区域协调发展进行统筹安排和总体部署；三大战略是引领、支撑和桥梁，从全球的高度和国家治理的角度，聚焦国际国内合作和区域协同发展，致力于增强发展的内外联动性、形成区域发展新格局。四大板块和三大

战略属于不同范围、不同类型的区域发展战略。从空间范围看，四大板块是地带级的区域，合起来覆盖全部国土；三大战略的空间范围则相差巨大，京津冀位于我国东部地区，长江经济带横跨我国东、中、西部地区，“一带一路”建设重点面向亚欧非大陆，同时向所有朋友开放。但我们不能割裂三大战略和四大板块。即便是区域发展战略，其效应也不会局限于国内，国内区域发展战略的顺利实施，会对中国的国际战略产生支撑作用；同样，涉及国际区际合作的“一带一路”，也会对国内战略产生影响。换言之，“内”与“外”不是截然分开的，而是相互影响的，因此要统筹推进区域发展总体战略和三大战略。2017 年，中国的区域发展战略与国际区际战略产生了明显的内外联动效应。

（一）一带一路：从理念迈向行动

2013 年，中国国家主席习近平提出建设“新丝绸之路经济带”和“21 世纪海上丝绸之路”的合作倡议。2017 年，“一带一路”朋友圈新增 47 个好朋友，联合国大会、联合国安理会等重要决议也纳入“一带一路”建设内容，这些都表明“一带一路”是广受欢迎的国际合作平台。

1. 建设理念深入人心

作为 2017 年我国最重要的主场外交活动，“一带一路”国际合作高峰论坛在北京成功召开，标志着“一带一路”建设框架下最高规格的官方国际对话机制建立。

2017 年，“一带一路”倡议取得的重大进展之一，是联合国安理会纳入“一带一路”建设内容。2016 年 4 月，中国与联合国亚洲及太平洋经济社会委员会（亚太经社会）签署意向书，双方将共同规划推进互联互通和“一带一路”的具体行动，推动沿线各国政策对接和务实合作。9 月，中国与联合国开发计划署签署关于共同推进“一带一路”建设的谅解备忘录。这是中国政府与国际组织签署的第一份共建“一带一路”的谅解备忘录，是国际组织参与“一带一路”建设的一大创新。

2017 年新年伊始，应联合国新秘书长古特雷斯邀请，国家主席习近平于 1 月 18 日造访联合国日内瓦总部，并发表《共同构建人类命运共同体》的主旨演讲，系统阐发了全球发展的“中国方案”，即“构建人类命运共同体，实现共赢共享”。[①] 习近平首先回顾了最近 100 多年的历史，指出这 100 多年全人类的共同愿望，就是和平与发展。但战争、金融危机、贫富差距拉大、恐怖主义等传统与非传统安全威胁始终困扰着人类，使和平与发展离真正实现尚有很大距离。在这一背景下，习近平提出，中国的应对方案是：构建人类命运共同体，实现共赢共享。而建设人类命运共同体的基本遵循，是平等和主权原则、国际人道主义精神、联合国宪章明确的四大宗旨和七项原则以及和平共处五项原则等。落实到行动，国际社会要从伙伴关系、安全格局、经济发展、文明交流、生态建设等方面做出努力。具体而言，即坚持对话协商，建设一个持久和平的世界；坚持共建共享，建设一个普遍安全的世界；坚持合作共赢，建设一个共同繁荣的世界；坚持交流互鉴，建设一个开放包容的世界；坚持绿色低碳，建设一个清洁美丽的世界。而“一带一路”倡议对构建人类命运共同体的意义，就在于实现共赢共享发展。

2017 年 3 月 17 日，联合国安理会通过一项决议，呼吁国际社会凝聚援助阿富汗共识，通过“一带一路”建设等加强区域经济合作，敦促各方为“一带一路”建设提供安全保障环境、加强发展政策战略对接、推进互联互通务实合作等。决议强调，应本着合作共赢精神推进地区合作，以有效促进阿富汗及地区安全、稳定和发展，构建人类命运共同体。这是安理会决议首

---

① 习近平．共同构建人类命运共同体——在联合国日内瓦总部的演讲［OL］．人民网，2017－01－19.

次载入“构建人类命运共同体”的重要理念。“一带一路”能够得到联合国的背书，最为重要的原因是，这一倡议和联合国当前工作及未来发展方向高度契合，与联合国会员国的共同利益高度契合。由于“一带一路”沿线国家和地区覆盖了全球超过60%的人口，以及全球1/3以上的GDP和贸易，中国的这一倡议能够与联合国提出的2030年可持续发展议程实现对接，为推动这一议程提供巨大动力。对中国来说，联合国的背书意味着“一带一路”和构建人类命运共同体从中国理念和中国方案上升为国际社会的共识，有助于增强一带一路倡议的号召力。

值得注意的是，2017年，中国提出了一系列与“一带一路”相关的新概念。6月14日，习近平主席在会见卢森堡首相贝泰尔时，首次提出“空中丝绸之路”的概念，表示中方支持建设郑州—卢森堡“空中丝绸之路”。这标志着郑州—卢森堡“双枢纽”合作模式由河南方案正式上升为国家战略。6月20日，国家发展改革委、海洋局联合发布《“一带一路”建设海上合作设想》，提出共同建设中国—印度洋—非洲—地中海、中国—大洋洲—南太平洋，以及中国—北冰洋—欧洲等三大蓝色经济通道。这是中国政府首次就推进“一带一路”建设海上合作提出中国方案。7月3日，中俄就打造“冰上丝绸之路”达成共识。“冰上丝绸之路”系穿越北极圈，连接北美、东亚和西欧三大经济中心的海运航道。7月初，在对俄罗斯进行国事访问之际，习近平对中俄共建北极航道的“邀约”进行了积极回应，希望双方共同开发和利用海上通道特别是北极航道，打造“冰上丝绸之路”。“北极航道”也正是《“一带一路”建设海上合作设想》中明确的“一带一路”三大主要海上通道之一。

2. 扎实推进，稳步落实

2017年，“一带一路”从理念稳步进入落实阶段。截至2017年12月，中国通过平等协商，已经同80多个国家和组织签署合作协议，同30多个国家开展了机制化产能合作，在24个国家推进建设75个境外经贸合作区，中国企业对相关国家投资累计超过500亿美元，创造近20万个就业岗位。[①]

首先，2017年，共建“一带一路”倡议与相关国家战略对接工作不断推进，朋友圈和合作范围持续扩大。2017年，我国新签署约50份“一带一路”框架下的合作协议。新签协议涉及新增国际组织约20个，与国际多边组织对接明显加强；涉及新增沿线国家20余个，主要分布在中东欧、非洲及东南亚地区。

其次，投融资平台培育取得积极进展。2017年7月24日，亚洲金融合作协会（以下简称“亚金协”）成立仪式在北京举行，来自亚洲、美洲、欧洲、非洲、大洋洲27个国家和地区的107家机构加入了亚金协，涵盖银行、证券、保险、基金、资产管理、金融教育及金融服务等领域。亚金协是继亚洲基础设施投资银行之后，中国倡议成立的又一区域性金融组织，是中国为亚洲乃至国际金融界提供公共产品的积极探索，其成立既是亚洲经济发展的需要，也是顺应“一带一路”倡议落实的配套措施，更体现了亚洲区内国家与地区避免重蹈金融危机覆辙的共同意愿。

亚金协是在吸取亚洲金融危机教训的基础上成立的。1997年的亚洲金融危机和2008年的全球金融海啸都对亚洲国家产生了巨大冲击。作为一个区域金融机构交流合作的平台，亚金协有助于加强区域金融机构交流与金融资源的整合，共同维护区域金融稳定，避免再次发生大规模的区域动荡。此外，现实需求也是亚金协成立的基础。当前，亚洲已经成为世界经济增长的重要引擎，但仍然面临诸多挑战。亚洲地区大多数是发展中国家和新兴经济体，经济建设和社会发展资金需求缺口大、融资需求层次多、可持续性要求

---

① 廉丹．2017，“一带一路”建设进入新阶段［OL］．中国经济网，2018－01－08．

高。据亚洲银行测算，仅在基础设施建设方面，未来 8 ~ 10 年，亚洲每年基础设施资金需求将达 7300 亿美元。而亚洲开发银行和世界银行这两个最大的国际金融机构，每年在亚洲基础设施的投资总额仅约 300 亿美元。[①] 亚金协的成立，有助于搭建亚洲金融机构交流合作平台，加强区域金融机构交流和金融资源整合，为区域实体经济发展提供有力支撑。

更重要的是，亚洲在全球金融的影响力与经济总量极不相称。一方面，亚洲经济总量在全球的影响力日益提升。随着 2008 年全球金融海啸及 2012 年欧债危机相继爆发，发达经济体陷入货币政策宽松、经济增长缓慢的结构性调整期。新兴市场经济体虽然也经历了危机冲击，但总体增长步伐较快。其中，亚洲特别是中国成为全球经济增长的引擎。过去 10 年，亚洲 GDP 从 1997 年的 3 万亿美元提升至 2016 年的 18 万亿美元，经济增长总量占全球的比重高达 46%。区内贸易规模占全球贸易总量的比重也达到 1/3，成为全球最具活力的地区。

从全球金融治理格局来看，目前基本上是欧美制定游戏规则，许多条款并不一定适合亚洲经济体。而全球金融管理的舞台主要由西方发达经济体掌控，鲜见亚洲的声音，这与亚洲经济目前在全球的影响力极不相符。以亚洲债券市场为例，绿色金融债发行需要第三方机构认证募集资金的流向，而这些具备资格的机构大多来自欧美国家。亚洲区内一些国家由于金融服务落后，一些国家有盈余的储蓄，却缺乏可投资的项目，如何撬动某个经济体的储蓄投入缺乏投资的经济体当中，化解区内投资与储蓄之间的结构性矛盾成为当务之急。因此，改变亚洲金融发展碎片化、分散化与边缘化的现状，凝聚抱团发展、各取所需的合力，从而增强亚洲在全球金融治理中的影响力，成为亚洲金融合作共建共治共享的迫切需求。

---

① 刘诗萌．“亚金协”建立亚洲金融合作“朋友圈”［OL］．中国产经新闻网，2017-11-13.

同时，亚洲基础设施投资银行（以下简称“亚投行”）扩容，成员数增至84个。2017年3月、5月和7月，亚投行先后进行三次扩容，批准了23个成员的加入申请。12月19日，亚投行又宣布批准库克群岛、瓦努阿图、白俄罗斯和厄瓜多尔4个经济体的加入申请，实现了自2016年开业以来的第四次扩容。值得注意的是，亚投行是一个政府间性质的亚洲区域多边开发机构，重点支持亚洲地区的基础设施建设，是筹措资金的具体机构。而亚金协更多是区域性的行业组织，更多以办活动、办论坛为主，是区域性国际非政府、非营利性社会组织。但二者都可视为“一带一路”倡议的配套措施，为“一带一路”的实施提供金融支持。

亚投行的扩容，有利于中国的发展经验，特别是有利于中国基础设施发展经验的传播和分享。虽然亚投行在制度设计上模仿了世界银行和亚洲开发银行的一些制度设计，但由中国主导成立的亚投行，其本身就体现了中国开发性金融实践等经济发展理念。

2017年，我国持续加大对“一带一路”建设的开发性和政策性金融支持力度，多双边投融资机制和平台发展迅速。国家开发银行、中国进出口银行分别提供2500亿元和1300亿元等值人民币专项贷款，用于支持“一带一路”基础设施建设和产能合作。丝路基金明确后续增资1000亿元人民币，2017年新签项目2个，承诺投资金额约10亿美元。国家发展改革委牵头设立中俄地区合作发展投资基金，总规模1000亿元人民币，首期100亿元人民币，重点推动中国东北地区与俄罗斯远东地区开发合作。同时，多双边投融资机制发展迅速。中国—中东欧“16+1合作”框架下的多边金融合作取得积极进展，由各国政府控股的政策性银行、开发性金融机构和商业银行等14家成员行构成的中国—中东欧银行联合体正式成立，国家开发银行将在未来5年向银联体成员行提供总额度为20亿等值欧元的开发性金融合作贷款。中国—中东欧投资合作基金二期已完成设立。人民银行稳步推进与IMF合作，建立中国—基金组织能力建设中心。[①]

最后，一大批基础设施建设工程项目推进较快，互联互通水平明显提升。新亚欧大陆桥经济走廊方向，西欧—中国西部国际公路境内路段建成通车，哈萨克斯坦和俄罗斯境内路段建设正在推进；中哈连云港物流合作基地和“霍尔果斯—东大门”经济特区无水港取得阶段性进展，连云港—霍尔果斯新亚欧陆海联运通道建设开启；匈塞铁路贝—旧段突破重重阻力正式开工。中国—中南半岛经济走廊方向，中泰铁路年内实现开工，中越北仑河公路二桥建设完成，中老缅泰澜沧江—湄公河航道二期整治工程前期工作持续开展。中蒙俄经济走廊方向，同江—下列宁斯阔耶界河铁路桥俄方侧、黑河—布拉戈维申斯克界河公路桥启动建设并顺利推进；中俄东线天然气管道工程境内段全面加速建设，亚马尔液化天然气项目正式投产；与俄罗斯北极航道及“冰上丝绸之路”建设合作不断推进。中巴经济走廊方向，瓜达尔港及“两大”公路项目建设稳步推进，“两小”项目实施步伐加快，东湾快速路正式开工。中国—中亚—西亚经济走廊方向，中吉乌国际道路运输成功试运行，德黑兰—伊斯法罕高铁建设持续推进。海上丝绸之路方向，汉班托塔港特许经营权正式生效并转交招商局运营，科伦坡港口城填海造地工程正在有序展开，马来西亚皇京港等海上支点港口建设推进顺利。

（二）内外联动促发展

1. 自贸区战略步入3.0时代

加快实施自由贸易区战略，是中国新一轮对外开放的重要内容。党的十

---

① 国土开发与地区经济研究所．“一带一路”建设2017年进展及2018年展望［OL］．国宏网，2018－01－12.

七大把自由贸易区建设上升为国家战略，党的十八大提出要加快实施自由贸易区战略。党的十八届三中全会提出要以周边为基础加快实施自由贸易区战略，形成面向全球的高标准自由贸易区网络。2016 年 8 月底，中共中央、国务院决定，在辽宁、浙江、河南、湖北、重庆、四川、陕西等省市再设立 7 个新的自贸试验区。参照上海等现有自贸试验区，新的自贸试验区主要依托发展基础较好的国家级新区、园区设立，每个都包含 3 个片区，面积在 120 平方公里内。2017 年 3 月，自贸区各项筹备工作完毕，国务院分别印发了这 7 个自贸试验区的总体方案。① 中国的自贸区试验分为三批，第一批只有上海一个地区，第二批增加了沿海地区的广东、天津、福建 3 个地区，第三批则扩大至此次的内陆七省市。第三批自贸区挂牌成立后，中国基本形成以“1 +3 +7” 自贸区为骨架、东中西协调、陆海统筹的全方位和高水平区域开放新格局，自贸区战略也从 2.0 时代步入 3.0 时代，试验改革的区域广度和内容深度全方位升级。

另外，作为新一轮对外开放重要内容的自贸区战略，自然要对接并服务于“一带一路”建设。2015 年 12 月，国务院发布《关于加快实施自由贸易区战略的若干意见》，提出自由贸易区的发展应当与推进共建“一带一路”和国家对外战略紧密衔接。自贸区与“一带一路”建设共同构成我国新时期全方位对外开放的新格局，二者之间存在紧密的联动和协同关系。“一带一路”建设侧重以基础设施建设为先导，促进与沿线国家的互联互通及加强全方位经贸合作，是经济新常态下我国对外开放战略的升级版。自贸区建设以降低贸易门槛、提升贸易便利化水平、加快域内经济一体化为主要内容，在“投资自由化、贸易市场化、金融国际化、行政管理法制化和简洁化”等方

① 国务院印发《中国（辽宁、浙江、河南、湖北、重庆、四川、陕西）自由贸易试验区总体方案》［OL］. 中国政府网，2017 －03 －31.

面先行先试，营造市场化、国际化的营商环境，形成可复制、可推广的改革经验，提高对外开放水平。“一带一路”要求贸易投资便利化水平不断提高，自贸区无论过去还是未来，都是以提高贸易、投资的便利化为终极使命，所以自贸区是“一带一路”的最佳助攻。加强“一带一路”建设与自贸区之间的有机对接和战略联动，将全面提升我国对外开放水平。[①]

同时，自贸试验区也承担了对接国家区域发展战略的使命。改革开放是从沿海地区开始的，第一、二批自贸区也位于沿海地区。但现在国家出台了一系列新战略，为了满足这些战略实施的需要，就有必要在内陆地区设置一些自贸区。在这些自贸试验区中，上海、广东、天津和福建等第一、第二批自贸区分别对接长江经济带、粤港澳深度合作、京津冀协同发展、两岸经济合作等重大区域发展战略，辽宁、浙江、河南、湖北、重庆、四川、陕西 7 个自贸区，将对接长江经济带、中部崛起、西部大开发、振兴东北老工业基地等国家重大区域发展战略。因此，各个自贸试验区在试点内容上各有侧重。

辽宁自贸区分为沈阳、大连、营口三个片区。“加快市场取向体制机制改革、积极推动结构调整，努力将自贸试验区建设成为提升东北老工业基地发展整体竞争力和对外开放水平的新引擎”，[②] 是国家赋予辽宁自贸试验区的使命。为此，辽宁自贸区的重点工作在于，一是加快市场取向的体制机制改革。企业方面，重点是深化国资国企改革，开展混合所有制改革试点，探索多种所有制资本优势互补、相互促进的体制机制，完善国有企业治理模式和经营机制。政府方面，重点是转变政府职能，着力推进简政放权与制度创

---

① 陈宏，程健．“一带一路”建设与中国自贸区战略协同对接的思考［J］．当代经济管理，2018－07－05.

② 国务院关于印发中国（辽宁）自由贸易试验区总体方案的通知［OL］．中国政府网，2017－03－31.

新，建设公开透明、依法行政的服务型政府。二是打造具有国际竞争力的先进装备制造业基地、面向东北亚开放合作的战略高地、国际海铁联运大通道的重要枢纽，与“一带一路”沿线国家的国际产能和装备制造合作，加快构建双向投资促进合作新机制。

浙江自贸区的战略定位是“东部地区重要海上开放门户示范区、国际大宗商品贸易自由化先导区和具有国际影响力的资源配置基地”。[①] 要实现这一目标，油品是核心。因此，浙江自贸区的任务主要是突出以油品产业链为主的大宗商品的投资便利化和贸易自由化，通过探索既符合国际惯例，又具有中国特色的大宗商品自由贸易的制度，弥补我国在油品的储存、加工、交易、贸易过程当中存在的一些短板。为此，浙江自贸区未来将建设“三基地一中心”，即国际油品储运基地、国际石化基地、国际海事服务基地，国际油品交易中心。还要实现“三个一亿吨”目标，即实现一亿吨油品储备能力、一亿吨炼油能力以及一亿吨交易能力。[②]

河南自贸区的战略定位是“加快建设贯通南北、连接东西的现代立体交通体系和现代物流体系，将自贸试验区建设成为服务于‘一带一路’建设的现代综合交通枢纽、全面改革开放试验田和内陆开放型经济示范区”。[③] 围绕服务于“一带一路”现代综合交通枢纽建设，河南将首先增强其交通枢纽功能。2017 年 6 月，习近平主席在会见卢森堡首相贝泰尔时提出了“空中丝绸之路”的概念，表明郑州—卢森堡“双枢纽”合作模式由河南方案正式上升为国家战略。陆路方面，河南将进一步加密中欧班列（郑州）至“一带一路”沿线国家的班次，加强国际货源组织，推动班列往返双向运输平衡。

---

① 中国（浙江）自由贸易试验区总体方案［OL］. 中国政府网，2017－03－31.

② 毛晓琼. 浙江自贸区亮点解读：打破了油品贸易的“天花板”［OL］. 新蓝网，2017－04－01.

③ 中国（河南）自由贸易试验区总体方案［OL］. 中国政府网，2017－03－31.

同时，河南将依托自贸试验区推动郑州建设全国快递中转集散中心。在增强交通运输能力的基础上，河南还将加快大通关建设，建设完善与多式联运相衔接的国际贸易“单一窗口”，加快推进口岸监管部门信息互换、监管互认、执法互助“三互”大通关改革。除此以外，河南自贸区还将以物流发展带动产业发展，大力发展枢纽经济。全面提升现代物流业与高端制造业、商贸服务业的联动发展水平，带动跨境电商、转口贸易、加工贸易、服务贸易、离岸贸易等枢纽经济产业集聚发展。

湖北自贸区的使命是“成为中部有序承接产业转移示范区、战略性新兴产业和高技术产业集聚区、全面改革开放试验田和内陆对外开放新高地”。[①] 为此，湖北自贸区将落实中央关于中部地区有序承接产业转移、建设一批战略性新兴产业和高技术产业基地的要求，发挥其在实施中部崛起战略和推进长江经济带建设中的示范作用。

陕西自贸区的使命是建设成为“全面改革开放试验田、内陆型改革开放新高地、‘一带一路’经济合作和人文交流重要支点”。[②] 设立中心片区、西安国际港务区片区和杨凌片区。中心片区重点发展战略性新兴产业和高新技术产业。西安国际港务区片区重点发展国际贸易、现代物流、金融服务、旅游会展、电子商务等产业。杨凌示范区片区以农业科技创新、示范推广为重点。陕西自贸试验区的设立，不仅更加凸显了西安在西部大开发中的战略地位，也使陕西站在了全国全方位对外开放的前沿。总体工作包括五个方面：一是构建交通商贸物流中心；二是构建国际产能合作中心；三是构建科技创新中心；四是构建国际旅游中心；五是构建区域的金融中心。

四川自贸区的战略定位是建设成为“西部门户城市开发开放引领区、内

① 中国（湖北）自由贸易试验区总体方案［OL］. 中国政府网，2017-03-31.

② 中国（陕西）自由贸易试验区总体方案［OL］. 中国政府网，2017-03-31.

陆开放战略支撑带先导区、国际开放通道枢纽区、内陆开放型经济新高地、内陆与沿海沿边沿江协同开放示范区”。① 四川自贸区的工作重点在于，进一步推进以“放管服”为主要内容的政府职能转变；进一步统筹投资合作，着力提升投资促进水平；进一步推动贸易便利化，加快外贸转型升级和服务要素自由流动；进一步深化金融领域改革创新，增强金融服务功能；进一步实施内陆与沿海沿边沿江协同开放，协同通道建设和产业发展；进一步激活创新创业要素，着力优化创新创业制度环境。

重庆自贸区的战略定位是建设成为“‘一带一路’和长江经济带互联互通重要枢纽、西部大开发战略重要支点”。② 重庆方面计划通过平台建设和通道建设，强化丝绸之路经济带和长江经济带连接点的区位优势，全面融入国家“一带一路”和长江经济带发展战略。具体而言，一是将进一步完善航空、铁路、内河港三个集枢纽功能、保税功能和口岸功能于一体的开放平台，提升重庆的承载能力；二是充分发挥三条开放通道的作用，即依托中欧“渝新欧”班列，向西与丝绸之路经济带沿线国家和地区开展广泛而深入的经贸合作，依托长江黄金水道，向东促进长江经济带与丝绸之路经济带的协同发展，依托渝昆泛亚铁路大通道和南向公路物流通道，向南加强与东盟以及东南亚的经贸合作。在带动西部大开发战略深入实施方面，重庆自贸区将结合“内陆国际物流枢纽和口岸高地”建设，进一步突出产业支撑作用，在三个方面下功夫：一是加快产业的转型升级，通过自由贸易试验区高端产业的集聚，促进带动区域的现代服务业、先进制造业和战略性新兴产业的加快发展，真正成为西部开发开放的重要支撑；二是以产业链为纽带，促进西部地区在研发设计、生产销售和物流配送等环节的协同配合，完善创新创业的服务体系，

---

① 中国（四川）自由贸易试验区总体方案［OL］．中国政府网，2017－03－31.

② 中国（重庆）自由贸易试验区总体方案［OL］．中国政府网，2017－03－31.

实现区域合作共享；三是提升“内陆国际物流枢纽和口岸高地”对周边地区的辐射带动作用，大力发展依托口岸的经济业态，促进区域经济更好融入国际国内两大市场。

2. 引外商投资，助西部发展

内外联动促发展的另一个体现，是国家发展改革委、商务部于 2017 年 2 月 17 日发布的《中西部地区外商投资优势产业目录（2017 年修订）》（以下简称新版《中西部目录》）。一直以来，中国的中西部地区相对欠发达，而促进中西部经济发展需要大量投资。引进外资，无疑是解决中西部发展资金需求的一大措施。新版《中西部目录》将支持中西部地区承接产业转移，发展外向型产业集群。

新版《中西部目录》的亮点包括：一是推动传统产业转型升级。在一些农（牧）业优势省份新增了绿色食品加工、标准化设施蔬菜基地建设等条目，促进农业生产方式转变。新增了智能测控装置、现代农业装备等条目，支持采用先进适用技术改造升级传统制造业。二是支持高新适用技术产业发展。在一些产业基础较好的省份新增了 6 代及 6 代以下 TFT－LCD 玻璃基板、集成电路制造、智能手机、平板电脑、生物医药等条目，支持中西部地区电子、医药等产业集聚发展，迈向中高端水平。三是鼓励加快发展服务业。在一些省份新增了工程勘察设计、平面设计、物流等生产性服务业条目，推动生产性服务业向专业化和价值链高端延伸。在一些省份新增了旅游休闲、文化体育等生活性服务业条目，推动生活性服务业向精细和高品质转变。四是促进劳动密集型产业发展。根据地方需求，在一些内陆和沿边等具有劳动力优势的省份新增了外向型纺织、服装、家具等条目，推进形成新的外向型产业集群，积极承接东部地区和国际上劳动密集型外资产业转移。五是强化基础设施和产业配套。在部分省份新增了城市公共停车设施、汽车充电设施、公路货运场站设施建设等条目，促进交通物流网络发展。新增了半导体照明材料、汽车零部件、智能终端产品及关键零部件等条目，增强汽车、电子等产业配套能力。六是适应新形势调整原有条目。根据一些省份产业结构调整，修改汽车零部件制造、生物质能发电设备制造等条目，优化条目涵盖范围。删除了飞行员培训和航空俱乐部、松香深加工等条目。①

（三）加快区域协调发展

中国是社会主义国家。社会主义的标志性特征，在于始终坚持对“共同富裕”的承诺。而共同富裕，显然应当包括不同区域之间的共同富裕。因此，区域协调发展，一直具有全局性的战略地位。党的十八大以来，国家采取了一系列政策举措，着力缩小地区差距，取得了积极成效。党的十九大首次将区域协调发展上升到国家战略，明确提出坚定实施区域协调发展的战略。区域发展多头并进，是近年来我国区域发展的一个重大而积极的转变，中西部地区经济增速连续 9 年超过东部地区，东中西区域发展的差距正逐步缩小。

1. 城市群扩容

城市群战略是实现区域协调发展的重要途径，正成为区域经济快速发展的重要支撑。作为我国大部分人口与产业的承载地，城市群发展的质量将直接关系到我国区域协调发展的格局。基于中国的具体国情，选择城市群战略有其客观必然性。

很长一段时间以来，对我国城市发展究竟是以大城市为主还是以中小城

---

① 发展改革委就《中西部地区外商投资优势产业目录（2017 年修订）》答问［OL］. 中国政府网，2017－02－17.

市或小城镇为主，学界一直存在较大的争议，存在以中小城市为主的分散型城市化和以大城市为主的集中型城市化两种思路。从20世纪80年代开始，国家一直鼓励发展中小城市，但实际上人口一直往大城市流动。现在学界更倾向于走发展大都市圈的道路。一方面，大型都市在资源的高效利用方面更具优势。规模越大的城市，产业承载能力也越强，创造的收入和机会越高，而财政收入越高，城市就可以以更低的价格和更高的质量提供各种公共服务，其吸纳资本、人才、技术、人口等的能力，相比于中小城市具有非常明显的优势。另一方面，城市的基础设施投入需要有人口和产业规模来支撑，对小城镇或者规模略大的小城市而言，基础设施投入很难有可持续的回报，从而导致资本不愿意进入小城市，最终还是回到特大城市，分享规模效应带来的可持续回报。

不过，大城市也有大城市的烦恼。目前，北上广深等超大城市的城区人口均已超过了千万，其中北京、上海的人口甚至超过了2000万，超大城市面临着人口超载、交通拥挤、空气污染等一系列大城市病问题。如何避免特大城市人口“落不下”和中小城市“没人去”的困境？大力推动以特大城市为龙头的城市群建设，不失为一条可行的路径。发展城市群可以妥善解决特大城市、中小城市、小城镇、乡村合理布局和融合的问题，实现城镇化和农业现代化的良性互动，既解决城市发展减少成本的需要，也可以尽最大可能实现生态、集约发展。①

学界的共识也体现在政策设计上。《中华人民共和国国民经济和社会发展第十三个五年规划纲要》提出要建设19个城市群，分为两大类，即东部地区城市群和中西部地区城市群。2016年，国务院一共批准了4个城市群，即哈长城市群、成渝城市群、长江三角洲城市群、中原城市群。党

① 林小昭．城镇格局明确：以城市群为主体，大中小城市协调发展［OL］．第1财经网，2017－10－30.

的十九大报告提出，“以城市群为主体构建大中小城市和小城镇协调发展的城镇格局”。2017 年，在京津冀、长三角、珠三角三大传统引擎作用依然显著的情况下，伴随着区域一体化进程的不断加快，一批新兴的城市群正加速形成。

2017 年 2 月 10 日，国家发展改革委、住房和城乡建设部批准了《北部湾城市群发展规划》（以下简称《规划》），北部湾城市群成为国家级城市群新成员。此次被纳入北部湾城市群规划范围的地区包括桂南、粤西、琼北共 15 个市县，经济相对比较落后。首先，人均地区生产总值低于全国平均水平，人口密度和经济密度也低于毗邻国家的一些地区。其次，区域内缺乏辐射带动作用强的特大城市，南宁等中心城市集聚和辐射效应不足，对高端生产要素吸引力不强。更重要的是，目前区域内各城市主导产业同构现象较为严重，港口运输、石油化工、林浆纸一体化、钢铁和生物制药等在主要港口城市工业总产值中所占比重及排序均靠前，分工协作不足，孤立发展特征较明显。

同时，目前国家正在推行“一带一路”、中国—东盟自贸区升级版建设，北部湾城市群作为中国与东盟之间唯一既有陆地接壤又有海上通道的经济板块，可以将自身打造成中国—东盟对接的门户。

首先，《规划》对自身的总体定位是，发挥地缘优势，挖掘区域特质，建设面向东盟、服务“三南”（西南、中南、华南）、宜居宜业的蓝色海湾城市群。围绕总体定位，《规划》计划将北部湾城市群建设成面向东盟国际大通道的重要枢纽、“三南”开放发展新的战略支点、21 世纪海上丝绸之路与丝绸之路经济带有机衔接的重要门户、全国重要绿色产业基地、陆海统筹发展示范区。相比临近的珠三角，北部湾城市群经济相对落后，但要抱团发展，就必须有自己的“腹地”。这个总体定位，大致可视为北部湾城市群对自身角色和“腹地”的界定。其次，《规划》将整个城市群分为若干功能分区和三类空间，并打造“一湾双轴、一核两极”的城市群框架。再次，《规划》提出要坚持陆海统筹，坚持绿色化、特色化发展方向，“打造环境友好型现代产业体系”，以发挥北部湾陆海兼具的特色和优势。最后，北部湾城市群毗邻经济发达的珠三角，又是中国内陆与东盟对接的中转站，因此《规划》提出要合理承接产业转移，积极参与国际产业对接和产能合作。

2. 设立雄安新区

2017 年区域协调发展的另一件大事，是雄安新区的设立。4 月 1 日，中共中央、国务院印发通知，决定设立河北雄安新区，规划范围涉及河北省雄县、容城、安新 3 县及周边部分区域。雄安新区地处北京、天津、保定腹地，甫一面世，就具有超高的政治定位，设立雄安新区是“以习近平同志为核心的党中央做出的一项重大的历史性战略选择，是继深圳经济特区和上海浦东新区之后又一具有全国意义的新区，是千年大计、国家大事”。[①]

雄安新区承担了多项使命，其首要使命是打造北京非首都功能疏解集中承载地，着力缓解北京“大城市病”，与北京城市副中心形成北京新的两翼。党的十九大报告提出，“以疏解北京非首都功能为‘牛鼻子’推动京津冀协同发展，高起点规划、高标准建设雄安新区”。

同时，雄安新区具有“贯彻落实新发展理念的创新发展示范区”的使命。规划建设雄安新区，首要定位是打造北京非首都功能疏解集中承载地，但具体定位还包括绿色生态宜居新城区、创新驱动发展引领区、协调发展示范区、开放发展先行区。因此，并不是所有的非首都功能都会集中到雄安。符合上述“四区”定位的非首都功能，雄安新区要主动承接，不符合“四区”定位的自然不能承接。习近平强调，雄安新区不同于一般意义上

---

① 中共中央、国务院决定设立河北雄安新区［OL］. 新华网，2017－04－01.

的新区，重点承接北京疏解出的行政事业单位、总部企业、金融机构、高等院校、科研院所等，不符合条件的坚决不能要。[①]《北京城市总体规划（2016—2035年）》提出，“加强统筹，支持部分在京行政事业单位、总部企业、金融机构、高等学校、科研院所等向河北雄安新区有序转移，为转移搬迁提供便利”。[②]

雄安新区的另一项使命是提升河北经济社会发展水平，培育形成新的区域增长极，加快补齐区域发展短板，并为实现区域协同发展提供可复制、可推广的经验。京津冀地区的区域发展差距主要体现为河北与北京、天津的经济发展和居民收入的差距。经济发展水平差距的扩大，导致京津冀三地的经济中心继续由西南向东北方向移动。人口也随经济中心的移动而流动。京津冀的人口集聚突出表现为北京、天津人口增长过快，而河北人口集聚力不足，北京、天津的人口集聚能力、吸纳就业能力均明显高于河北省。

雄安新区的设立，对河北无疑是一大利好。北京集中了大量非首都功能，但这些功能及其所具有的资源都是非常宝贵的，比如优质的教育资源、优质的医疗资源、重要的科研资源、高端生产性服务业以及企业总部资源等。这些资源对于改善一个区域的营商环境、增强对投资和人才的吸引力等都十分重要。雄安新区的重点任务之一是“发展高端高新产业，积极吸纳和集聚创新要素资源，培育新动能”。将前述优质资源疏解到位于河北的雄安新区，不仅可以解决北京非首都功能过多的问题，也能够大大改善河北的投资环境，增强其吸引力，从而有望补齐河北的发展短板。

2017年，众多企业已经进驻雄安新区。雄安新区设立后，国资委党委于

---

① 霍小光等．千年大计、国家大事——以习近平同志为核心的党中央决策河北雄安新区规划建设纪实［OL］．新华网，2017－04－13.

② 北京城市总体规划（2016—2035年）［OL］．首都之窗网，2017－09－29.

4 月 12 日召开理论中心组学习会，表示国资委系统和中央企业，坚决拥护以习近平同志为核心的党中央做出的重大决策部署，坚决拥护和全力支持雄安新区的规划建设，并要求“积极推动中央企业在能源安全、基础设施建设、电力、通信、轨道交通、生态环保、信息化网络与智慧城市建设等方面，为雄安新区建设提供服务保障和有力支撑”，“积极推动符合雄安新区定位和战略发展需要的央企在京单位有序迁入雄安新区，大力支持中央企业将新设立的高新技术企业、高端服务业企业落户雄安新区，不断为雄安新区注入新的生机和活力”。[①]

高校方面，通过领导互访、深入沟通等形式，雄安新区共与 20 多所在京高校达成了初步意向：各高校希望根据不同情况，以整体搬迁、部分搬迁、新建校区或以筹办科研、教学联合体的形式，在雄安落地。

在基础教育、医疗等公共服务方面，2017 年 8 月 17 日，北京市与河北省签署了《关于共同推进河北雄安新区规划建设战略合作协议》（以下简称《协议》）。根据《协议》，为推动优质教育、医疗卫生等资源向雄安新区布局发展，提升新区公共服务水平，营造良好的居住环境，为科教新城的建设吸引更多人才，北京敲定了一系列先期支持雄安新区建设的项目。项目主要分为“建四”“帮四”两个部分。“建四”是指，北京市以“交钥匙工程”的形式，在雄安新区投资建设高水平幼儿园、小学、完全中学、综合医院各 1 所。北京市负责投资建设，建成后移交雄安新区，由雄安新区委托北京一流的教育集团、医疗集团进行管理。“帮四”则是指由河北省在雄安新区选择现有幼儿园、小学、完全中学、综合医院各 1 所（共 4 所），由北京市结合学校、医院的办学、办医特色及需求，采取托管、集团化办学、建立医疗

---

① 国资委：积极推动符合定位和战略发展需要的央企在京单位迁入雄安新区［OL］. 第 1 财经网，2017 - 04 - 14.

联合体等方式，通过派出优秀管理团队、教师互派、课程共享、人才培训、技术帮扶等形式，提供办学办医支持，提高运营管理水平。

在医疗方面，根据《协议》，北京市妇产医院、北京市疾病预防控制中心、北京市卫生计生监督所等卫生机构也将为雄安新区相关机构提供对口支持。两省市还将共同加快社会保险跨区域转移对接，推进异地就医即时结算、医疗机构临床检验结果互认、医学影像检查资料共享，以及完善养老保障服务体系。

3. 京津冀协同发展加快推进

2017 年是实现京津冀协同发展近期目标的节点之年。随着京津冀协同发展战略向纵深推进，京津冀三省市不断增强协同联动，有力有序地推动一批重要事项、重点项目、重大政策落地实施，取得了显著成效。交通、环保、产业，是《京津冀协同发展规划纲要》确定的三个重点领域。2017 年，京津冀三地在交通、环保、产业三个一体化的先行领域交上了一份干货满满的成绩单。

在交通方面，多条“断头路”“瓶颈路”被接连打通。2017 年，雄安新区对外骨干交通网重要项目天津至石家庄高速公路开工建设；太行山高速公路和延庆至崇礼高速公路建设如火如荼；北京市国道 G109 新线高速公路与河北省太行山高速公路，以及北京新机场北线高速公路西延工程等 6 条路段的接线协议正式签署；京秦高速公路京冀、冀津连接线，将与京秦高速北京段同步建成通车。全长仅 5 公里的两条连接线，位于京津交界处的河北三河市，将成为京津冀之间又一条快速连接通道。与此同时，位于北京南部的新机场正有条不紊地进行航站楼屋盖和玻璃幕墙安装。2017 年 11 月 27 日，国家发展改革委、民航局印发《推进京津冀民航协同发展实施意见》（以下简称《实施意见》），提出三地机场要分工协作、错位发展、互利共赢，建设以枢纽机场为核心的综合交通枢纽。《实施意见》要求以首都机场和北京新机场为核心，加快推进首都机场至北京新机场城际铁路联络线、北京至雄安城际铁路、北京至唐山铁路等建设，研究建设北京新机场至雄安高速公路。正在建设中的北京新机场“五纵两横”的交通路网正是京津冀交通一体化骨架中的关键一环。

2017 年是北京五年清洁空气行动计划的收官之年。在京津冀协同发展的大背景下，治污减排、治水增绿，也不再是一城一地的“独角戏”。河北正通过“绿色税制”调动企业治污减排的积极性。2017 年 12 月，河北省十二届人大常委会第三十三次会议审议通过《河北省环境保护税应税大气污染物和水污染物适用税额方案（草案）》，于 2018 年 1 月 1 日起施行。根据规定，从 2018 年起，河北将向企业征收环保税，将大气主要污染物和水主要污染物税额标准分为三档。其中，与北京相邻的 13 个县（市、区）、雄安新区及相邻的 12 个县（市、区）执行一类标准。紧邻北京的河北廊坊，已成为河北首个完成全部乡镇空气站建设并发布监测数据的地级市。

河北张家口的壶流河，流经河北蔚县后在阳原县汇入桑干河，最终汇入官厅水库，是“首都水源涵养功能区”的重要水源地。从 2017 年 8 月开始到 2019 年，蔚县对壶流河沿线实施生态修复和保护，打造壶流河国家湿地公园。经过湿地的过滤，壶流河的整体水质将得到提升，更好地为京津冀地区供水。永定河是北京的母亲河，纵贯京津冀西北部生态涵养区、中部核心功能区、东部滨海发展区。但这条京津冀地区的生态主轴长年断流，水体污染加剧，森林植被破坏严重，生态功能退化。《京津冀协同发展规划纲要》提出，推进永定河等“六河”绿色生态河流廊道治理。这条饱经沧桑的“母亲河”迎来了“新生”：北京段骨干水源保障工程全面启动，官厅水库生态节点骨干工程实现开工，永定河综合治理与生态修复顺利启动……为保障永定河的生态用水，上下游联动补充生态用水，加快了全流域生态恢复。

产业转移对接协作是协同发展的实体内容和关键支撑，也是协同发展三个率先突破重点领域之一。随着非首都功能的疏解，京津冀区域设立了大约300多个各类承接平台，数量过多，布局分散，有的承接平台公共服务设施配套能力不足，存在同质化竞争的现象。为引导产业有序转移与精准对接，加强产业转移承接平台的统筹规划建设，京津冀共同研究制定了《关于加强京津冀产业转移承接重点平台建设的意见》（以下简称《意见》）。《意见》明确了“2 +4 +46”个承接平台，即北京城市副中心和河北雄安新区两个集中承载地，曹妃甸协同发展示范区、北京新机场临空经济区、天津滨海新区、张承生态功能区等四大战略合作功能区，以及46个专业化、特色化承接平台。这意味着，三地正告别一家一户演“独角戏”，唱响协同创新发展的“协奏曲”。具体而言，城市副中心主要围绕市属行政事业单位整体或部分转移，大力发展行政办公、商务服务、文化旅游、科技创新等主导产业；河北雄安新区重点发展高端高新产业，打造创新高地和科技新城。曹妃甸协同发展示范区主要集聚钢铁深加工、石油化工等产业及上下游企业；北京新机场临空经济区重点发展航空物流产业、综合保税区和高新高端产业，打造国家交往中心功能承载区、国家航空科技创新引领区和京津冀协同发展示范区；天津滨海—中关村科技园主要集中北京的金融服务平台、数据中心机构以及科技企业、高端人才等创新资源；张家口则借筹办2022年冬奥会的机会，大力发展体育、文化、旅游休闲、会展等生态友好型产业，共建京张文化体育旅游带。

4. 跨区域合作推动东北振兴

东北振兴是“四大板块”区域发展战略的重要组成部分。2017年，中央试图通过跨区域合作推动东北振兴。2017年3月7日，国务院办公厅发布了《东北地区与东部地区部分省市对口合作工作方案》（以下简称《方案》)。《方案》是对2016年11月1日国务院颁布的《关于深入推进实施新一轮东北振兴战略加快推动东北地区经济企稳向好若干重要举措的意见》（以下简称《意见》）中要求的进一步细化。《意见》提出“组织辽宁、吉林、黑龙江三省与江苏、浙江、广东三省，沈阳、大连、长春、哈尔滨四市与北京、上海、天津、深圳四市建立对口合作机制”，并要求“2017年2月底前将对口合作工作方案报国务院审定后实施”，于是有了这份《方案》。

东北地区与东部地区对口合作是一种新的跨区域合作方式，不同于对口支援、对口帮扶和对口扶贫，这种合作是要在充分尊重市场经济规律的前提下，更好地发挥政府作用，引导双方自愿开展务实合作并实现互利共赢。政府的主要作用是加强统筹谋划、强化组织协调、优化政策环境、搭建合作平台、促进人员交流。在政府引导带动下，充分发挥市场在资源配置中的决定性作用，促进资本、人才、技术等要素合理流动，通过市场化运作促进生产要素和产业有序、科学转移，吸引更多的项目、投资在东北地区落地。

《方案》综合考虑相关省市资源禀赋、产业基础、发展水平以及合作现状等因素，明确辽宁省与江苏省、吉林省与浙江省、黑龙江省与广东省，沈阳市与北京市、大连市与上海市、长春市与天津市、哈尔滨市与深圳市建立对口合作关系。同时，支持内蒙古自治区主动对接东部省市，探索建立相应合作机制。鼓励中西部老工业城市和资源型城市主动学习东部地区先进经验做法。

《方案》重点引导对口合作省（市）在推进体制机制创新、加快产业结构调整、提升创新创业水平和搭建合作平台载体等四个方面开展合作交流。

第一，对标先进经验做法，推进体制机制创新。主要是引导东北地区学习东部地区加快转变政府职能、国企改革、民营经济发展、对外开放等方面的先进经验，进一步推进简政放权、放管结合、优化服务改革，优化投资营商环境，把东部地区行之有效、成熟的改革试点经验在直接在东北地区复制推广。

第二，开展产业务实合作，加快结构调整步伐。主要是引导双方开展“四个对接”：一是东北地区装备制造能力与东部地区经济社会发展的需求有效对接，二是东北地区具有优势的机器人与智能装备、生物医药、新材料等新兴产业与东部地区战略性新兴产业对接，三是东北地区特色农业及农产品与东部地区消费市场对接，四是推动东北地区与东部地区在文化、旅游、健康产业方面的合作对接。

第三，共促科技成果转化，提升创业创新水平。主要是引导双方加强产学研用合作，推动双方高校和科研院所间开展交流合作，鼓励两地高校合作办学，共建大学科技园和创业创新平台，推进两地开放共享“双创”资源。同时鼓励对口省市合作搭建东北地区与东部地区人才信息共享交流平台，开展中高端人才互认和共享。

第四，搭建合作平台载体，探索共赢发展新路。主要是引导双方加强重点开发开放平台间的交流对接，积极推广东部地区各类功能区建设成功经验做法。支持东部地区重点园区在东北地区设立分园区，鼓励东部地区重点城市在东北有条件地区发展“飞地经济”，探索跨地区利益分享机制等。①

四、重点切入：推进国家治理体系现代化

完善和发展中国特色社会主义制度，推进国家治理体系和治理能力现代化，是党的十八届三中全会提出的全面深化改革的总目标。国家治理体系现

① 发改委就《东北地区与东部地区部分省市对口合作工作方案》答问［OL］. 国务院新闻办公室网站，2017－03－21.

代化，是一项整体性、综合性事业。2017 年，党中央从重点领域切入，推进国家治理体系现代化。

（一）军改：改革推向“脖子以下”

从 2015 年 11 月 24 日中央军委改革工作会议召开以来，改革强军战略已经实施超过两年了。此轮军改有两个标志性节点：一是中央军委改革工作会议，此次会议拉开了军队领导指挥体制改革的序幕，被称为“脖子以上”的改革；二是 2016 年 12 月初召开的中央军委军队规模结构和力量编成改革工作会议，这次会议按下了军队“脖子以下”改革的按钮。同时，自 2016 年 7 月中共中央、国务院、中央军委印发《关于经济建设和国防建设融合发展的意见》以来，军民融合发展已经被上升为国家战略。党的十九大报告指出，“军队是要准备打仗的，一切工作都必须坚持战斗力标准，向能打仗、打胜仗聚焦”。因此，2017 年各项军改工作的最终指向是能打仗、打胜仗。

军民融合发展是 2017 年国防军队工作的主线之一。2017 年 1 月 22 日，中共中央政治局召开会议，决定设立中央军民融合发展委员会，习近平任主任。中央军民融合发展委员会是中央层面军民融合发展重大问题的决策和议事协调机构，统一领导军民融合深度发展，向中央政治局、中央政治局常务委员会负责。6 月 20 日，中央军民融合发展委员会召开了第一次全体会议。

自改革开放以来，由于工作重心转向经济发展，形成了经济建设和国防建设相对隔离、各自运行的“二元结构”。由于军、地各部门各单位都有自己的利益，都从自身利益出发来权衡军民融合、决定相应行动。因此，要真正把军民融合战略落到实处，需要有强有力的领导机构，破除既有的利益结构。此次设立军民融合发展委员会，由最高领导人亲自挂帅，直接向党中央负责，显然有助于增强该委员会的权威与集中统一领导，切实推动军民融合战略的落实。

与此同时，军队“脖子以下”改革也取得了重大进展。2017 年 4 月 18 日，习近平接见新调整组建军级单位主官，并对各单位发布训令。这表明全军新调整组建 84 个军级单位的工作已经全部完成，包括以原 18 个集团军为基础，新调整组建的 13 个集团军。自 2015 年 11 月启动军队改革以来，军队总体实行“部—局—处”三级体制，压缩精简机关和直属单位编制员额，相继成立陆军领导机构、火箭军、战略支援部队，把军委机关由 4 个总部改为 15 个职能部门，把 7 大军区调整划设为 5 大战区，完成海军、空军、火箭军、武警部队机关整编工作，并成立了中央军委联勤保障部队。这些首脑机关的改革被称为“脖子以上”的机构改革。此次组建军级单位，将解放军各军兵种的军级单位数量压缩至 84 个，是中国军队完成“脖子以上”机构改革之后，进行“脖子以下”改革的重要环节，目的是建立精干高效的联合作战指挥系统。此次“脖子以下”改革，重点压缩指挥机构和传统陆军规模，增加海军、空军、火箭军和战略支援部队等新型作战力量，推进各军兵种共同编组、共同训练，打造模块化部队。重组军级单位，意味着传统的“大陆军体制”被打破，解放军进入一体化联合作战的新时代。

打赢现代高技术战争，对高素质新型军事人才的需求比以往任何时候都更加强烈。习近平在中央军委改革工作会议上强调，要着眼于开发管理用好军事人力资源，推动人才发展体制改革和政策创新，形成人才辈出、人尽其才的生动局面；坚持党管干部、党管人才，完善人力资源分类，整合人力资源管理职能，加强军事人力资源集中统一管理，努力使军事人力资源能够转化为实实在在的战斗力。① 因此，军事人才培养机制的改革，是 2017 年国防军队工作的另一项重点。

2017 年 5 月 26 日，国防部新闻局宣布，从 2017 年起，不再从普通高中

① 军改方案详情：推进军官、士兵、文职人员等制度改革［OL］. 新华网，2015 - 11 - 27.

毕业生中定向招收国防生，也不再从在校大学生中考核选拔国防生，逐步调整为面向地方院校毕业生直接选拔招录。至此，历时 18 年的国防生制度结束。国防生是指根据部队建设需要，由军队依托地方普通高校从参加全国高校统一招生考试的普通中学应届高中毕业生中（含符合保送条件的保送生）招收的和从在校大学生中选拔培养的后备军官。国防生在校期间享受国防奖学金，完成规定的学业和军政训练任务并达到培养目标，取得毕业资格和相应学位后，按协议办理入伍手续并任命为军队干部。直接选拔招录地方院校毕业生，一方面可以节省培养国防生花费的国防奖学金等开支，另一方面不局限于国防生，也可以更充分地利用国家教育资源培养军队需要的人才，让更多地方优秀人才进入军队。更重要的是，将军事人才培养融入国家教育大体系，是实施军民融合发展战略的重要内容。教育有着天然的军民融合属性。由于受培训定额、教学水平和生源质量等因素的制约，军队院校难以完全满足部队对人才的需求，而地方院校招生规模较大，学科专业齐全，课程体系完善，师资力量雄厚，这为依托国民教育培养军队人才提供了很好的条件。

军队院校是培养军事人才的主阵地，要改革军事人才培养机制，必然意味着改革军队院校。2017 年 6 月 29 日，国防部宣布，军队院校调整改革完毕，经过“降、并、撤、改”，全军和武警部队院校由 77 所减至 43 所，其中军委直属院校 2 所，军兵种院校 35 所，武警部队院校 6 所，构建起以联合作战院校为核心、以军兵种专业院校为基础、以军民融合为补充的院校布局。这次改革，贯彻军委管总、战区主战、军种主建总原则，实行军委—军种两级管理体制，既把院校纳入了新的领导管理体制框架，又突出了院校特殊性。过去军委总部和军区、军兵种都在办院校，不同程度上存在相互争资源、重复建设等问题，特别是由于缺少陆军领导机构，陆军院校由总部和军区领导管理。经过改革，除国防大学、国防科技大学由军委直属外，军委机关不再直接领导管理院校，有助于加强军委的集中统一领导，下放了代行的军种建设职能，使军委机关从领导管理的具体事务中解脱出来，有利于拿出更多的心思和精力研究全局性、宏观性、政策性问题。同时，也有利于发挥军兵种长期以来形成的建设管理优势，使培养的人才更精准对接部队需求。①

现代战争拼的是体系，打的是联合。联合作战院校在现代军事教育体系中处于核心地位。当前，军队比较缺乏联合作战方面的人才，因此联合作战人才的培养是一项紧迫的任务。这次院校调整改革，突出联合作战人才培养功能。中央对国防大学的定位是“培养联合作战人才和高中级领导干部的重要基地”，对国防科技大学的定位是“高素质新型军事人才培养和国防科技自主创新高地”，显然，这两所院校是培养联合作战人才的主要基地。② 另一方面，联合作战、联合指挥是诸军兵种的联合，只有把陆军、海军、空军、火箭军和战略支援部队都建强，联合才具备基础。这次改革把军队人才培养重心放在军兵种。改革后，每个军种都有自己领导管理的中级指挥院校、工程大学、主战兵种院校及部分特色专业院校，几所军医大学分别交给几个军种，有助于各军兵种根据自身的需求有针对性地培养专业人才。

与此同时，重新调整组建的军事科学院宣告成立，以军事科学院为龙头、军兵种研究院为骨干、院校和部队科研力量为辅助的军事科研系统正式形成。军事科学院是全军军事科学研究的拳头力量，长期以来一直进行着军事基础理论和国防建设、军队建设重大问题的研究，为中央军委和总部机关提供战略性建议和咨询，提供军事学术研究的相关信息。此次改革要求新调整组建的军事科学院适应军事科研工作新体制新要求，坚持军事理论和军事

① 钧正平回顾军队院校调整改革：师职以上领导岗位大幅压减［OL］．澎湃新闻网，2017－08－07.

② 曹智．新调整组建的军事科学院、国防大学、国防科技大学成立大会暨军队院校、科研机构、训练机构主要领导座谈会在京举行［N］．人民日报，2017－07－20.

科技紧密结合，创新军事科研工作组织模式，推动开展协同创新，发展现代军事科学，努力建设世界一流军事科研机构。

2017 年 11 月 10 日，新华社受权发布国务院、中央军委新修订的《中国人民解放军文职人员条例》。这次改革将现有军队人员分为军官、士官、义务兵、文职人员四类，按照“老人老办法、新人新政策”，推进文职干部、文职人员、非现役公勤人员、职工制度向统一的文职人员制度并轨，建立与国家公务员和事业单位工作人员制度相衔接的管理和保障制度机制；建立统一的文职人员制度，把一些军民通用、非直接参与作战的现役人员岗位改由文职人员担任，扩大文职人员编配范围，优化军队人员构成，节约军队人力资源成本，延揽社会优秀人才为军队建设服务。

此次改革的用意同样在于“能打仗、打胜仗”。随着国防和军队建设的推进，军队组织形态和技术构成发生了深刻变化，作战指挥和建设管理岗位分工越来越细，对军事人员职业化专业化提出了更高要求。但目前，军队里仍有很多现役官兵编配在许多不参与一线作战行动的岗位上，影响了部队建设的质量和备战打仗的水平。这次改革，调整军队人员分类，将文职人员与军官、士官、义务兵共同作为军队人员构成的基本类别，在军事人才培养、技术创新、资源管理和勤务保障等领域，广泛编配文职人员，有利于把官兵从大量军民通用、不参与一线作战行动的岗位上解脱出来，让他们集中精力提高军事职业素养，也有利于提高文职人员队伍的建设标准和专业水平，从整体上推进军事人员现代化。

（二）“三农”：构建现代农业体系

农业农村农民问题是关系国计民生的根本性问题，“三农”工作一向是国家治理的重要一环。2017 年的“三农”工作，耕地制度是一大亮点。2017 年 1 月 9 日，中共中央、国务院发布了《关于加强耕地保护和改进占补平衡的意见》（以下简称《意见》），这是中共中央、国务院时隔20年再次印发关于耕地保护的指导性文件，在承前启后的基础上进一步完善了耕地保护制度。目前中国正处于工业化、城市化深入推进的阶段，而工业和城市建设都需要占用大量土地。在现实中，这往往意味着占用城市周边的耕地，而保证足够数量的耕地又是确保粮食安全的必要条件，因此给耕地保护带来一定的压力。既要保证粮食安全与保护耕地，又要满足经济建设的需要，于是产生了占补平衡。

《意见》就是要通过耕地保护与占补平衡制度，确保耕地面积不减少、质量不降低，守住耕地“红线”。《意见》按照“控占用、调方式、算大账、差别化”的思路，提出了改进占补平衡工作的新措施。“控占用”，就是要减少新增建设占用耕地规模，从源头上减轻占补平衡的压力。“调方式”，就是要转变补充耕地的方式，尽量减少未利用地的开发，着力通过土地整治和高标准农田建设来落实补充耕地的数量和质量。“算大账”，就是要从单纯强调项目挂钩算细账，转向兼顾区域平衡上算大账。“差别化”，就是要充分考虑区域差异和项目差异，兼顾区域平衡，构建“县域平衡为主，省域调剂为辅，国家统筹为补充”的占补平衡新格局。

另外，党的十九大宣布“保持土地承包关系稳定并长久不变，第二轮土地承包到期后再延长三十年”。改革开放以来，第一轮土地承包制是1983年开始的，承包期15年，第二轮则从1997年开始，承包期30年。于是，2027年土地承包期满之后的政策走向，令人关注。党的十九大宣布再延长30年，意味着农村土地承包制度长期不变，对稳定农业发展、解决“三农”问题具有长期意义。如果农地产权期限短，承包者会更注重短期收益，因此加剧对土地的使用，而不重视土地的休养生息；相反，如果承包者拥有稳定而长期的耕地承包权，则会更加注重长期收益，进行长远规划，有利于耕地的高效利用和保护。

延长土地承包期限同时有利于稳定承包者的预期，推动土地流转，从而促进新型农业经营主体的形成。培育新型农业经营主体，是2017年“三农”工作的另一亮点。2017年5月，中共中央办公厅、国务院办公厅印发了《关于加快构建政策体系培育新型农业经营主体的意见》（以下简称《意见》）。《意见》要求在坚持农村土地集体所有、家庭经营的基础之上，培育新型农业经营主体，提高农民创富能力，推动现代农业发展。随着工业化、城市化的推进，大量农村人口进城务工，导致大量农田闲置，于是近年来在家庭承包经营基础上，各类从事农业生产和服务的新型农业经营主体蓬勃兴起。当前新型农业经营主体正处在成长的关键期，亟须引导扶持。

《意见》提出要在传统联产承包经营制度的基础之上，培养出一批文化程度高、经营能力强的职业农民，以市场为导向，提高农产业集约化程度、形成农业规模经济，以提高农业生产效率以及农业产品的市场竞争力。新型农业经营主体主要包括农村合作社、专业大户、家庭农场、农业产品企业等。《意见》对新型农业经营主体的引导方向是多元融合发展、提升规模经营水平、完善利益分享机制，并从财税、基础设施建设、金融信贷、保险、营销市场、人才引进这六个方面给出八大政策红利，通过“给钱、给地、给电、给水、给贷款、给保险、给销路、给人才”，从生产到销售，降低新型农业主体在生产时的成本负担，并扫除其在生产后销售前的后顾之忧。

不过，由于我国仍处于城市化过程中，仍然有大量农业人口尚未城市化，不可能在短时间内实现所有农户的土地规模扩张，多数农户仍是小规模经营，我国农业经营将呈现出新型主体与传统承包农户长期并存的态势。因此，培育新型农业经营主体，并不是规模越大就越好，而要看联农带农的作用。一方面，推进土地流转和适度规模经营的过程不能演变成为其他利益主体对农民土地权益的剥夺过程，更不能成为大规模的农民被动挤出过程；另一方面，应更加重视保护农民的主体地位，更多地支持通过保底分红等方式流转土地的新探索，更稳定持久地保障农民的土地收益权。

（三）基层：吸引人才，强本固基

基层工作要做好，需要人才。中国正处于城市化快速推进阶段，基层以及农村的大量人财物流向城市，基层和农村工作的开展缺乏人才，在一定程度上呈现出凋敝的景象。为了做好基层和农村工作，就有必要出台一定的措施，吸引人才流向基层和农村。

2017 年 1 月，中共中央办公厅、国务院办公厅印发了《关于进一步引导和鼓励高校毕业生到基层工作的意见》（以下简称《意见》），并发出通知，要求各地区各部门结合实际认真贯彻落实。基层工作的微妙之处在于，要做好基层工作，需要人才；但人才也有自己职业发展和生活的考虑，不能一味要求人才奉献基层，而要考虑到人才的职业发展和生活的需求。因此，基层人才政策，必须在这二者之间实现平衡。《意见》在这方面做出了探索。首先，《意见》要求多渠道开发基层岗位，为高校毕业生到基层工作搭建平台。这包括通过政府购买基层公共管理和社会服务、扶贫开发和农业现代化建设、基层机关事业单位、到基层创新创业等手段，开发就业岗位和工作平台，发挥高校毕业生的专长和作用。而且，中西部地区、东北地区和艰苦边远地区，是《意见》引导的重点区域。值得注意的是，《意见》将参军入伍、中小微企业也纳入开发基层就业岗位的渠道之一。

基层的工作、生活条件一般比较艰苦，职业发展空间有限，因此必须解决去基层工作的高校毕业生的职业发展和生活问题。在这方面，《意见》首先规定加大教育培训力度，帮助去基层的高校毕业生提升职业技能。其次，要求营造有利于高校毕业生发展的制度环境，完善基层职称评审制度，逐步提高基层工作人员工资待遇并加强其他待遇保障。另一项重要措施是畅通流动渠道，为在基层工作的高校毕业生职业发展提供支持。为此，《意见》要求在干部人才选拔任用机制上，进一步强化基层工作经历的政策导向，向在基层工作的优秀高校毕业生倾斜；健全统一规范的人力资源市场，打破户籍、地域、身份、学历、人事关系等制约，促进高校毕业生在不同地域和不同性质单位间合理流动；健全公共就业和人才服务体系，不断丰富服务内容，满足高校毕业生多样化服务需求。

2017 年 2 月 20 日，中共中央办公厅、国务院办公厅印发了《关于加强乡镇政府服务能力建设的意见》（以下简称《意见》），提出在加快乡镇政府职能转变的同时，加强对基层政府的财政支持和组织保障，进一步推进乡镇治理体系和治理能力现代化。乡镇一级政府是整个行政体系的最基层，与民众的关联最紧密，乡镇政府的表现会直接影响群众对执政党的主观感知和判断。因此，乡镇政府在国家治理中的作用和意义自不待言。但长期以来，乡镇政府职权不对等，干部权力小责任大，“芝麻大的官儿，无限大的责任”，是不少乡镇干部的共同感受。乡镇工作千头万绪，纷繁复杂，上级部门的行政指令、考核任务等，最终都会层层分解到乡镇政府，即所谓“上面千条线，下面一根针”。但取消分配制度后，乡镇政府的公务员编制比较少，公务员凡进必考，每年通过公务员招考进入乡镇的人数很少，大部分工作人员的补充靠事业单位，但事业单位上升渠道窄，无法在乡镇党委、政府换届中得到提拔，工资待遇又低，十分影响干部的工作积极性。再者，很多乡镇的财政收入有限，而用钱的地方太多，导致乡镇政府负债严重。

针对上述问题，《意见》给出的解决方案可以概括为“两个统一”和“三大政策”。“两个统一”分别是坚持党的领导、人民当家做主和依法治国相统一，坚持顶层设计和“摸着石头过河”相统一。《意见》强调党的领导是加强乡镇政府服务能力建设的根本保证，要充分发挥乡镇党委领导核心作用。同时，坚持严格依法行政，以法治思维推动乡镇政府服务能力建设，保证行政权力规范透明运行。坚持以民为本，以保障群众的根本利益作为工作的出发点和落脚点，把握群众需求，提供精准服务。同时，《意见》强调统筹兼顾与分类指导相结合的原则，既加强顶层设计，又鼓励地方探索。在政策安排上，除规定统一的基本要求外，都要根据各地情况做出因地制宜的安排，并且给地方留下了自主安排的空间。

“三大政策”可简要概括为“一体两翼”，即以促使基层政府职能转变为中心，并通过建立多元服务供给方式和拓宽干部晋升渠道两大措施保障实现。

第一，划定乡镇服务型政府的“一亩三分地”，同时授予相应的权力。《意见》将乡镇政府需要提供的基本公共服务确定为七个方面，即公共教育、劳动就业、社会保险、社会福利和优抚安置、医疗卫生、公共文化体育以及其他必要公共服务，这是乡镇政府的服务“责任”。有“责”还必须有“权”。《意见》按照权力下放、权责一致的原则，将直接面向人民群众、量大面广、由乡镇服务管理更方便有效的各类事项依法下放乡镇政府。同时，要求县级职能部门不得随意将工作任务转嫁给乡镇政府。

第二，建立多元的乡镇公共服务供给方式。《意见》将适合群团组织承担的乡镇服务管理职能依法转由群团组织行使。同时提出完善村级组织运转经费保障机制，完善社区服务体系，扶持社会力量兴办为民服务的公益性机构和经济实体，鼓励发展多种形式的农民合作组织。此外，对适宜采取市场方式提供、社会力量能够承担的公共服务项目，应尽可能交由社会力量承担，由花钱养人向花钱办事转变，意在让村级组织、社会力量、农民合作组织提供一部分公共服务。

第三，拓宽干部晋升渠道。《意见》提出加大从优秀村干部中招录乡镇公务员和事业编制人员力度，注重从乡镇事业编制人员、优秀村干部、大学生村干部中选拔乡镇领导干部；实行县以下机关公务员职务与职级并行制度，落实乡镇工作补贴和艰苦边远地区津贴政策。“从乡镇事业编制人员、优秀村干部、大学生村干部中选拔乡镇领导干部”是《意见》的一大亮点，这给了那些工作一线的干部晋升的希望，有助于激发他们的工作积极性。

城乡社区是社会治理最基本的单元。随着经济社会结构加速转型，城乡社区日益成为社会群体的交汇点、社会矛盾的积聚点和社会治理的着力点。我国城乡社区治理仍然存在体制机制不健全、资源投入不到位、动力转换不充分等瓶颈问题。有鉴于此，2017 年 6 月 12 日，中共中央、国务院发布了《关于加强和完善城乡社区治理的意见》（以下简称《意见》），这是首个以党中央、国务院名义对城乡社区工作进行专门部署的政策文件，它直面当前基层治理中存在的突出问题，明确提出了加强和完善城乡社区治理的总体要求、目标任务和重要举措。

《意见》构建了基层党组织作为领导核心、基层政府发挥主导作用、基层群众性自治组织发挥基础作用、社会力量发挥协同作用的城乡社区治理体系，体现了“共建共治共享”的理念。基层党组织承担着“确保党的路线方针政策在城乡社区全面贯彻落实”的职责，自然要在城乡社区的治理中扮演领导核心的角色。《意见》要求基层党组织强化政治功能，聚焦主业主责，推动街道（乡镇）党（工）委把工作重心转移到基层党组织建设，做好公共服务、公共管理、公共安全工作，以及为经济社会发展提供良好公共环境上来。

同时，《意见》要求各地要区分基层政府和基层群众性自治组织各自的权责清单。具体而言，各省（自治区、直辖市）要按照条块结合、以块为主的原则，制定区县职能部门、街道办事处（乡镇政府）在社区治理方面的权责清单，明确基层群众性自治组织承担的社区工作事项清单以及协助政府的社区工作事项清单。上述社区工作事项之外的其他事项，街道办事处（乡镇政府）可通过向基层群众性自治组织等购买服务方式提供。

（四）民族与边疆：调整思路，务实改革

在十八届中央任内，中央的民族工作思路发生了显著调整。过去，在民族工作领域一直比较强调尊重各民族差异和自治。然而，自20世纪80年代以来，由于民族宗教政策的失误以及境内外民族分裂势力、宗教极端势力等的兴起等一系列主客观因素的作用，宗教极端化思想与势力在我国一些边疆地区开始抬头，产生了一系列亟待解决的严峻问题。在此背景下，2014年9月28—29日，中央民族工作会议在北京举行。这次会议突破了过去那种认为民族工作主要是民委系统和各少数民族自治地区的事务，与其他部位和汉族聚居省市无关的“二元模式”思路，把民族工作提升到了“关系祖国统一和边疆巩固的大事”的高度，“把维护民族团结和国家统一作为各民族最高利益”的高度，[①] 释放出调整民族工作思路的信号。

2017年，新疆维吾尔自治区颁布两部条例，体现了新的民族工作思路。2017年3月30日，新疆维吾尔自治区颁布《新疆维吾尔自治区去极端化条例》（以下简称《条例》），在总结以往工作经验的基础上，指出了“极端化”的主要表现，为“去极端化”工作提供了法律依据。相应地，《条例》列出了预防、遏制和消除极端化的六条措施，可归纳为宣传教育和流动人口管理两大方面。同时，《条例》对从各级政府、单位、各社会组织到个人应当承担的责任均做了细化和规定。

2017年7月28日，新疆维吾尔自治区十二届人大常委会第三十次会议表决通过修改后的《新疆维吾尔自治区人口与计划生育条例》（以下简称《计划生育条例》），取消了原先对汉族与少数民族生育的区别对待。《计划

---

① 中央民族工作会议暨国务院第六次全国民族团结进步表彰大会在京举行［OL］. 新华网，2014-09-29.

生育条例》取消了鼓励晚婚、晚育的相关条款，并新增了“公民有生育的权利和依法实行计划生育的义务，违法生育的，应当依法征收社会抚养费，并将违法生育及社会抚养费欠缴情况纳入征信系统”。最引人关注的是，《计划生育条例》第十五条规定，“城镇居民一对夫妻可育有两个子女，农村居民一对夫妻可育有三个子女。夫妻一方为城镇居民的，按城镇计划生育规定生育”，同时还规定了再婚夫妻可再生育一个子女的条件，不再区分汉族和少数民族。

与此同时，发展经济始终是确保边疆巩固、边境安全的重要一环。民族工作与边疆工作存在一定的重合。我国陆地与14个国家接壤，陆地边境线长2.2万公里，其中1.9万公里在民族地区。边境地区人口2300多万，其中少数民族人口近一半，有30多个民族与周边国家同一民族毗邻而居。此外，边境地区地处中国对外开放的前沿，是确保国土安全和生态安全的重要屏障。边境地区占全国国土面积近1/5，而边民则是守土固边的重要力量。兴边富民，提高各族群众生活水平，有助于遏制极端主义，加强民族团结，维护国家统一并巩固边防。因此，做好边疆工作，具有多方面的意义。

2017年5月28日，国务院办公厅印发了《兴边富民行动“十三五”规划》（以下简称《规划》）。《规划》针对边境地区面临的主要困难和问题，以保基本、补短板为重点，围绕“边”字进行设计安排，共提出六大任务，涉及边境地区经济社会发展的诸多方面。同时，配套了六大工程、34项子工程。

首先，《规划》提出强力推进沿边城镇建设，以沿边境乡镇为重点梯次推进，集中打造沿边特色村镇廊带。为更好地带动边境乡镇的发展，《规划》首次将边境市作为规划联动区，夯实和扩展边境地区发展基础，增强对边境地区建设发展的支撑保障能力，形成边境地区以边带面、从线到片的空间格局。

其次，根据延边地区的不同情况，出台差异化的政策措施。沿边地区自身的经济发展能力相对较弱、远离市场，资源、条件上的限制使其在单纯的市场竞争中很难得到发展。为创造更为平等的发展机会，实现兴边富民的发展目标，出台差别化政策予以倾斜优待，有利于吸引外来资源与人才，为沿边地区的发展注入更多的带动因素。因此《规划》在兴边富民行动的宏观指导下，更为能动地、有针对性地在边民扶持、财政、金融、土地、社会保障、资源开发与生态保护补偿、对口支援等七个方面强化优惠政策的倾斜力度，为《规划》的有效落实做好后勤保障，提高政策的持续有效性以及可操作性。

最后，《规划》以“边”为核心统筹发展，提出六大任务。一是围绕强基固边推进边境地区基础设施建设；二是围绕民生安边全力保障和改善边境地区民生；三是围绕产业兴边大力发展边境地区特色优势产业；四是围绕开放睦边着力提升沿边开发开放水平；五是围绕生态护边加强边境地区生态文明建设；六是围绕团结稳边通力维护民族团结和边防稳固。“兴边富民”与“安边治边”是边境工作的一体两面，既要实现“安”“治”，又要确保“兴”“富”。

五、民生：在发展中补齐短板

2017 年是全面建成小康社会决胜期的开端。全面建成小康社会，表明人民的需求已经从过去的温饱转变为“美好生活需要”。换言之，人们不仅对物质文化生活提出了更高要求，而且在民主、法治、公平、正义、安全、环境等方面的要求日益增长。然而，目前民生领域还有不少短板，脱贫攻坚任务艰巨，城乡区域发展和收入分配差距依然较大，群众在就业、教育、医疗、居住、养老等方面仍然面临不少难题。因此，在发展的过程中，补齐民生短板，仍然是一项基础性工作。

（一）打好扶贫攻坚战

2017 年是推进脱贫攻坚战的重要一年，是精准扶贫精准脱贫的深化之年。党的十八大以来的 5 年，脱贫攻坚取得决定性进展，创造了我国减贫史上的最好成绩。5 年累计减贫 6600 万人以上，现行标准下的贫困人口在这 5 年时间里减少了 2/3 以上,① 相当于一个中等国家的人口总量。行百里者半九十。目前，扶贫工作已经到了攻坚阶段。经过多年努力，容易脱贫的地区和人口已经基本解决，剩下的人口贫困程度更深，稳定脱贫能力更弱，减贫的成本更高，而且贫困问题往往与发展、生态、社会保障问题相互交织，需要通盘谋划、统筹解决。为了实现减贫目标，国家实施精准扶贫方略，努力找准“贫根”，对症下药。为此，实施了“五个一批”脱贫措施，即通过扶持生产和就业发展一批，通过异地搬迁安置一批，通过生态保护脱贫一批，通过教育扶贫脱贫一批，通过低保政策兜底一批。

2017 年 3 月 13 日，财政部、扶贫办、国家发展改革委、国家民委、农业部、林业局联合发布了《中央财政专项扶贫资金管理办法》（以下简称新《办法》）。新《办法》一方面“松绑”，体现在放开资金支出范围，下放管理权限。具体而言，新《办法》不再对中央财政专项扶贫资金支出范围作具体要求，而采取了负面清单方式，只明确资金不得支出的范围，但不规定资金的用途。也就是说，除了明确规定不得支出的范围，其他原则上都是允许的，这就大大增加了实际工作中根据实际情况灵活调整资金支出方向的余地。新《办法》还将中央财政专项扶贫资金项目审批权限下放到县级，强化地方对中央财政专项扶贫资金的管理责任。另一方面“严查”，体现在扩大

① 国务院扶贫办：五年累计减贫 6600 万人以上［OL］. 中国新闻网，2018 - 01 - 05.

信息公示范围和明确问责机制。新《办法》要求扶贫工作的各个阶段都应向人民群众公开，接受人民群众以及社会媒体的监督。同时，进一步明确了各部门的职责，规定“各级扶贫、发展改革、民族、农业（农垦管理）、林业等部门负责资金和项目具体使用管理、绩效评价、监督检查等工作，按照权责对等原则落实监管责任”；并细化了中央财政专项扶贫资金分配、使用管理中违法违纪行为的责任追究条款。“一松一严”体现了扶贫治理水平的提升和精细化。

2017年11月，中共中央办公厅、国务院办公厅印发了《关于支持深度贫困地区脱贫攻坚的实施意见》（以下简称《意见》）。深度贫困地区自然条件差、经济基础弱、贫困程度深，是脱贫攻坚中的硬骨头，补齐这些短板是脱贫攻坚决战决胜的关键之策。

《意见》首先要求中央统筹，加大中央财政投入力度，加大金融扶贫支持力度，加大项目布局倾斜力度，加大易地扶贫搬迁实施力度，加大生态扶贫支持力度，加大干部人才支持力度，加大社会帮扶力度，重点支持“三区三州”。其次要求中央和国家机关有关部门落实行业主管责任，重点解决“三区三州”和其他深度贫困地区因病致贫、因残致贫、饮水安全、住房安全等问题，加强教育扶贫、就业扶贫、基础设施建设、土地政策支持和兜底保障工作，打出政策组合拳。最后要求地方要统筹整合资源。要落实脱贫攻坚省负总责的主体责任，明确本区域内深度贫困地区，制订计划，加大投入。

2017年，产业扶贫、教育扶贫、电商扶贫、旅游扶贫、健康扶贫、金融扶贫、生态扶贫等一系列脱贫攻坚新探索、新实践在各地涌现，重在激发贫困人口和贫困地区的内生动力，取得了良好的效果。产业扶贫新业态发展迅速，电商扶贫带动274万贫困户增收，光伏扶贫直接惠及80万贫困户，旅游扶贫覆盖2.3万个贫困村，健康扶贫救治421万大病和慢性病贫困患者，贫困人口医疗费用实际报销比例提高到80%以上。同时，完成340万贫困人口搬迁建设任务，并对600多万贫困人口危房进行改造。[①] 这些措施，让贫困人口享受到了经济发展的成果，体现了社会主义中国对“共同富裕”的承诺。

（二）教育：民族复兴基础工程

党的十九大报告指出，“建设教育强国是中华民族伟大复兴的基础工程，必须把教育事业放在优先位置”。一方面，教育事业为国家建设培养人才，为中华民族伟大复兴提供智力支撑；另一方面，教育事业作为思想文化事业的重要组成部分，也关系到意识形态领导权。

义务教育是国家统一实施的所有适龄儿童少年必须接受的教育，是教育工作的重中之重，是国家必须保障的基础性、公益性事业。长期以来，较大的城乡差距，一直是义务教育工作中存在的突出问题。国家高度重视缩小城乡义务教育差距，先后制定了《国家中长期教育改革和发展规划纲要（2010—2020年）》《国家教育事业发展“十三五”规划》《国务院关于统筹推进县域内城乡义务教育一体化改革发展的若干意见》等纲领性文件，在促进教育公平、保障适龄儿童平等接受义务教育方面做出了重要部署。特别是近年来建立了城乡统一、重在农村的义务教育经费保障机制，实现了城乡免费义务教育，义务教育覆盖面、入学率、巩固率持续提高。但受办学条件、地理环境、家庭经济状况和思想观念等多种因素影响，我国一些地区特别是老少边穷岛地区仍不同程度存在失学辍学现象，初中学生辍学、流动和留守儿童失学辍学问题仍然较为突出，实现国家确定的到2020年义务教育巩固

---

① 全国扶贫开发工作会议强调：牢记初心坚定信心，全面打好精准脱贫攻坚战［OL］. 国务院扶贫开发领导小组办公室网站，2017－12－29.

率达到95%的目标仍然面临一定挑战，这直接关系到国家和民族的未来。在此背景下，2017年9月5日，国务院办公厅发布《关于进一步加强控辍保学提高义务教育巩固水平的通知》（以下简称《意见》），《意见》具有突破性的举措之一，是明确政府、社会、家庭、学校各方在控辍保学中的责任。

政府的职责在于补短板、控底线。省级政府要全面负责区域内义务教育控辍保学工作，健全控辍保学目标责任制，突出重点地区，加强分类指导，督促各县（市、区）做好义务教育各项工作，实现控辍保学目标。县级人民政府要履行控辍保学主体责任，组织和督促适龄儿童少年入学，帮助他们解决接受义务教育的困难，采取措施防止辍学。配合各级人民代表大会及其常务委员会加强对义务教育控辍保学工作的监督及执法检查。学校和教师要承担利用中小学生学籍信息管理系统做好辍学学生标注登记工作，建立和完善辍学学生劝返复学、登记与书面报告制度，提高教育质量控辍，依法落实教育资助等有利于保障学生接受义务教育的相关政策等任务。父母或者其他法定监护人则应当依法送适龄儿童少年按时入学接受并完成义务教育，无正当理由未送适龄儿童少年入学接受义务教育或造成辍学的，由当地乡镇人民政府或者县级人民政府教育行政部门给予批评教育，责令限期改正；逾期不改的，由司法部门依法发放相关司法文书，敦促其保证辍学学生尽早复学；情节严重或构成犯罪的，依法追究法律责任。

高中阶段教育是义务教育之后国民教育体系的又一个重要环节，包括普通高中、普通中专、成人中专、职业中专、技工学校，是学生从未成年走向成年、个性形成、自主发展的关键时期，肩负着为各类人才成长奠基、培养高素质技术技能型人才的使命。普及高中阶段教育是巩固义务教育普及成果、完善现代职业教育体系、增强高等教育发展后劲的重大举措，是适应我国经济结构转型升级、提高劳动力受教育年限的迫切需要，是进一步提升国民整体素质、建设人力资源强国的基础工程。

由于多方面的原因，目前高中阶段教育仍然存在许多明显短板，而且发达地区和贫困地区均有各自的短板：前者的高中教育和中等职业教育发展不均衡；后者囿于经济和环境的制约，教育资源稀缺且质量低下，普及度很低。具体而言，相对于普通高中教育，我国的中职教育水平明显落后于普通高中教育，二者发展较不均衡。此外，边远地区、少数民族地区、贫困地区的教育水平较低。这些地区由于缺乏教育资源，办学条件不能满足基本教学需求，经费以及师资力量的不足导致高中教育的普及程度和质量双低。换言之，在贫困地区，很多孩子上完初中就辍学了，既无法升入普通高中将来参加高考，又无法升入中专与技工学校习得一技之长。这些短板严重限制着高中阶段教育的健康发展，制约着我国培养技术技能型人才的进程，限制了我国的经济结构转型升级。

有鉴于此，2017 年 3 月 24 日，教育部、国家发展改革委、财政部、人力资源和社会保障部四部门联合印发《高中阶段教育普及攻坚计划（2017—2020 年）》（以下简称《计划》），提出推进普及高中教育，到 2020 年实现全国普及高中教育，明显提升高中教育质量。《计划》的总体目标是提高普及水平，并协调普通高中和中等职业教育的比例。提高普及水平，即让更多的初中毕业生都能接受高中阶段教育；协调普高与中职教育比例，即适当增加中职教育的招生人数在高中阶段招生人数中的比例，让更多的初中毕业生接受中职教育。为此，《计划》提出“新建、改扩建一批学校，为薄弱学校配齐必要的教育教学和生活设施设备”，并“集中力量建设一批高水平职业学校”。而这些职业学校都实施“产教融合工程”，其专业设置、课程内容、教学方式都要与生产实践对接。其次，在资源投入上，提出要“积极扶持民办教育，促进公办民办共同发展”，并落实以财政投入为主、其他渠道筹措经费为辅的普通高中投入机制，完善政府、行业、企业及其他社会力量依法筹集经费的中等职业教育投入机制。总体思路就是政府承担主要投入责任，但也希望借企业和民间资本能积极投资高中阶段教育，以济政府投入之不足。

高等教育是国民教育体系的“金字塔尖”，其发展水平不仅直接关系一个国家、一个民族的创新能力，而且深刻影响其思想厚度、文化素养与精神品质。20世纪末，在建设世界一流大学的口号之下，我国相继实施了“211工程”和“985工程”。这两项工程，对我国高等教育的发展发挥了巨大的正面作用，但也积累了不少问题。

2017年1月24日，教育部、财政部、国家发展改革委印发《统筹推进世界一流大学和一流学科建设实施办法（暂行）》（以下简称《办法》），围绕“中国特色，世界一流”的核心要求，从建设、改革两方面安排了10项重点任务。《办法》最大的亮点，就是提出要按照“一流大学”和“一流学科”两类布局建设高校：对少数已经进入世界一流大学行列的大学，国家将支持其向世界一流大学前列迈进；但对其他大学，则不再以“学校”为建设单位，而以“学科”为基础。同时“坚持以学科为基础，支持建设一百个左右学科，着力打造学科领域高峰”。以学科为基础，一方面，意味着那些拥有优势学科的非985、非211高校将有机会入选“双一流”工程，其“居于国内前列或国际前沿的高水平学科”将获得国家的资助和扶持；另一方面，211、985高校的弱势学科，恐怕会受到冷遇。这样可以拓宽政策的惠及范围，同时也更有针对性。另外，《办法》规定，每5年一个建设周期，从2016年开始新一轮建设，并开展中期和期末评估。这就打破了身份固化，建立了高校及建设学科有进有出的动态调整机制。

教育支撑发展，一个重要体现就是教育体系能培养出适合产业需求的人才。当前，人才的教育供给和产业需求在结构、质量、水平上还不能完全适应，教育人才培养和产业需求存在“两张皮”问题，一方面技工、高技能人才社会需求居高不下，另一方面部分高校毕业生就业压力持续增大，人才供需结构性矛盾凸显。为此，党的十九大报告强调“着力加快建设实体经济、科技创新、现代金融、人力资源协同发展的产业体系”，“完善职业教育和培训体系，深化产教融合、校企合作”。这与党的十八届三中全会提出的“加快现代职业教育体系建设，深化产教融合、校企合作，培养高素质劳动者和技能型人才”，以及党的十八届五中全会提出的“建设现代职业教育体系，推进产教融合、校企合作”的政策方针一脉相承。2014—2016 年，国务院相继印发关于产教融合的政策文件，使产教融合成为促进职业教育、高等教育发展，加强创新型人才和技术技能人才培养的一项重要方针。

在这一背景下，2017 年 12 月 19 日，国务院办公厅发布了《关于深化产教融合的若干意见》（以下简称《意见》），旨在深化产教融合，促进教育链、人才链与产业链、创新链有机衔接。产教融合的核心是要让行业企业成为重要办学主体，这是深化教育供给侧结构性改革的重大举措。《意见》坚持问题导向，重点聚焦与就业市场、企业需求、创新创业直接相连的职业教育、高等教育，重点聚焦调动企业参与积极性，发挥企业重要主体作用，形成政府企业学校行业社会协同参与的工作格局，着力构建产教融合的一揽子政策体系。《意见》从多个方面提出了许多措施意见，亮点很多。

一是明确“四位一体”体系架构。《意见》首次明确了深化产教融合的政策内涵及制度框架，完善顶层设计，强调发挥政府统筹规划、企业重要主体、人才培养改革主线、社会组织等供需对接作用，搭建“四位一体”架构，将产教融合从职业教育延伸到以职业教育、高等教育为重点的整个教育体系，上升为国家教育改革和人才开发整体制度安排。

二是将教育先行、人才优先融入各项政策。《意见》着眼于促进人力资本积累，提出制订实施经济社会发展等各类规划时要明确产教融合要求，同步规划产教融合发展政策措施、支持方式、实现途径和重大项目，将人才作为支撑发展的第一资源，在提升人力资本中推动发展质量、效率和动力变革。

三是强调企业重要主体作用。《意见》坚持问题导向，找准症结，着眼于发挥企业重要主体作用，提出企业办学准入条件透明化、审批范围最小化，实行“引企入教”改革，健全学生到企业实习实训制度等，推动企业多种形式参与办学，支持企业需求融入人才培养，由人才“供给—需求”单向链条，转向“供给—需求—供给”闭环反馈，促进企业需求侧和教育供给侧要素全方位融合。

四是合理划分政府、社会组织和市场边界。《意见》不搞行政命令式“拉郎配”，侧重加强企业行为信用约束，强化行业协会组织协调，促进中介组织和服务型企业催化，打造“互联网+”信息服务平台，化解校企合作的信息不对称，降低制度性交易成本，体现市场配置资源的改革取向，落实“放管服”改革要求。

五是完善产教融合推进机制。《意见》提出，重点构建三项推进机制：一是重点在学校侧，实施产教融合工程，引导各类学校建立对接产业需求的人才培养模式。二是重点在企业侧，加强财税用地和金融支持政策协同，鼓励企业投资产教融合。三是重点在地方政府等层面，开展产教融合型城市建设等试点，支持有条件地区、行业和企业先行先试，完善评价引导，推进以评促建。

高校除了培养经济建设需要的技能型人才以外，还肩负着总结中国发展经验，将中国经验上升为中国理论，为世界问题提供中国方案的重任，这事关党对意识形态的领导权。作为知识生产机制的重要一环，做好高校工作对哲学社会科学的繁荣以及从“中国经验”到“中国理论”的飞跃具有重大意义。2017年2月27日，中共中央、国务院印发了《关于加强和改进新形势下高校思想政治工作的意见》（以下简称《意见》），旨在重申高校思想政治工作建设的重要性，建设中国特色社会主义高校。2016 年 12 月 7 日至 8 日，习近平在全国高校思想政治工作会议上重申了“培养德智体美全面发展的社会主义事业建设者和接班人的重大任务”，并指出思想政治工作重点是做人的工作，要围绕学生开展工作。如果说哲学社会科学工作座谈会解决了哲学社会科学工作者建立什么样的中国理论的问题，全国高校思想政治工作会议则解决了高校培养什么样的人的问题。

《意见》围绕哲学社会科学工作展开，强调加强学科体系建设，发挥哲学社会科学育人功能，积极推进学术话语体系创新，努力建设一批中国特色、世界一流的哲学社会科学学科。同时，围绕高校中的学生和老师展开，明确提出要“培养又红又专、德才兼备、全面发展的中国特色社会主义合格建设者和可靠接班人”，并强调“要加强教师队伍和专门力量建设，完善教师职业道德规范，实施师德‘一票否决’等”。

（三）医改：建设“健康中国”

在 2016 年 8 月 19 日至 20 日召开的全国卫生与健康大会上，习近平提出“推进健康中国建设”。[①] 这次会议确立了 5 项基本医疗卫生制度，即分级诊疗制度、现代医院管理制度、全民医保制度、药品供应保障制度、综合监管制度。同时，会议要求推动中医药振兴发展并通过多种措施调动广大医务人员的积极性。党的十九大报告进一步提出“实施健康中国战略”。2017 年，医药卫生体制改革已进入深水区，到了啃硬骨头的攻坚期，以上各方面工作都取得了不同程度的进展。总体来说，2017 年，通过既做“加法”（建立多元化、多层次全民医保体系），又做“减法”（取消药品加成，开展医保支付方式改革）等多种举措，使医疗费用不合理过快增长的势头得到了有效遏

① 习近平：把人民健康放在优先发展战略地位［OL］. 新华网，2016－08－20.

制。在体制机制改革方面，全国所有公立医院在2017年全面推开了公立医院综合改革，而且全部实行了取消药品加成的政策，将公立医院过去的服务收费、药品加成收入、政府补助三个补偿渠道改为了服务收费和政府补助两个渠道。

破除“以药补医”是2017年医疗领域工作的重点之一。“以药补医”是导致看病难、看病贵、乱用药等现象的根源，全面推进公立医院的综合改革，核心是破除“以药补医”，从而建立起维护公益性、调动积极性、保障可持续性的新机制。“以药补医”是20世纪50年代，国家为了弥补医药卫生事业经费不足而制定的政策，即允许医院销售药品时，在进价基础上加价15%。[①] 改革开放以后，公立医院对药品加成的依赖逐渐加强，后遗症也逐渐显现。公立医院的收入来源主要有三项：服务收费、药品加成收入和政府补助。在政府的支持力度有限、医生的诊疗费用又被人为压低的情况下，医院开始依靠药品销售来增加收入，医院卖药越多收入越高，医生开药越多提成越多。于是这一政策逐步演化成一种逐利机制。公立医院过度追求盈利，削弱了公立医院的公益性，同时药价虚高、医生乱开处方，导致乱用药、看病难、看病贵等问题。

2010年，城市公立医院综合改革在17个城市启动试点，2016年扩大到200个城市，覆盖全国近2/3的地级以上城市。2012年，县级公立医院综合改革在311个县（市）启动试点，2015年在1977个县（市）全面推开。这些试点的任务之一就是破除以药补医。2015年5月，国务院办公厅发布《关于全面推开县级公立医院综合改革的实施意见》，提出2015年，在全国所有县（市）的县级公立医院破除以药补医，以管理体制、运行机制、服务价格调整、人事薪酬、医保支付等为重点，全面推开县级公立医院综合改革；

---

① 上下游利益链难断，以药补医“久治不愈”［OL］. 新华网，2015－07－07.

2017 年是公立医院综合改革的重要节点，这一年现代医院管理制度基本建立，县域医疗卫生服务体系进一步完善。同月，国务院办公厅发布的《关于城市公立医院综合改革试点的指导意见》则提出 2015 年进一步扩大城市公立医院综合改革试点；2017 年，城市公立医院综合改革试点全面推开，现代医院管理制度初步建立。

2017 年 2 月，国务院办公厅印发《关于进一步改革完善药品生产流通使用政策的若干意见》（以下简称《意见》），旨在规范药品流通和使用行为。《意见》取消药品加成，理顺医疗服务价格，也就是将调低药价、规范医疗服务行为所腾出的价格空间用于调整医疗服务价格，优化医院收入结构。同时，《意见》要求落实政府投入责任，加快建立公立医院补偿新机制，控制医疗费用的不合理增长。换言之，公立医院要降低药价，提高医疗服务价格，通过医疗服务增加医院收入，同时政府要增加投入，改变公立医院收入的结构。《意见》还要求推进医药分开，医疗机构不得限制患者凭医疗机构开具的处方到零售店购药，并对医药费用增长实行量化监督管理，落实到具体医疗机构，与财政补助、绩效考评等挂钩，并接受社会监督。

2017 年 3 月 22 日，北京市政府发布《医药分开综合改革实施方案》（以下简称《方案》），宣布自 4 月 8 日起，北京 3600 多家医疗机构将推行医药分开综合改革，核心内容为取消药品加成、破除以药补医，设立医事服务费、建立科学合理的补偿机制。改革的主要任务是转变公立医院补偿机制，在“断药”之后寻求合理有效的“补医”途径。《方案》取消药品加成，所有药品实行零差率销售，截断公立医疗机构经济补偿中的药品加成收入渠道，从而消除医院、医生对药品加成的依赖。同时，《方案》实施“阳光采购”的药品采购机制，公开公立医疗机构药品采购品种、价格、数量和药品调整变化情况，动态联动全国省级采购最低价格和全市公立医疗机构采购价格，确保药品采购各环节在阳光下运行。两项措施双管齐下，降低药品价格。

降低药品价格的同时，必须寻找新的补偿机制，以防公立医院的收入降低，削弱公立医院提供医疗服务的能力。《方案》通过设立医事服务费、规范医疗服务价格、加强成本控制来建立新的补偿机制。其一，取消原来的药品加成、挂号费和诊疗费，改收医事服务费，设立费用标准，按照医师职级确定患者在门诊的诊疗费，凸显医务人员的劳动价值。其二，规范医疗服务价格，理顺比价关系，对435个医疗服务项目价格进行“一升两降”的重新规范：上调床位、护理、一般治疗、手术、中医等体现技术劳务价值项目价格，降低大型设备检查项目价格和药品价格。其三，加强成本和费用控制，健全医疗费用、关键绩效指标监测体系，采用信息化手段加大对异常、高额医疗费用预警分析。经过2017年的改革，居民个人卫生支出占卫生总费用的比重下降到了28.8%，比新一轮医改前下降了12个百分点。①

不过，破除以药补医只是公立医院综合改革的其中一项任务。公立医院综合改革还需要建立现代医院管理制度。现代医院管理制度是基本医疗卫生制度“立柱架梁”的关键制度安排。2017年7月25日，国务院办公厅发布《关于建立现代医院管理制度的指导意见》（以下简称《意见》），提出到2020年，基本建立权责清晰、管理科学、治理完善、运行高效、监督有力的现代医院管理制度。《意见》提出了三个方面共20项重点改革任务。

一是完善医院管理制度，既要保证党组织意图在决策中得到充分体现，又要发挥专家治院作用，同时健全民主管理制度，让职工参与民主决策、民主管理和民主监督。二是建立健全医院治理体系。一方面，明确政府对公立医院负有举办职能，但要实行公立医院“管办分开”。这意味着，政府履行办医职责，但政府只管方向、管政策、管引导、管规划、管评价，而不管公

① 吴佳佳．个人卫生支出占卫生总费用比重下降大［OL］．中国政府网，2018－02－13.

立医院的具体运作。公立医院具有人事管理、机构设置、中层干部聘任、人员招聘和人才引进、内部绩效考核与薪酬分配、年度预算执行等经营管理自主权。另一方面，公立医院要接受政府的监管和第三方机构的监督。《意见》要求建立综合监管制度，强化卫生计生行政部门医疗服务监管职能，发挥医保对医疗服务行为和费用的调控引导与监督制约作用。同时加强社会监督和行业自律，探索建立第三方评价机制。三是加强医院党的建设，公立医院党委要发挥领导核心作用，负责把方向、管大局、保落实。公立医院党支部要发挥政治核心作用。

药物供应保障制度，是全国卫生与健康大会确立的 5 项基本医疗卫生制度之一。药品短缺是一个全球性难题。目前中国药品短缺问题主要是临床必需的药品供给质量和效率不高，部分药品临床供应紧张的情况时有发生，影响了患者用药、危及群众健康。2017 年 6 月 27 日，国家卫生计生委等 9 部门联合发布《关于改革完善短缺药品供应保障机制的实施意见》（以下简称《实施意见》），提出“到 2017 年底，建立短缺药品信息收集和汇总分析机制，完善短缺药品监测预警和清单管理制度，初步建成基于大数据应用的国家药品供应保障综合管理平台和短缺药品监测预警信息系统，健全部门会商联动机制，初步建立国家、省、地市、县四级监测预警机制和国家、省两级应对机制”。

《实施意见》首先通过监测发现苗头性问题。在目前每个省份布局不少于 15 个监测哨点的基础上，逐步形成国家、省、市、县四级监测网络体系和预警机制，并建立国家、省两级短缺药品清单管理制度。根据短缺原因、短缺程度、影响范围等情况，及时启动国家或省级应对机制，定期公布相关信息。在起草文件的过程中，国家卫生计生委同步开展了短缺药品的监测分析工作，梳理出了约 130 种临床易短缺药品清单，分类明确了定点生产、协调应急生产、加强供需对接、完善短缺药品储备、打击违法违规行为、健全罕见病用药政策等6项应对措施，一揽子解决了近50种清单内药品的短缺问题。《实施意见》还注重建立短缺药品供应保障分级联动应对机制。国家层面重点围绕国家级短缺药品清单内品种，组织开展短缺药品及其原料药生产供应保障能力评估，研究完善短缺药品供应保障重大政策和制度，协调解决跨省短缺问题；省级主要是建立相应会商联动机制，综合评估辖区内药品短缺信息和应对建议，统筹解决局部性短缺问题，及时分析、处理、上报短缺信息，增强综合应对能力。

分级诊疗制度是5项基本医疗卫生制度中的又一项重要制度。2015年9月，国务院办公厅制定了《关于推进分级诊疗制度建设的指导意见》。根据这份文件，分级诊疗是按照疾病的轻重缓急及治疗的难易程度进行分级，由不同级别的医疗机构承担不同疾病的治疗，实现基层首诊、双向转诊、急慢分治、上下联动，最终形成小病在社区、大病进医院、康复回社区的治疗模式。推动分级诊疗的必要性在于，目前我国大部分医疗卫生资源集中在城市，尤其是大中型医院，呈“倒三角”的资源分布格局，而医疗卫生服务的需求大部分却在基层，呈“正三角”的需求结构。这样，基层医疗资源短缺、服务不足，群众大量涌入医疗资源集中的城市就医，形成“一号难求”的局面，广大基层和边远贫困地区百姓又因为医疗资源匮乏而得不到及时、合理的诊治。而分级诊疗能有效解决这个难点，同时能控制小病大治的不良现象，与医药分开等政策结合控制医保费用。

2017年4月26日，国务院办公厅发布《关于推进医疗联合体建设和发展的指导意见》（以下简称《意见》），全面启动多种形式的医疗联合体建设。医疗联合体，是指由三级公立医院或业务能力较强的医院、县级医院牵头，组建不同级别、不同类别城乡医疗机构或专科之间优势互补、分工协作的联合体，在联合体内部实现健康档案、病历等互联互通，实行检查结果互认、处方流动、药品共享。通过整合同一区域的医疗资源，可望优化资源结构、提升基层能力来实现分级诊疗，解决百姓看病难的问题。自 2011 年起，我国就已陆续在上海、北京、深圳等试点城市展开医疗联合体建设。《意见》根据试点经验，提出四种较为成熟的组织模式：在城市主要组建医疗集团、在县域主要组建医疗共同体、跨区域组建专科联盟、在边远贫困地区发展远程医疗协作网。通过因地制宜的组织模式，实现资源的共享和分工，推动优质医疗资源向基层和边远贫困地区流动。在医疗联合体内部，要促进优质医疗资源上下贯通。实现人力、服务、信息、资源的区域流通和共享。充分发挥三级公立医院引领作用，向基层派出专业和管理人才，指导基层提升技术水平。建设健康信息平台，加强信息数据共享，给患者就医和远程医疗服务提供便利。加强医疗联合体内各机构的一体化服务，促进资源的有效共享和下沉基层，最终实现大医院“舍得放”、基层“接得住”、患者“愿意去”。

基本医疗保险、城乡居民大病保险、商业健康保险与医疗救助构成了我国重特大疾病医疗保障体系。作为一项新建制度，大病保险设置在基本医保和医疗救助之间，与医疗救助共同发挥托底保障功能。但在具体实践中，大病保险与医疗救助在对象范围、支付政策、经办服务、监督管理等方面存在衔接不到位的问题，精准保障水平与群众需求还存在一定差距。在此背景下，2017 年 1 月 16 日，民政部、财政部、人力资源和社会保障部、国家卫生计生委、保监会、国务院扶贫办等联合发布了《关于进一步加强医疗救助与城乡居民大病保险有效衔接的通知》（以下简称《通知》），要求加强医疗救助和城乡居民大病保险两项制度在对象范围、支付政策、经办服务、监督管理等方面的衔接。

加强医疗救助与大病保险的衔接，核心在于在发挥医疗保险主体作用的同时，提升医疗救助保障功能，提高医疗保障制度整体的可及性、精准性和高效性，逐步缩小不同群体在医疗保障中的待遇差距，缓解低收入群体的患病经济负担。第一，《通知》首次明确提出要做好资助建档立卡贫困人口参保工作，保证救助对象在基本医疗保险制度内受益，并将其纳入重特大疾病医疗救助对象范围，提高贫困人群对医疗资源的可及性。救助对象也探索从常规的困难人群（城乡低保对象和特困人群等）向因病致贫家庭重病患者扩展，从而防止贫困边缘人群处于收入和医疗负担的双重弱势地位。第二，《通知》重申了国家对困难人群大病保险保障待遇的倾斜政策，细化提出大病保险应当采取降低起付线、提高报销比例和救助水平、扩大合规报销范围的“一降一提一扩”，对困难群众实施精准支付。第三，针对困难群众，实施县级行政区域内定点医疗机构住院先诊疗后付费的结算机制改革。特殊人群就医的“先诊疗后付费”，是我国医疗保障制度整体深化改革的一大进步，体现了效率与公平的统一。第四，规范两项制度费用之间的结算关系。医疗救助对象不仅涉及大病保险的报销，也涉及医疗救助所规定的报销。由于大病保险涉及个人累计自负医疗费用，两项制度结算顺序不同，保障水平就会出现差异。《通知》强调，遵循“保险在前、救助在后”的结算顺序，同时为更好发挥大病保险作用，区分出3种不同情况规范费用结算工作。《通知》明确，医疗救助将基本医疗保险、大病保险支付后剩余多次累计个人自负合规总费用作为救助基数，对照医疗救助起付线和年度最高救助限额，分类分档核算救助额度。此种核算方式，有利于扩大医疗救助受益范围，有效发挥托底作用。①

医保支付是基本医保管理和深化医改的重要环节，是调节医疗服务行为、引导医疗资源配置的重要杠杆。2017年6月20日，国务院办公厅发布《关于进一步深化基本医疗保险支付方式改革的指导意见》（以下简称《意见》），提出自2017年起，进一步加强医保基金预算管理，全面推行以按病

① 朱铭来．提高医疗保障制度体系的可及性、精准性和高效性［OL］．民政部网站，2017-02-23.

种付费为主的多元复合式医保支付方式。医疗是一种成本昂贵的消费品。为了让基本医疗成为国民都可以消费的必需品，第三方付费应运而生。1883年，德国俾斯麦政府出台了《雇员医疗保险法》，开创了社会医疗保险的先河，即在医患以外建立医疗保险基金，由第三方支付患者医疗费用的大部分（70%左右）。至今，第三方支付主体包括政府预算（英国式免费医疗）、社会互济（德国式社会医疗保险）和美国雇员的商业保险。130多年来，第三方支付方式经历了以下三个阶段变革：第一阶段即数量付费法，以医疗的数量作为支付单位，如人头、人次、床日和项目等；第二阶段即质量付费法，以医疗的质量即病种和病种分组作为支付单位；第三阶段即价值付费法，根据医疗机构质量、医生组质量、医院绩效和患者疗效评估四个价值维度确定支付标准。每次变革均有着质的变化，都是社会治理机制的进步。①

在我国，按项目付费曾经发挥了重要作用，但逐步导致过度医疗、医疗服务价格扭曲的问题。《意见》的发布标志着我国的医保支付方式将从数量付费法转入质量付费法。相较数量付费法，质量付费法有明显的优势。质量付费以病种和病种分组作为支付单位，其中病种分组指将住院病人按照临床相似性以及资源消耗相似性，即按照病人的疾病严重程度、治疗方法的复杂程度及资源消耗程度分成一定数目的疾病组，并以组为单位制定费用标准进行支付。这种分组打包的付费方式将促使医院综合考虑药品耗材和检查等手段的必要性，对成本进行更为精细化的把控。《意见》提出实行多元复合式医保支付方式，重点推行按病种付费、完善按人头付费、按床日付费等支付方式，并且开展按疾病诊断相关分组付费试点，探索建立按疾病诊断相关分组付费体系。此外，《意见》还要求医保支付方式改革与分级诊疗、家庭医生、医疗联合体建设等医改工作相配套。横向上，将医保支付方式与分级诊

① 杨燕绥．中国进入医保支付改革第二阶段［OL］．搜狐网，2017－07－05.

疗模式和家庭医生签约服务制度相结合，引导参保人员优先到基层首诊，并将符合规定的家庭医生签约服务费纳入医保支付范围。纵向上，对医疗联合体等分工协作模式实行医保总额付费，合理引导双向转诊。

2017 年，医疗卫生立法工作也有重要进展。7 月 1 日，《中华人民共和国中医药法》正式实施。该法首次从法律层面明确了中医药的重要地位、发展方针和扶持措施，为中医药事业的发展提供了法律保障。12 月 22 日，《中华人民共和国基本医疗卫生与健康促进法（草案）》首次提请第十二届全国人民代表大会常务委员会第三十一次会议进行审议。草案首次在法律层面直接提出健康是人的基本权益，将部分医改成果以立法形式固定下来，明确了医疗卫生事业是社会公益事业，国家建立基本医疗卫生制度，重点完善 5 项基本医疗卫生制度，以及实施健康中国战略等。

第二部分 中国发展动态月度报告（2017）

1月　习近平达沃斯回应逆全球化

习近平在达沃斯论坛回应逆全球化

从制度上规范纪委的权力

升级民主生活会，严肃党内政治生活

军民融合统一领导机构成立

三类地方将开展知识产权综合管理改革试点

占补平衡兼顾“两化”建设与耕地“红线”

“双一流”重塑中国高等教育格局

习近平在达沃斯论坛回应逆全球化

2017年1月17日，国家主席习近平出席在瑞士达沃斯举办的世界经济论坛2017年年会开幕式，发表题为《共担时代责任 共促全球发展》的主旨演讲。[①]

1. 国际变化风云诡谲，经济全球化质疑声此起彼伏

全球化意味着资金、商品、人员、信息的自由流动。但自2008年金融危机以来，对全球化的质疑之声逐渐兴起，直至发展成今天的“逆全球化”浪潮。首先，自金融危机以来，投资自由化和贸易自由化政策被严格的投资限制和贸易壁垒取代。全球贸易增速明显放缓，已经从1990年到2008年间平均增长7%，降至2009年到2015年间平均增长3%的水平；跨国公司的发展和对外直接投资增速持续放缓，至今未恢复到危机前的水平。与此同时，曾经的全球化领导者美国和积极推动力量英国也开始公开批评全球化。英国脱欧，宁愿失去欧盟单一市场准入，也要收回对本国边境和人员流动的控制权，目的就是阻止来自欧洲大陆的移民以及中东、北非等地的难民，使欧洲

---

① 习近平．共担时代责任 共促全球发展——在世界经济论坛2017年年会开幕式上的主旨演讲［OL］．人民网，2017－01－18.

一体化进程遭遇重创；特朗普当选美国总统，宣称将实行贸易保护主义、排斥移民等政策。在这样的背景下，主旨演讲一方面是对“逆全球化”潮流进行不动声色的批评；另一方面也表明中国绝非简单地复制，而是通过反思全球化路径，引导好经济全球化，消解经济全球化的负面影响。

2. 向国际社会释放中国坚持开放的积极信号

习近平主席出席达沃斯论坛，向国际社会释放了一个积极的信号——中国这个世界第二大经济体充分具备稳定性、延续性，并将坚持以开放、包容的态度面向全球的经济形势，其亮点如下。

首先，回应对全球化的种种质疑，坚定力挺经济全球化。习近平指出，经济全球化是社会生产力发展的客观要求和科技进步的必然结果，为世界经济增长提供了强劲动力，促进了商品和资本流动、科技和文明进步、各国人民交往。困扰世界的很多问题，如中东北非的难民潮、国际金融危机，并不是经济全球化造成的，中断经济全球化进程是不符合历史潮流的。当然，经济全球化确实带来了新问题，但不能就此把经济全球化一棍子打死，而是要消解经济全球化的负面影响，让它更好惠及每个国家、每个民族。想人为切断各国经济的资金流、技术流、产品流、产业流、人员流，让世界经济的大海退回到一个一个孤立的小湖泊、小河流，是不符合历史潮流的。

其次，为当今全球化的困境把脉。反对全球化的声音固然有其偏颇之处，但也不是空穴来风。习近平提出，当今全球化的困境，缘于经济领域三大突出矛盾没有得到有效解决：一是全球增长动能不足，难以支撑世界经济持续稳定增长；二是全球经济治理滞后，难以适应世界经济新变化。三是全球发展失衡，难以满足人们对美好生活的期待。简而言之，世界经济的“蛋糕”既没有做大，又没有分好“蛋糕”，导致贫富差距拉大，同时现有的国际治理体系没有反映新兴国家、新型产业的利益和诉求，因而积累了很多矛盾。

最后，习近平提出了全球经济治理的“中国方案”。增长和分配问题是世界经济的核心问题。习近平提出了立足于中国自身特色的完整方案：一是用创新推动增长，解决世界经济停滞不前的问题；二是打造开放共赢的合作模式，发展开放型的世界经济，在开放中分享机会和利益、实现互利共赢；三是建立公正合理的全球经济治理体系，要反映国际经济力量对比的新格局，赋予新兴市场国家和发展中国家更多代表性和发言权；四是坚持公平包容，打造平衡普惠的发展模式，让更多的人享受发展的成果。简而言之，既要做大“蛋糕”，又要分好“蛋糕”，要给新兴的国际经济势力更多的话语权。

3. 打造发展中国家合作平台，扩展“朋友圈”

习近平的演讲，既回应了批评全球化的声音，又指出了当今全球化路径存在的根本缺陷，让很多西方媒体感慨。习近平对全球化弊病的诊断与开出的“药方”，无疑是对中国自身发展经验的总结。中国政府从中国的国情出发掌控开放的路径和节奏，既与跨国公司保持良好的合作，又“主动作为，适度管理”，利用好国内外两个市场，向更多的人群释放全球化的红利，努力化解国际市场波动所带来的负面社会后果。在对外经济合作中，中国也非常强调互利共赢，甚至鼓励合作伙伴搭“便车”“顺风车”，而这尤其有利于许多发展中国家分享工业文明的发展成果。而当中国从理论上总结自己的发展道路，并据此去重塑国际治理体系时，就需要着力经营自己新的“朋友圈”，尤其是打造发展中国家的合作平台，将新自由主义的全球化改造成一种更有包容性的全球化，将一个超级霸权主导的国际体系转变成一个更为平等的国际体系，[①] 进而实现国际版的“共同富裕”。

（文/黄时烨、庄慕平）

① 方瑞．在达沃斯诊断全球化：习主席演讲的意义［OL］．经略网刊，2017－01－17.

从制度上规范纪委的权力

2017年1月8日，中央纪委七次全会通过了《中国共产党纪律检查机关监督执纪工作规则（试行）》（以下简称《工作规则》）。《工作规则》首次对纪委监督执纪工作的全流程、各环节进行了明确规定，从制度上规范纪委的权力，把纪委权力关进笼子里。

1. 从严治党需要监督“监督者”

党的十八大以来，纪委在党风廉政建设，特别是在反腐败斗争中，发挥了重大作用。“欲办非常之事，须有非常之权”，因而纪委的权力也相应扩大，巡视组的积极开展，特别是常规巡视与专项巡视的相互结合，以及纪检机构对中央机关、大型国企和事业单位的全覆盖等，即是体现。① 不过，信任不能代替监督。纪委本身也是党的一部分，从严治党当然也包括对纪委自身的监督。监督执纪问责是纪委最重要的权力，也是最容易出问题的环节，如果缺乏相应的制度保障，难免造成“灯下黑”的后果。事实上，党的十八大以来，中央纪委机关及全国纪检系统查处了一批违纪违法的纪检干部，反映出纪检干部也没有天然的免疫力，纪检系统在管理监督方面存在不少薄弱环节。王岐山在江苏调研时指出，党的十八大以来，中央纪委机关共处理38人，其中立案查处17人、组织调整21人，全国纪检监察系统共处分7200余人、谈话函询4500余人次、组织处理2100余人。② 原有的《案件审理工作条例》《案件检查工作条例》年代久远，不少内容已难以适应当前工作需

---

① 吴工章．纪委权力的扩张与受限［OL］．凤凰评论，2015　06　09.

② 王岐山在江苏调研时强调把监督执纪的权力关进制度笼子不辜负党的信任和人民群众期盼［OL］．中央纪委监察部网站，2016－12－06.

要，且100多个配套制度，规定零散、标准不一，一些关键环节存在制度漏洞。为了更好地发挥纪委在从严治党中的作用，需要根据十八大以来反腐实践中出现的新情况、新问题，完善相关制度，规范与限制纪委的监督执纪问责权，监督“监督者”。

2. 把纪委的权力关进制度的笼子

《工作规则》首次明确规定了纪委监督执纪工作的全流程、各环节，划定了权力的负面清单，用制度回应了“谁来监督纪委”的社会关切，共9章57条，其中值得注意的亮点如下。

第一，探索执纪监督、执纪审查、案件审理相互协调、相互制约的工作机制。《工作规则》名称还带有“试行”二字，尚不是最终的定稿，实际上带有在实践中先行先试、积累经验的意味。其要求，市地级以上纪委可以探索执纪监督和执纪审查部门分设，执纪监督部门负责联系地区和部门的日常监督，执纪审查部门负责对违纪行为进行初步核实和立案审查；案件监督管理部门负责综合协调和监督管理，案件审理部门负责审核把关，这有利于在纪委内部形成监督权、审查权相互制约的机制，避免一个部门权力过大。

第二，统一问题线索的受理部门，防止问题线索处置过程中的违规行为。收集受理各个渠道反映的党员干部问题线索，是监督执纪工作的源头。党的十八大以来，中央纪委对问题线索的管理和处置进行了重大改革。原先，来自不同渠道的问题线索分散在各个纪检监察室手里，从受理到处置都是由各个纪检监察室操作。党的十八大之后，中央纪委要求各渠道反映的问题线索统一交由案件监督管理室管理。《工作规则》将信访部门、执纪监督部门、执纪审查部门、干部监督部门等各个渠道反映的问题线索统一交由案件监督管理室管理。

第三，将实践中行之有效的做法上升为制度规范。《工作规则》中很多规定都是对实践经验的提炼和升华。例如，审查组设立临时党支部，加强对审查组成员的教育和监督；调查取证应当收集原物原件，逐件清点编号，现场登记；建立打听案情、过问案件、说情干预登记备案制度；审查组借调人员，一般从审查人才库抽选，实行一案一借；实行脱密期管理，对纪检干部辞职、退休后从业做出限制规定；开展“一案双查”，对执纪违纪、失职失责者严肃查处，这些都属于实践中首先摸索出来的行之有效的实招，有利于加强监督制约，管住队伍中的大多数，惩治极少数。①

第四，不再采用“双规”表述，更加突出审查规范。“双规”即“要求有关人员在规定的时间、地点就案件所涉及的问题做出说明”，《工作规则》删去“双规”，同时既限定审查谈话的地点，还要求谈话全程都要录音录像，对审查人的要求则远大于被审查人，更加体现出依规依纪依法开展立案审查的特点。② 而且因为当时国家监察体制改革正在进行，试点中的监察委员会可以依据法律授权，依法对被监察人采取留置等处置措施。因此，新规则不对“双规”做出规定，也可与即将出台的国家监察法相互衔接和配套。③

3. 依靠落实发挥反腐功效

《工作规则》体现了对纪委工作的规范、制约与监督，与中央提出的“从严治党”“依法治国”等一脉相承。制度的生命在于执行，反腐的关键在于落实。对于《工作规则》中确立的各项目标原则和制度规定，只有持续落实“两个责任”完善领导机制，实现“两个全覆盖”完善监督机制，才

---

① 王岐山．关于《中国共产党纪律检查机关监督执纪工作规则（试行）》的说明［OL］．新华网，2017－01－20.

② 吉翔．纪检机关监督执纪新规未现“双规”划定“负面清单”［N］．新京报，2017－01－21.

③ 王姝．纪检机关监督执纪新规未现“双规”，立案审查明确时间不得超过90天［N］．新京报，2017－01－21.

不至于使制度成为束之高阁的形式，反腐才有成果、反腐才得民心。

（文/吴双、籍婷）

升级民主生活会，严肃党内政治生活

2017年1月，中共中央印发了《县以上党和国家机关党员领导干部民主生活会若干规定》（以下简称《若干规定》），要求各级党委（党组）从全面从严治党、严肃党内政治生活的高度，开好民主生活会，解决自身问题。

1. 民主生活会日益流于形式

民主生活会，是中共党员在支部和党委中的一种经常性组织活动制度，是其成员以交流思想、开展批评与自我批评为主要形式的重要制度，是党内民主的一项重要制度。但近年来，很多地方的党内民主生活会日益流于形式，严重影响了民主生活会的质量和效果。

首先，一些党组织和党员领导干部以种种非正常理由，长期不组织、不参加党内民主生活会，有些党组织的生活会流于形式纯属应付检查。其次，不少地方和部门把民主生活会开成了工作总结会，甚至成了评功会，存在“批评自己怕丢面子，批评上级怕丢位子，批评下级怕丢选票，批评同级怕伤感情”的思想，即便相互开展批评也是“隔靴搔痒”，流于形式。再次，整改措施落实不到位或者缺乏可操作性。开展批评与互相批评的目的是为了发现问题、解决问题，因此会后的落实整改才是关键。然而，一些单位为了开会而开会，会开完了任务就结束了，不重视会后的落实整改，或者提出的整改措施缺乏可操作性。最后，主要领导没有发挥应有的作用。很多部门的领导者对党内民主生活会的重要性缺乏认识，召开会议是为了走过场，个别领导缺乏民主意识，习惯“一言堂”。这些问题的存在，使党内民主生活会失去了应有的作用和价值。

党的十八大以来，执政党开始加紧从严治党，这既需要“打虎”“拍蝇”、建章立制，也需要恢复党内已有制度的活力。2013年以来，党中央提出要在全党深入开展群众路线教育实践活动，其中就要求各级党组织召开民主生活会。2016年12月26日至27日，中共中央政治局召开民主生活会，意在以身作则，为下级党组织开好民主生活会做出示范。① 此次中央修订出台《若干规定》，事先在党内广泛征求了意见，旨在通过规范性文件来更好地指导民主生活会的开展，使其与时俱进，真正发挥“发扬党内民主、加强党内监督、依靠领导班子自身力量解决矛盾和问题”的功能。

2. 与时俱进，重新激活民主生活会

《若干规定》为适应新形势对民主生活会的新要求提出了一些新措施。

首先，《若干规定》提高了党员领导干部对党章党规、中央的创新理论以及相关文件学习与掌握的要求。《若干规定》将“遵守党章，坚定理想信念，贯彻党的理论路线方针政策和决议，执行党的政治纪律和政治规矩，维护党中央权威的情况”作为民主生活会的基本主题之一，同时将“领导班子成员认真学习党章党规和党的创新理论以及有关文件，提高思想认识”作为召开民主生活会的必要准备工作之一。显然，这符合深入学习领会党的十八届六中全会精神与“两学一做”的要求。

其次，对民主生活会的准备工作、召开程序、讨论方式、整改落实，都做出了更加细致的规定。例如，在确定会议主题时，《若干规定》要求，民

① 新华社．中共中央政治局召开民主生活会，习近平主持会议并发表重要讲话［OL］．新华网，2016－12－27.

主生活会的主题“一般由上级党组织统一确定”；如果由领导班子根据自身建设实际确定，必须“报上级党组织同意”。针对现实中存在的党员领导干部的亲属、身边工作人员利用其职权和影响力下海经商、搞权钱交易等现象，《若干规定》要求党员领导干部在民主生活会上就“注重家庭、家教、家风，教育管理好亲属和身边工作人员的情况”进行对照检查，开展批评和自我批评。关于到会人数，针对以往一些党员领导干部借故缺席民主生活会的现象，《若干规定》要求“到会人数必须达到应到会人数的三分之二以上”。此外，还要求个人发言提纲应当自己动手撰写，民主生活会召开情况应当向下级党组织或者本单位通报。

最后，《若干规定》明确了责任机制，细化规定了上级党组织监督下级党组织民主生活会的具体办法。党的十八大以来，执政党强调党委要担负起从严治党的“领导责任”，纪委要担负起“监督责任”。落实到《若干规定》中，中央政治局要“带头开好民主生活会”，各级党委（党组）要履行组织开好民主生活会的“领导责任”；并将执行民主生活会制度情况，纳入领导班子及其成员履行全面从严治党责任考核内容，作为考核评价领导班子的重要依据。此外，《若干规定》将上级每年参加一定数量的下级民主生活会变成一项强制性义务，同时要通过派出督导组、派人列席等方式，对下级单位召开的民主生活会进行督促检查和指导，具体工作由组织部门会同纪律检查机关负责。

3. 从“不敢腐、不能腐”到“不想腐”

党的十八大以来，习近平总书记提出要构建“不敢腐、不能腐、不想腐”的体制机制，“打虎”“拍蝇”的反腐运动能让干部“不敢腐”，监察委员会、巡视巡察等制度构建能让干部、官员“不能腐”。但两者很大程度上主要是“他律”，即依靠外部强制力量，事先预防或者事后惩罚党员领导干部的腐化堕落。相比之下，民主生活会则带有更多自觉、自律的成分。它正是试图通过各级领导班子自身的党内民主、党内监督，去“逼迫”党员领导干部发现、正视并改正自身存在的问题，同时加强对党章党规、中央文件和精神的学习，进而增强干部的理想信念、提高其思想觉悟，最终达到让干部“不想腐”的效果。而“不想腐”，应当是执政党先进性的题中应有之义。

（文/吴双、王慧）

军民融合统一领导机构成立

2017 年 1 月 22 日，中共中央政治局召开会议，决定设立中央军民融合发展委员会（以下简称“军民融合委员会”），由习近平任主任。中央军民融合发展委员会是中央层面军民融合发展重大问题的决策和议事协调机构，统一领导军民融合深度发展，向中央政治局、中央政治局常务委员会负责。

1. 落实军民融合需破除利益结构

2016 年 7 月 21 日，中共中央、国务院、中央军委印发《关于经济建设和国防建设融合发展的意见》（以下简称《意见》），提出到 2020 年，“基本形成军民深度融合发展的基础领域资源共享体系、中国特色先进国防科技工业体系、军民科技协同创新体系、军事人才培养体系、军队保障社会化体系、国防动员体系”，为经济建设和国防建设融合发展设立了目标。

不过，自改革开放之后，中央工作重心转向经济发展，在经历了多次政府机构改革之后，政府职能逐渐聚焦于经济建设，形成了经济建设和国防建设相对隔离、各自运行的“二元结构”。于是，相对隔离的军地两大系统以及各系统内部形成了相当固化的利益结构。要真正把《意见》落到实处，扎实推进军民融合，就需要破除既有的利益结构。

2. 破除利益结构需强有力的统一领导

要贯彻落实《意见》、推进军民融合，必然要触动甚至改变既有的利益结构，而这就需要强有力的统一领导。推动两大建设融合，对国防部门将意味着，有些军队岗位将由地方人员来担任，有些保障将交给地方承担，有些军工行业将失去垄断利益。而对于有些经济部门来说，推动两大建设融合，往往要涉及复杂的部门工作协调，有时还要追加投入，可能还会增加工作量和风险，甚至还要触动某些既得利益，产生某些利益摩擦。

由于军地各部门各单位都有自己的利益，都从自身利益出发来权衡军民融合、决定相应行动，如果没有强有力的机构统一领导并推动，军地各部门就会“上有政策，下有对策”，“大利大干、小利小干、无利不干”，“愿意‘融’别人、不愿意被别人‘融’”，“共享别人的资源可以、分享自己的资源不行”，形成各种抵抗国家意志的潜规则。这样一来，国家就还要用两大资源系统分别进行两大建设，结果肯定是成本高、效果差、体系对抗能力建立不起来，富国强军自然就实现不了。①

军民融合委员会，由习近平任主任，向中央政治局、中央政治局常务委员会负责。最高领导人亲自挂帅，直接向党中央负责，显然可以极大地强化委员会的领导权威，有助于切实推动军民融合战略的落实。

3. 构建一种可持续的国防建设模式

军民融合，根本上是因为现代武器装备越来越复杂，零部件越来越多，任何国家都不可能在民用工业体系之外，再建立并长期维持一套完全自给自

---

① 姜鲁鸣．推动经济建设和国防建设融合发展［N］．学习时报，2015－11－14.

足的军事工业体系。因为在这种“军民二元分离”的经济结构下，会形成一种“攫取性”国防建设体系。一方面，国家要用军民两大资源系统分别进行两大建设，成本太高。另一方面，两大体系封闭隔离还会加剧国防资源配置的“虹吸效应”，即创新资源向国防产业过度配置、人才资源向国防领域过度配置、资本要素向国防领域过度配置，就会陷入并加剧“国防系统膨胀——实体经济衰落——经济增速减缓”的恶性循环。当年苏联的国防建设体系正是如此。[①] 眼下，我国外部军事压力增大，必须长期做好应对周边不同强度军事冲突的准备。这就要打通军用与民用经济系统，发挥好我国实体经济的优势，加强民用经济对军用经济的支撑，构建一种可持续的国防建设模式。

（文/吴双、李振宇）

三类地方将开展知识产权综合管理改革试点

2017 年 1 月 13 日，国务院办公厅印发《知识产权综合管理改革试点总体方案》（以下简称《方案》），将选择若干地方开展为期一年的知识产权综合管理改革试点。

1. 创新驱动发展战略的迫切需要

长期以来，一提到“中国制造”，人们的印象是“大而不强”。经过多年发展，中国早已不是当初那个光靠廉价劳动力赚“辛苦钱”的国家了，而正在向产业链中高端迈进。截至 2016 年，我国共受理发明专利申请 133.9 万件，已经连续 6 年位居世界首位；国内发明专利拥有量突破 100

① 姜鲁鸣，王伟海．统筹推进经济建设和国防建设融合发展——对《关于经济建设和国防建设融合发展的意见》的解读与思考［OL］．人民网，2016－08－12.

万件，成为继美国和日本之后，世界上第三个国内发明专利拥有量超过百万件的国家。① 但另一方面，在我国的有效发明专利中，多数为外国权利人所拥有，外国权利人利用其在我国拥有的专利、商标等知识产权，广泛收取许可使用费，直到2011年这种情况才开始改变。而且，我国企业在国外的知识产权布局总体还处于起步阶段，拥有的专利、商标较少，靠知识产权获利的情况较少，难免形成知识产权贸易逆差。自2009年以来，我国专有权利使用费和特许费的国际收支逆差一直在100亿美元以上。② 要向产业链中高端迈进，就必须掌握更多的高质量知识产权，这就需要我们尽早开始摸索知识产权管理的经验。

有鉴于此，2015年12月22日，国务院发布《关于新形势下加快知识产权强国建设的若干意见》，明确由国家知识产权局牵头组织落实“鼓励有条件的地方开展知识产权综合管理改革试点”的重点任务。2016年1月，中央全面深化改革领导小组对开展知识产权综合管理改革试点进行了部署，明确要求国家知识产权局牵头组织落实。按照部署要求，国家知识产权局会同有关部门起草了《知识产权综合管理改革试点总体方案》。

2. 明确条件、设立任务、确定责任

《方案》分总体要求、主要任务、组织实施三个部分，要点如下：

首先，《方案》明确了改革试点地方选择需具备以下三项条件之一：（1）经济发展步入创新驱动转型窗口期，创新资源和创新活动集聚度高，专利、商标、版权等知识产权数量质量居于全国前列；（2）设有或纳入国家统

---

① 2016年我国知识产权事业发展各项指标量质齐升，国内发明专利拥有量突破100万件［OL］．国家知识产权局网站，2017－01－20.

② 朱雪忠．理性看待我国的知识产权贸易逆差［OL］．人民网，2015－06－14.

筹的国家自主创新示范区、国家综合配套改革试验区、全面创新改革试验区、自由贸易试验区等各类国家级改革创新试验区和国家战略规划重点区域，或设有知识产权法院；（3）知识产权战略推动地区经济发展成效显著，知识产权管理体制和市场监管体制机制改革走在前面，知识产权行政执法力量较强，知识产权行政执法效能突出。

其次，主要任务有三项。一是建立高效的知识产权综合管理体制。目的在于减少层次，避免多层次多头执法或执法的重复交叉，推进综合执法，提高效率。二是构建便民利民的知识产权公共服务体系。要点在于简政放权，合理减少审批和管理事项，同时优化知识产权公共服务供给，包括完善知识产权交易市场，加强知识产权维权援助服务等。三是提升综合运用知识产权促进创新驱动发展的能力。要点在于统筹制定实施知识产权密集型产业促进政策，培育知识产权密集型产业成为新的经济增长点，将知识产权转化成经济增长的成果。

最后，在组织领导方面，中央层面由国家知识产权局牵头，地方层面由政府主要领导负责。其中，国家知识产权局牵头会同工商总局、新闻出版广电总局（国家版权局）等部门指导，统筹协调改革试点中的重大政策问题。各试点地方建立由政府主要领导负责的协调推进机制，将知识产权综合管理改革试点工作纳入重点改革任务。各试点地方具体实施方案应于试点地方确定后两个月内印发实施。

3. 通往知识产权强国的“跬步”

从制造业大国升级成制造业强国，乃至知识产权强国，根本上需要依靠国家、企业等的持续高强度研发投入以及正确的产业政策的引导，从而积累足够多的高质量知识产权，持续的量变最终引起质变。随着中国产业结构的升级转型，知识产权将在我国经济中扮演越来越重要的角色，因而要未雨绸缪，尽早开始探索管理知识产权的经验。从这个意义上说，此次试点不失为通往知识产权强国千里之路上的“跬步”。

（文/吴双）

占补平衡兼顾“两化”建设与耕地“红线”

2017年1月9日，中共中央、国务院发布了《关于加强耕地保护和改进占补平衡的意见》（以下简称《意见》），这是中共中央、国务院时隔20年再次印发关于耕地保护的指导性文件，在承前启后的基础上进一步完善了耕地保护制度。

1. 两化建设深入推进，占补平衡压力增大

随着新型工业化、城镇化的深入推进，人地矛盾更加突出，耕地保护、占补平衡的压力增大。耕地保护与占补平衡，实际上是在粮食安全与经济建设需要之间的一种平衡。一方面，耕地保护是关系我国十几亿人吃饭的大事，事关国家的粮食安全与战略安全，绝不能有闪失；另一方面，我国新型工业化、城镇化建设正深入推进，工业项目、交通市政等基础设施建设都需要占用耕地。经过多年的开发利用，我国的后备耕地资源逐步减少，特别是一些耕地资源比较匮乏的省份，补充的耕地与中央要求的占补平衡数量、质量都有差距。此外，还有一些地方占多补少、占优补劣、占水田补旱地。而要确保耕地面积不减少、质量不降低，守住耕地“红线”，就要严格贯彻落实耕地保护与占补平衡制度。

2. 控占用、调方式、算大账、差别化

《意见》围绕实现耕地数量、质量、生态“三位一体”保护，按照“控

占用、调方式、算大账、差别化”[①] 的思路，提出了改进占补平衡工作的新措施。

首先，针对我国后备耕地资源逐步减少的问题，《意见》提出“控占用”，就是要减少新增建设占用耕地规模，从源头上减轻占补平衡的压力。具体而言，其一，新增建设用地计划安排与土地节约集约利用水平、补充耕地能力挂钩，对建设用地存量规模较大、利用粗放、补充耕地能力不足的区域，适当调减新增建设用地计划。其二，一般建设项目不得占用永久基本农田，重大建设项目选址确实难以避让永久基本农田的，必须经过严格的可行性研究并通过国土资源部用地预审。其三，盘活利用存量建设用地，推进建设用地二级市场改革试点，促进城镇低效用地再开发，引导产能过剩行业和“僵尸企业”用地退出、转产和兼并重组，促进新增建设不占或尽量少占耕地。

其次，“调方式”，就是要转变补充耕地的方式，尽量减少未利用地的开发，着力通过土地整治和高标准农田建设来落实补充耕地的数量和质量。补充耕地，未必一定要开垦新土地。《意见》提出要拓展补充耕地途径，通过实施土地整治、建设高标准农田建设、复垦历史遗留工矿废弃地等方法新增耕地，经核定后可用于落实补充耕地任务。这样可以把部分已开发的非耕地重新开发为高质量耕地，既不必开发未利用地，也能确保耕地面积不减少、质量不降低。

再次，“算大账”，就是要从单纯强调项目挂钩算细账，转向兼顾区域平衡上算大账。《意见》规定实行“跨地区补充耕地的利益调节”，在生态条件允许的前提下，支持耕地后备资源丰富的国家重点扶贫地区推进土地整治增加耕地，补充耕地指标可对口向省域内经济发达地区调剂，占用耕地地区

① 姜大明．到2020年全国耕地保有量不少于18.65亿亩［OL］．搜狐网，2017－02－26.

则支付补充耕地指标调剂费用，用于指标来源地的耕地保护、农业生产和农村经济社会发展。此外，《意见》鼓励占用耕地地区通过实施产业转移、支持基础设施建设等多种方式，对口扶持补充耕地地区，调动补充耕地地区保护耕地的积极性。

最后，“差别化”，就是要充分考虑区域差异和项目差异，兼顾区域平衡，构建“县域平衡为主，省域调剂为辅，国家统筹为补充”的占补平衡新格局。按照《意见》，占补平衡一般应当在县（市、区）行政辖区内调整，县（市、区）政府无法在本行政辖区内实现耕地占补平衡的，可在市域内相邻的县（市、区）调剂补充，仍无法实现耕地占补平衡的，可在省域内资源条件相似的地区调剂补充；耕地后备资源严重匮乏的直辖市，新增建设占用耕地后，新开垦耕地数量不足以补充所占耕地数量的，以及资源环境条件严重约束、补充耕地能力严重不足的省份，对由于实施国家重大建设项目造成的补充耕地缺口，均可向国务院申请国家统筹。

3. 加强监管考核是关键

《意见》明确以坚守土地公有制不改变、耕地红线不突破、农民利益不受损作为新时期耕地保护的三条底线，又提出“两个绝不能”，即已经确定的耕地红线绝不能突破，已经划定的城市周边永久基本农田绝不能随便占用，可见中央坚持最严格的耕地保护制度和最严格的节约用地制度绝非空话。但正是因为其严格，在落实过程中势必对部分地方和部门的既得利益造成影响，加之过去有关政策对各级政府的权责没有加以明确界定，往往导致地方政府的实施不力、政策走样。因此，《意见》对此做出了包括加强奖惩、监管制度等制度建设的回应。在将来的落实过程中，加强对地方政府耕地保护职责行为的监管，仍是防止政策走样的关键所在。

（文/吴双、宾颖 、段相宇）

“双一流”重塑中国高等教育格局

2017年1月24日，教育部、财政部、国家发展改革委印发《统筹推进世界一流大学和一流学科建设实施办法（暂行）》（以下简称《办法》），标志着继“211工程”和“985工程”后又一个高等教育发展战略开始正式进入实施阶段。

1. 211、985工程弊端浮现

20世纪末，在建设世界一流大学的口号之下，我国相继实施了“211工程”和“985工程”。这两项工程，是在当时国家整体并不富裕的背景下，为尽快缩小我国高等教育与世界先进水平的差距，集中有限的资源优先建设少数大学而采取的措施。通过国家的一部分投资，吸引了很多地方政府和社会的投资。经过20年左右的建设，一部分大学和学科已步入或者接近世界一流大学和一流学科行列，大大提升了中国高等教育在世界上的影响力，同时兼顾了行业和地区发展。

不过，凡事有利必有弊。在20年左右的实施过程中，两项工程也积累了不少问题。首先，我国高等教育以公立高校为主，政府的财政拨款是高校办学的主要资金来源，而是否入选211、985工程，意味着财政支持力度的巨大差别。大多数985高校科研经费的财政拨款比例都在60%以上，而非211、非985高校的财政拨款比例则低得多。① 这导致一些原先与211、985高校差距并不大的大学，由于多年资金投入力度的不同，渐渐落后于前者；甚至，211、985高校内部，也存在显著的“贫富差距”。其次，两项工程以

① 李裕晨．中国高校“富豪榜”出台：四强清华浙大北大交大收入80亿起［OL］．澎湃新闻网，2015-08-13.

学校为建设单位，容易导致各大学之间的学科、项目重复建设，而且很不利于那些虽然整体办学实力不强，但拥有个别优势甚至一流学科的大学发展，因为这些学校可能一开始就不具备“部属高校”“省属重点高校”等申报资格。再次，两项工程将大学划分为三六九等，又没有一定的考核和退出机制，导致211、985高校形成一个封闭系统，弱化了高等教育市场的竞争和学校的绩效意识。

2. 分类布局、差异发展、动态调整

《办法》围绕“中国特色，世界一流”的核心要求，从建设、改革两方面共安排了10项重点任务。主要亮点如下：

首先，分类布局，差异化发展。《办法》第四条提出，按照“一流大学”和“一流学科”两类布局建设高校：对少数已经进入世界一流大学行列的大学，国家将支持其向世界一流大学前列迈进；但对其他大学，则不再以“学校”为建设单位，而以“学科”为基础。《办法》最大的亮点，就是第五条“坚持以学科为基础，支持建设100个左右学科，着力打造学科领域高峰”。以学科为基础，意味着那些拥有优势学科的非985、非211高校将有机会入选“双一流”工程，其“居于国内前列或国际前沿的高水平学科”将获得国家的资助和扶持；而即便是211、985高校的弱势学科，恐怕也会受到冷遇。这样能拓宽政策的惠及范围，同时也更有针对性。

其次，打破身份固化，建立建设高校及建设学科有进有出的动态调整机制。《办法》规定，每五年一个建设周期，从2016年开始新一轮建设，并开展中期和期末评价。在建设中期和期末，建设高校要进行自评并分别发布自评报告和整体自评报告，专家委员会根据建设高校的建设方案和（整体）自评报告，参考有影响力的第三方评价，提出评价意见。国家将根据中期评价结果，对成效明显的建设高校及建设学科，加大支持力度；对缺乏实效的建

设高校及建设学科，提出警示并减小支持力度；根据期末评价结果等情况，重新确定下一轮建设范围，并对建设成效特别突出、国际影响力特别显著的少数建设高校及建设学科，在资金和政策上加大支持力度。除此之外，对于在建设过程中出现重大问题、不再具备建设条件且经警示整改仍无改善的高校及建设学科，退出建设范围。

3. 要给够钱，还要用好钱

建设好的大学和学科需要真金白银的投入，做好“双一流”建设，关键在于资金要到位。国内目前没有世界一流大学，最重要的原因就是资金不足。在资金来源上，《办法》规定中央财政支持中央高校所需经费，中央预算内投资对中央高校学科建设相关基础设施给予支持；地方高校所需资金由地方财政统筹安排，中央财政予以引导支持。同时要积极争取社会各方资源，形成多元支持的长效机制。但在资金使用上，《办法》只用了第十八条一个条文一笔带过。我们认为，在科研经费的使用上，教育主管部门并不专业，所以教育行政部门有必要减少对经费分配的干预，适当放权，让掌握一手信息、更了解钱应该花在哪里的高校自主决策。当然，监管者也需要确保高校对经费的使用“真实、合法、相关”，因此也有必要建立经费使用的监管、问责制度。

（文/吴双、刘红雨）

2月　中央定调新一年经济战略

2017年经济战略：脱虚向实，转型升级

提升乡镇政府服务能力，打通服务型政府“最后一公里”

加强高校思想政治工作

桂粤琼共建北部湾城市群

国务院发文继续破除以药补医

完善多元投融资体制，补齐农村基建短板

2017 年经济战略：脱虚向实，转型升级

2017 年 2 月 28 日，中央财经领导小组召开第十五次会议，部署 2017 年经济工作。会议提出，2017 年要从去产能、防控金融风险、建立促进房地产市场平稳健康发展长效机制、振兴制造业四个方面重点突破，确保经济平稳健康发展，努力提高经济运行质量和效益，使经济结构调整取得有效进展。①

1. 经济新常态需要产业转型升级

随着工业化、城镇化的不断推进，人们的需求正在向改善型，甚至享受型转变。“人口红利”逐渐耗尽，过去依靠劳动密集型、高耗能、高污染等产业拉动经济增长的发展模式日益难以为继。在经济新常态下，通过产业的转型升级振兴实体经济无疑是经济发展的大方向，供给侧结构性改革由此成为经济工作的重头戏。

2015 年 12 月的中央经济工作会议提出“稳定经济增长，要更加注重供给侧结构性改革”和“在适度扩大总需求的同时，着力加强供给侧结构性改革”。2016 年作为“十三五”规划的开局年，中央以“三去一降一补”② 五

---

① 习近平主持召开中央财经领导小组第十五次会议［OL］. 新华网，2017-02-28.

② “三去一降一补”是指去产能、去库存、去杠杆、降成本、补短板。

大任务为重点，推动供给侧结构性改革取得初步成效。此次中央财经领导小组承接2016年工作成果，提出了2017年经济领域的四个工作重点，即以去产能、防控金融风险、建立促进房地产市场平稳健康发展长效机制、振兴制造业这“四个抓手”带动“三驾马车”，深化供给侧经济结构性改革。

2. “四个抓手”带动“三驾马车”协同发展

首先，会议指出，深入推进去产能，要抓住处置“僵尸企业”这个“牛鼻子”。处置“僵尸企业”会带来大量下岗人员的安置和债务处理等棘手问题，很多地方因此望而却步。此次会议要求有关部门、地方政府、国有企业和金融机构把思想和认识统一到党中央要求上来，坚定不移处置“僵尸企业”，做好转岗就业、再就业培训等各项工作，释放被占用的资源。

其次，会议强调，要坚持“房子是用来住的、不是用来炒的”的定位，建立促进房地产市场平稳健康发展长效机制，同时要防范和化解系统性金融风险。一方面，房地产泡沫是中国经济的一大隐忧。房价的非理性上涨吸引了大量资金涌入房地产市场。这除了进一步推高房价以外，还大大增加了实体经济发展的成本，影响了中高端制造业和新兴产业发展的资金支撑。另一方面，房地产又与金融系统存在紧密联系。银行给房地产商的贷款建立在土地和住房价格会不断上涨的预期之上，但经济增长显然不能长期依靠房地产拉动，一旦房地产泡沫破裂，房价下跌，房地产商无法维持资金流入而无法偿还银行贷款，很容易引发系统性金融风险。正因为如此，会议提出要综合运用限购、房地产税等政策手段“保持房地产市场稳定”，避免因房价非理性上涨导致大量资金积聚，同时加强金融监管，“坚决治理市场乱象，坚决打击违法行为”，从而使金融服务于实体经济。

最后，会议提出，要振兴制造业，推动制造业从数量扩张向质量提高的战略性转变。处置“僵尸企业”、调控房地产市场，根本目的就是将被“僵尸企业”和房地产过度占用的资金、土地、能源、劳动力等资源释放出来，投入到产业的转型升级中去。因为往产业链中上游爬升、发展新兴产业，需要投入巨量的资源进行技术研发、人才培养、基础设施建设等，迫切需要提高资源利用率。此次会议促进经济“脱虚向实”，无疑切中要害。

3. 防控金融风险，促进资金脱虚向实

实体经济是“皮”，金融业和房地产业是“毛”，皮之不存，毛将焉附？在当前以及未来相当长一段时间内，产业的转型升级都将是中国经济的第一要务。这需要长期的资源投入，并时刻扼制资本在投机冲动的驱使下脱离实体经济、制造经济泡沫的倾向。总体来看，此次会议确定的四项重点工作贯穿着一条清晰的主线，即促进经济“脱虚向实”、转型升级，从而为2017年的经济工作指明了正确的方向。

（文/翁雯雯、吴双）

提升乡镇政府服务能力，打通服务型政府“最后一公里”

2017年2月20日，中共中央办公厅、国务院办公厅印发了《关于加强乡镇政府服务能力建设的意见》（以下简称《意见》），提出在加快乡镇政府职能转变的同时，加强对基层政府的财政支持和组织保障，进一步推进乡镇治理体系和治理能力现代化。

1. “芝麻大的官儿，无限大的责任”

乡镇一级政府是整个行政体系的最基层，与民众的关联最紧密，几乎所有矛盾和问题都首先反映在乡镇，基层政府的表现会直接影响群众对政

府的主观感知和判断。乡镇政府在国家治理中的作用和意义自不待言。但长期以来，乡镇政府职权不对等，干部权力小责任大，“芝麻大的官儿，无限大的责任”，是不少乡镇干部的共同感受。乡镇工作千头万绪，纷繁复杂，上级部门的行政指令、考核任务等，最终都会层层分解到乡镇政府，即所谓“上面千条线，下面一根针”。但取消分配制度后，乡镇政府的公务员编制比较少，公务员凡进必考，每年通过公务员招考进入乡镇的人数很少，大部分工作人员的补充靠事业单位，但事业单位上升渠道窄，无法在乡镇党委、政府换届中得到提拔，工资待遇又低，十分影响干部的工作积极性。再者，很多乡镇的财政收入有限，而用钱的地方太多，导致乡镇政府负债严重。

党的十八大以来，党中央对建设服务型政府提出了一系列要求。党的十八大要求“按照建立中国特色行政体制目标，深入推进政企分开、政资分开、政事分开、政社分开，建设职能科学、结构优化、廉洁高效、人民满意的服务型政府”。党的十八届三中全会强调“必须切实转变政府职能，深化行政体制改革，创新行政管理方式，增强政府公信力和执行力，建设法治政府和服务型政府”。党的十八届五中全会要求“加强基层政府服务能力建设”。加强乡镇政府服务能力建设是贯彻落实党中央建设服务型政府较为重要的一环。

2. 对策：两大原则和三大政策

针对上述问题，《意见》给出的解决方案可以概括为两个统一和三大政策。

首先，两个统一分别是坚持党的领导、人民当家做主和依法治国相统一以及坚持顶层设计和摸着石头过河相统一。《意见》强调党的领导是加强乡镇政府服务能力建设的根本保证，要充分发挥乡镇党委领导核心作用。同时坚持严格依法行政，以法治思维推动乡镇政府服务能力建设，保证行政权力规范透明运行。坚持以民为本，以群众的根本利益作为工做出发点和落脚点，把握群众需求，提供精准服务。

其次，三大政策可简要概括为“一体两翼”，即以促使基层政府职能转变为中心，并通过建立多元服务供给方式和拓宽干部晋升渠道两大措施保障实现。

第一，划定乡镇服务型政府的“一亩三分地”，同时授予相应的权力。《意见》将乡镇政府需要提供的基本公共服务确定为七个方面，即公共教育、劳动就业、社会保险、社会福利和优抚安置、医疗卫生、公共文化体育以及其他必要公共服务，这是乡镇政府的服务“责任”。有“责”还必须有“权”。《意见》按照权力下放、权责一致的原则，将直接面向人民群众、量大面广、由乡镇服务管理更方便有效的各类事项依法下放乡镇政府。并要求县级职能部门不得随意将工作任务转嫁给乡镇政府。

第二，建立多元的乡镇公共服务供给方式。《意见》将适合群团组织承担的乡镇服务管理职能依法转由群团组织行使。同时提出完善村级组织运转经费保障机制，完善社区服务体系，扶持社会力量兴办为民服务的公益性机构和经济实体，鼓励发展多种形式的农民合作组织。此外，对适宜采取市场方式提供、社会力量能够承担的公共服务项目，应尽可能交由社会力量承担，由花钱养人向花钱办事转变。意在让村级组织、社会力量、农民合作组织提供一部分公共服务。

第三，拓宽干部晋升渠道。《意见》提出加大从优秀村干部中招录乡镇公务员和事业编制人员力度，注重从乡镇事业编制人员、优秀村干部、大学生村干部中选拔乡镇领导干部；实行县以下机关公务员职务与职级并行制度，落实乡镇工作补贴和艰苦边远地区津贴政策。“从乡镇事业编制人员、优秀村干部、大学生村干部中选拔乡镇领导干部”是《意见》的一大亮点，这给了那些工作一线的干部晋升的希望，有助于激发他们的工作积极性。

3. 打通服务型政府“最后一公里”

治国之道系于基层，基层安则国安；政党的生命力寓于基层组织的严密和联系群众、服务群众。① 但基层工作往往比较辛苦，很多工作都需要到村、到户、到人。在这种情况下，要做好基层工作，需要适当剥离一部分不适宜由基层政府承担的职能，同时赋予基层政府必要的职责范围内的职权，还需要通过晋升、待遇等机制激发干部的工作积极性。《意见》给乡镇政府减负、扩权，同时拓展干部晋升渠道，改善其待遇，有望切实增强基层政府的服务能力。

（文/吴双、李振宇）

加强高校思想政治工作

2017 年 2 月 27 日，中共中央、国务院印发了《关于加强和改进新形势下高校思想政治工作的意见》（以下简称《意见》），旨在重申高校思想政治工作建设的重要性，建设中国特色社会主义高校。

1. 从中国经验到中国理论

中国在短短几十年之内从一穷二白的半殖民地半封建社会，发展成世界第二大经济体，而且没有依靠剥削殖民地的自然资源、劳动力、市场来获取发展的“第一桶金”，其探索之艰辛，内部变革之宏大与深刻，自不待言。

---

① 欧树军．基层善治之道：回归民本、再造人民［J］．经济导刊，2014（9）．

在这一过程中，我们积累了丰富的发展经验，这些经验需要被总结、被提炼、被理论化。2016年5月17日，习近平总书记在哲学社会科学工作座谈会上要求“加快着力构建中国特色哲学社会科学，在指导思想、学科体系、学术体系、话语体系等方面充分体现中国特色、中国风格、中国气派”，[①] 将中国经验上升为中国理论，为世界问题提供中国方案。

作为知识生产机制的重要一环，做好高校工作对哲学社会科学的繁荣以及从“中国经验”到“中国理论”的飞跃无疑具有重大意义。2016年12月，习近平总书记在全国高校思想政治工作会议上重申了“培养德智体美全面发展的社会主义事业建设者和接班人的重大任务”，并指出思想政治工作重点是做人的工作，要围绕学生开展工作。[②] 如果说哲学社会科学工作座谈会解决了哲学社会科学工作者建立什么样的中国理论的问题，全国高校思想政治工作会议则解决了高校培养什么样的人的问题。一个是高校的理论，一个是高校的人，他们都指向一个共同的话题——高校。

2. 三步走建设“中国”高校

高校的建设离不开两个重要的方面——课堂和人，《意见》也围绕这两方面展开。

一方面，《意见》围绕哲学社会科学工作展开，强调加强学科体系建设，发挥哲学社会科学育人功能，积极推进学术话语体系创新，努力建设一批中国特色、世界一流的哲学社会科学学科。这继承了哲学社会科学工作座谈会中强调的，观察当代中国哲学社会科学，需要有一个宽广的视角，需要放到世界和我国发展大历史中去看。这些都意在强调，哲学社会科学工作者要在

① 习近平．在哲学社会科学工作座谈会上的讲话（全文）［OL］．新华网，2016－05－18.

② 习近平．把思想政治工作贯穿教育教学全过程［OL］．新华网，2016－12－08.

世界和我国大历史中，创造出中国理论和中国思想，让中国理论立时代之潮头、通古今之变化、发思想之先声。

另一方面，《意见》围绕高校中的学生和老师展开。首先，明确提出要“培养又红又专、德才兼备、全面发展的中国特色社会主义合格建设者和可靠接班人”，这点在高校思想政治工作会议中也有体现，即“我国高等教育肩负着培养德智体美全面发展的社会主义事业建设者和接班人的重大任务”。其次，《意见》强调“要加强教师队伍和专门力量建设，完善教师职业道德规范，实施师德‘一票否决’等”。这与高校思想政治工作会议中的“教师是人类灵魂的工程师，承担着神圣使命。传道者自己首先要明道、信道。要加强师德师风建设，坚持教书和育人相统一等”一脉相承。

此外，《意见》还强调要加强和改善党对高校的领导。完善普通高校党委领导下的校长负责制，高校党委履行管党治党、办学治校的主体责任，切实发挥领导核心作用等。这在高校思想政治工作会议中也有体现。理论—人—学校，三步走，构建中国特色社会主义哲学理论，培养中国特色社会主义接班人，建设中国特色社会主义高校，在世界舞台上争取话语权。

（文/籍婷）

桂粤琼共建北部湾城市群

2017 年 2 月 10 日，国家发展改革委、住房和城乡建设部批准了《北部湾城市群发展规划》（以下简称《规划》），北部湾城市群成为国家级城市群新成员。

1. 抓住机遇，抱团谋发展

此次被纳入北部湾城市群规划范围的地区包括桂南、粤西、琼北，具体包括广西壮族自治区南宁市、北海市、钦州市、防城港市、玉林市、崇左市，广东省湛江市、茂名市、阳江市和海南省海口市、儋州市、东方市、澄迈县、临高县、昌江县。规划期为2017—2020年，展望到2030年。可以看出，规划区域的经济相对比较落后。

同时，目前国家正在推行许多发展战略，为桂南、粤西、琼北的发展提供了政策机遇。首先，"一带一路"、中国—东盟自贸区升级版建设正在深入推进，北部湾城市群作为中国与东盟之间唯一既有陆地接壤又有海上通道的经济板块，可以将自身打造成中国—东盟对接的门户。尤其是，国务院提出将在"十三五"期间建设19个城市群，包括培育中西部地区城市群，三地正好可以趁此机会抱团发展。此外，毗邻的珠三角等发达地区已经进入产业转型升级新阶段，有大量产业产能需要向外转移，桂南、粤西、琼北组建城市群，可以协调承接珠三角产业转移，避免恶性竞争。

2. 面向东盟、服务"三南"、陆海统筹

首先，《规划》计划将北部湾城市群建设成面向东盟国际大通道的重要枢纽、"三南"开放发展新的战略支点、21世纪海上丝绸之路与丝绸之路经济带有机衔接的重要门户、全国重要绿色产业基地、陆海统筹发展示范区。相比临近的珠三角，北部湾城市群经济相对落后，但要抱团发展，就必须有自己的"腹地"。这个总体定位，大致可视为北部湾城市群对自身"腹地"和角色的界定。

其次，《规划》将整个城市群分为若干功能分区和三类空间，并打造"一湾双轴、一核两极"的城市群框架。整个规划区被分为优化开发区域、重点开发区域、限制开发区域、禁止开发区域四类主体功能区。"一湾"，指以北海、湛江、海口等城市为支撑的环北部湾沿海地区，并延伸至近海海域，此区域要坚持生态优先，控制开发强度，建设成蓝色宜居宜业海湾。

“双轴”，指南北钦防、湛茂阳城镇发展轴。前者计划以南宁、北海等为重点加快发展现代服务业、先进制造业，推动钦州和防城港深度同城化发展；后者计划推动湛茂一体化发展，辐射带动阳江等地区加快发展，提升临港产业绿色发展水平，建设珠三角连接东盟、北部湾城市群连接港澳的陆路大通道。“一核”，指南宁核心城市，目标是将南宁建设成特大城市和区域性国际城市。“两极”，指以海口和湛江为中心的两个增长极。这就是北部湾城市群的框架结构。

再次，陆海兼具是北部湾的特色和优势，《规划》提出要坚持陆海统筹，坚持绿色化、特色化发展方向，打造环境友好型现代产业体系。一是对钦州、防城港、铁山、湛江、茂名、洋浦等港区和重点工业园区已有的石化、能源等临港传统工业进行绿色化改造升级，推进冶金产业的清洁转型。二是依托陆海资源优势，在传统产业之外，培育电子信息、高端装备、海洋产业、新能源、生物、地理信息等新兴产业集群，推进南宁、海口等城市的商贸物流、信息服务、现代金融、商务会展、海洋服务、文化服务等现代服务业集群。同时，还计划打造“北部湾绿色健康产品”，发展特色农海产品加工集群，并共建国际旅游休闲目的地。

最后，北部湾城市群毗邻经济发达的珠三角，又是中国内陆与东盟对接的中转站，因此《规划》提出要合理承接产业转移，积极参与国际产业对接和产能合作。《规划》计划制定城市群统一的承接产业转移政策，实施严格的污染物排放标准和环境准入标准，严格禁止高耗能、高污染和其他可能削弱地区资源环境承载能力的项目，避免低水平重复建设和产能过剩项目引进。同时构建东盟企业进入中国大陆的“落脚点”和中国企业走向东盟市场的“始发站”，汇聚国际国内双向产业资源。

3. 协同分工、共同富裕

一段时间以来，国家级城市群规划连续出台。城市群战略有助于吸引产业在区域、大中小城市之间均衡分布，吸引周边区域的人口就近城市化，促进大中小城市以及区域均衡发展，缩小区域、城市差距，同时缓解少数一、二线城市的“大城市病”，有助于新兴城镇化战略的实施，因此不仅在东部发达地区有长三角、珠三角、京津冀城市群，东北、中原、长江中游、北部湾也要有城市群，形成支撑区域发展的增长极。

（文/吴双、于文林）

国务院发文继续破除以药补医

2017 年 2 月，国务院办公厅印发《关于进一步改革完善药品生产流通使用政策的若干意见》（以下简称《意见》），提出进一步改革完善药品生产、流通、使用有关政策，规范医疗和用药行为，进一步破除以药补医机制，统筹推进取消药品加成、调整医疗服务价格、医药分开等措施。

1. 药价虚高久治不愈成顽疾

自 2009 年新一轮医改启动以来，国家仍将取消药品加成作为破除“以药补医”机制的突破口。截至 2016 年，公立医院药占比由 2009 年的 46% 下降至 40%，群众医疗负担有所减轻。但药品行业药品质量参差不齐、流通秩序混乱、价格虚高、药物滥用等问题仍比较突出，亟待进一步改革。

2. 破除机制、合理用药、医保控费

《意见》围绕药品生产、流通、使用提出系列政策意见。其中在药品使用方面，《意见》以“规范医疗和用药行为，改革调整利益驱动机制”为目标，提出如下措施。

首先，进一步破除以药补医机制。一是全面推开公立医院综合改革，取消药品加成，理顺医疗服务价格，也就是将调低药价、规范医疗服务行为所腾出的价格空间用于调整医疗服务价格，优化医院收入结构。二是落实政府投入责任，加快建立公立医院补偿新机制，控制医疗费用的不合理增长。三是推进医药分开，医疗机构不得限制患者凭医疗机构开具的处方到零售店购药。四是实行对医药费用增长的量化监督管理，并落实到具体医疗机构，与财政补助、绩效考评等挂钩，并接受社会监督。

其次，促进合理用药。一是公立医院要全面配备、优先使用基本药物。二是扩大临床路径覆盖面，通过开展临床用药综合评价工作为药品采购和使用提供重要参考。三是临床医疗机构将药品采购使用情况作为院务公开的重要内容，由卫生计生部门对医疗机构药物合理使用情况进行考核排名和挂钩。四是充分发挥药师在合理用药方面的作用，落实权责，提升药师技能水平。

最后，大力推进医保支付方式改革，发挥医保控费作用。充分发挥各类医疗保险对医疗服务行为、医药费用的控制和监督制约作用。一是推进建设医保机构信用等级管理制度，加强监督管理。二是改革医保支付方式，将药品耗材等项目变为医疗机构成本，将控制成本和规范医疗行为联动起来。

3. 打破医药行业潜规则是关键

《意见》以“更好地满足人民群众看病就医需求、推进健康中国建设”为目标，多方面、多层级地提出系列措施规范医疗机构用药行为，提出零差率政策破除以药补医。然而，公立医院除了由药品加价率“明养医生”，还存在医生收受药品回扣“暗养医生”的业界常态，医药代表给医生的回扣占了药价的很大一部分。“零差率”只是“15%加价率”的变形，无法使医院暗箱操作收受回扣、滥开药物的问题得到解决。本次医改制度能否撼动医药行业的潜规则，打破既有利益链条，从根本上规范医药市场机制，还需要进一步检验。

（文/王依琪）

完善多元投融资体制，补齐农村基建短板

2017 年 2 月 6 日，国务院办公厅印发《关于创新农村基础设施投融资体制机制的指导意见》（以下简称《指导意见》）。针对农村基础设施的现存的问题，国务院办公厅从农村水电路信和污水垃圾处理等五大领域有针对性地部署创新农村基础设施投融资体制机制，加快农村基础设施建设步伐。

1. 补齐农村基建短板需多元融资

农村基础设施，涵盖农村生产、生活、生态各领域的设施，既包括农村水电路气房及污水垃圾处理等生活设施，还包括农田水利、农技服务、农机装备等农业生产设施以及社会事业领域的公共服务设施、绿化美化和面源污染治理等生态环境设施。

“十三五”期间，农村基础设施建设的任务十分繁重。据行业部门估算，仅农村公路建设资金需求超过 1 万亿元，养护工程资金需求超过 3000 亿元；同时巩固提升农村饮水安全保障水平、推进农村污水治理、垃圾处理等也都存在较大投资缺口。因此，需要创新投融资体制机制，补齐农村基建短板。

2. 多措并举创新农村基础设施投融资体制机制

结合当前农村基础设施补短板的重点，《指导意见》将农村基础设施投

融资体制机制创新的重点集中在农村水电路信和污水垃圾处理等五大领域，核心目的在于构建多元化投融资新格局。应该说，出台《指导意见》是在农业农村领域落实《中共中央国务院关于深化投融资体制改革的意见》的重要部署。

首先，《指导意见》提出要健全分级分类投入体制，明确政府投入和主导责任，鼓励社会资本参与农村基础设施建设。对农村道路等没有收益的基础设施，建设投入以政府为主，鼓励社会资本和农民参与。对农村供电、电信等以经营性为主的基础设施，建设投入以企业为主，政府对贫困地区和重点区域给予补助。明确政府投入和主导责任，采取直接投资、投资补助、资本金注入、财政贴息、以奖代补、先建后补等多种方式支持农村基础设施建设。支持各地通过政府和社会资本合作模式，引导社会资本投向农村基础设施领域。

其次，加大金融支持力度。政策性银行和开发性金融机构要结合各自职能定位和业务范围，强化对农村基础设施建设的支持。鼓励商业银行加大农村基础设施信贷投放力度，改善农村金融服务。支持银行业金融机构开展收费权、特许经营权等担保创新类贷款业务。建立并规范发展融资担保、保险等多种形式的增信机制，提高各类投资建设主体的融资能力。

最后，健全定价机制，激发投资动力和活力。通过合理确定农村供水价格、探索建立污水垃圾处理农户缴费制度、完善输配电价机制、推进农村地区宽带网络提速降费等措施，激发投资动力和活力。

3. 熨平经济周期、缩小城乡差距

农村基础设施的短板固然应该补齐，不过选择此时出台《指导意见》，恐怕与经济形势有关。国际金融危机以来，我国经济增长的“三驾马车”之

一出口对经济增长的拉动作用减弱，而经济下行压力的加大和收益预期的不稳定也导致民间投资增速的下滑以及信心不足。因此，要保持经济平稳，政府主导的基建投资应当发挥更大的作用。更重要的是，投资农村基础设施建设也是缩小城乡差距的题中应有之义，未来的很长时间都需要大规模的投资。因此，投资农村基建，属于“应该干、必须干、早晚都要干的事情”，既能熨平经济周期，提振民间投资的信心，也能缩小城乡差距。

（文/王玉锦）

3月　社会治理多领域切入

多地出台楼市政策加码房市调控力度

以法治方式扼制新疆宗教极端主义

交通运输“十三五”规划力推中国交通运输现代化

跨区域合作推动新一轮东北振兴

基本公共服务均等化助力就近城镇化

北京实施医药分开综合改革

“松绑+严查”，新规助力扶贫开发事业

多地出台楼市政策加码房市调控力度

2017 年 3 月，为响应中央关于“建立促进房地产市场平稳”经济战略规划，北京、广州、上海等十余个城市纷纷出台房市限购政策，借助户籍制度改革、金融信贷调控等手段化解房地产库存，调控房地产市场。

1. 地方积极响应出台调控政策

自 2003 年国务院 18 号文件《关于促进房地产市场持续健康发展的通知》，明确将房地产行业作为国民经济的支柱产业，强调把控房地产市场健康发展对于市场经济的重要性，每年中央都会出台相关政策，旨在通过行政、经济手段调控房地产市场。

2016 年中央经济工作会议强调“房子是用来住的，不是用来炒的”经济定位，确定化解房地产库存为五大任务之一，致力于推动城镇化进程。2017 年政府工作报告提出“遏制热点城市房价过快上涨”，直指房地产市场现存的“房炒不住”，房屋从居住功能转变成为热门投机商品的普遍现象。2017 年 3 月以来，北京、广州、郑州、石家庄、南京等十几个城市启动升级房地产限购政策，将“房住不炒”作为根本遵循，积极探索建立和实施调控的自动响应机制，坚持分类调控不动摇。

2. “房住不炒”、分类调控

各地房地产调控政策简明扼要，适应中央经济战略部署，通过行政、经济手段加码调控力度，为房市降温。归纳分类，各地房市调控手段存在众多相同点：

第一，将本地户籍作为购房前提条件。广州市楼市连接户籍制度，符合条件的单身人士、非本地户籍人士限购一套房；长沙市规定非本市户籍家庭限购一套房；济南、郑州、石家庄等城市也采用户籍为购房前提。连接户籍制度的关键在于适应城镇化发展趋势：一方面，户籍制度可以明确住房需求人群，抑制外地人群炒房现象，保障本地居民住房；另一方面，户籍制度有利于促进城镇化，农业转移人口等非户籍人口在就业地落户，以形成买房或长期租房的预期和需求。

第二，加强金融信贷调控。北京市出台“认房又认贷”，规定二套房首付款比例不能低于60%；重庆市楼市新政规定预售商品房不得抵押。金融信贷调控着重于购房信贷门槛提高，筛选出有能力偿还贷款的购房人群，避免购房贷款成为银行不良资产集中地。以金融手段挤压购房泡沫，可以降低房地产市场商品化属性，难以实现市场流通的投机性牟利。

第三，限制认购二套房。南京市限购再升级，将在主城区范围内对拥有二套以上住房的户籍居民家庭停售新房和二手房。居民家庭往往只需要一套房屋就能满足其居住需求，认购二套房在实际情况中往往成为投资行为，以低首付＋长期房贷的模式即可获得商品房所有权用以买卖牟利。因此，限制认购二套房是从住房需求的源头把握住房制度改革，遏制低投入高回报的房屋流通现象。

在因地制宜、因城施策的房地产调控政策作用下，各地政策普遍采用认购二套房限制、收紧房贷、增加首付成本、连接户籍制度、加大住房保障力度等手段，从供应、信贷、购买等房地产交易具体程序上各个击破，主要效应旨在继续弱化、降低房地产市场上的金融杠杆作用，挤出楼市泡沫，防范金融风险。

3. 房市调控忌急功近利一刀切

本次调控旨在承接去库存、去杠杆，促进资金脱虚向实，深入推进经济供给侧结构性改革。房地产市场调控着眼于此，重新定位住房居住属性，抑制投机性现象，意在优化资源配置，引导投资方向。

本次房市调控政策最显著的成效在于房市的急剧降温，但长远来看，仍需把握住房居住属性，紧密跟随房市波动，以经济平稳发展为目标，切忌急功近利一刀切。

（文/翁雯雯）

以法治方式维护新疆社会稳定

2017 年 3 月 30 日，新疆颁布《新疆维吾尔自治区去极端化条例》（以下简称《条例》），在总结以往工作经验的基础上，指出了“极端化”的主要表现，提出了预防、遏制和消除“极端化”的具体措施，明晰了政府及相关部门的主要职责以及全社会各方面应当履行的责任。《条例》为“去极端化”工作提供了法律依据，是以法治方式维护新疆社会稳定和长治久安的重大实践。

1. 新形势呼唤“去极端化”立法

自 20 世纪 80 年代以来，由于民族宗教政策的失误以及境内外民族分裂势力、宗教极端势力等的兴起等一系列主客观因素的作用，宗教极端思想与势力在我国新疆开始抬头。2010 年以来，在宗教和民族问题上，中央改变过去一味强力打压的工作方式，采取发展经济、保证就业的方法，透过解决贫困问题消灭恐怖主义的生长土壤。该政策施行以来取得了明显成效，新疆社会整体趋向稳定，经济实现长足发展。①

历史、国际与国内等多种因素叠加，使新疆维稳工作呈现出艰巨性和长期性的特点。对此，中央多次强调，要坚持依法治疆，要高举法治旗帜，善于用法治思维和法治方式解决问题，通过立法推动反恐维稳工作逐步实现常态化。2016 年新疆第九次党代会强调，要加强民主法治建设、构建反恐维稳长效机制、维护意识形态领域安全。2016 年 7 月新疆颁布了《新疆维吾尔自治区实施〈中华人民共和国反恐怖主义法〉办法》，直接指向暴力恐怖的破坏活动，而此次《条例》则主要针对日常生活中宣扬偏激的宗教思想观念，排斥、干预正常生产、生活的言论和行为。

2. 全面张网，依法治疆

首先，《条例》给出了极端化的定义和表现。“极端化”是指受极端主义影响，渲染偏激的宗教思想观念，排斥、干预正常生产、生活的言论和行为。“极端主义”是指以歪曲宗教教义或者其他方法煽动仇恨、煽动歧视、鼓吹暴力等的主张和行为。极端宗教思想具有强烈的干涉他人正常生活的冲动，集中体现在《条例》列举的 15 种极端化言论和行为。《条例》详细列举了极端化的表现，相当于给极端化画了一个法律的图像，相关部门有了执法依据，群众对极端化也有了更清晰的认识。

其次，《条例》列出了预防、遏制和消除极端化的六条措施，可归纳

① 王维博．新疆“换帅”背后：中央治疆新阶段的开始［OL］．人民网，2010－04－29.

为宣传教育和流动人口管理两大方面。实际工作表明，绝大多数受极端思想影响的群众为盲从者，施以宣传教育便很容易醒悟过来。加强人口流动服务管理则体现了大局意识，反恐维稳不再着眼于自己的“一亩三分地”，既“高筑城墙”防止“三股势力”潜入，又“关门打狗”防止“三股势力”转移。

再次，《条例》对各级政府、单位、各社会组织到个人应当承担的责任均做了细化和规定。政府系统里，民族宗教、司法行政、公安、教育、文化、新闻出版广电、乡镇人民政府、街道办事处等政府及相关部门，都要依照各自职责，做好去极端化工作。社会领域包括工会、共青团、妇联、科协、宗教团体、学校、各级党校、高等院校、宗教院校、大众传媒、新兴媒体、宗教教职人员等，都应当共同参与去极端化工作，引导各族群众树立对国家、对党、对中国特色社会主义的认同。责任主体及内容涉及社会方方面面，实现范围全覆盖。

3. 法治引领下的刚柔相济

《条例》或许可以被视为与2016年7月颁布的《新疆维吾尔自治区实施〈中华人民共和国反恐怖主义法〉办法》相互策应、相互补充的“姊妹”篇。后者主要立足于打击恐怖主义和极端主义犯罪；《条例》则主要是预防和消除极端思想的影响，以及打击日常生活中宣扬偏激的宗教思想观念，排斥、干预正常生产、生活，但尚不构成暴力恐怖犯罪的言论和行为。而且，以上工作均通过法制化的形式运行，尤其《条例》是新疆首部“去极端化”方面的地方性法规，也是一部没有上位法的地方性法规，它是新疆根据本地区的情况和经验，自行完成的一次立法实践，体现了我国地方法治思维和法治能力的质的提升。

（文/李振宇）

交通运输“十三五”规划力推中国交通运输现代化

2017年2月28日，国务院印发《“十三五”现代综合交通运输体系发展规划》（以下简称《规划》），提出到2020年基本建成安全、便捷、高效、绿色的现代综合交通运输体系，部分地区和领域率先基本实现交通运输现代化。

1. 补齐短板，立足长远

2013年3月，十二届全国人大一次会议通过了《国务院机构改革和职能转变方案》，提出交通运输部统筹规划铁路、公路、水路、民航（下称“铁公水航”）发展，加快推进综合交通运输体系建设。4年来，交通运输大部门制改革持续推进，由交通运输部负责管理国家铁路局、中国民用航空局、国家邮政局的交通运输大部门管理架构格局已经形成，这为中国建设现代综合交通运输体系打下了体制机制方面的基础。

然而，中国综合交通运输的发展水平仍有待提高。总的来看，一是网络布局不完善，跨区域通道、国际通道连通不足，中西部地区、贫困地区和城市群交通发展短板明显；二是综合交通枢纽建设相对滞后，城市内外交通衔接不畅，信息开放共享水平不高，一体化运输服务水平亟待提升，交通运输安全形势依然严峻；三是适应现代综合交通运输体系发展的体制机制还不够健全，铁路市场化、空域管理、油气管网运营体制、交通投融资等方面改革仍需深化。着眼于补齐以上短板，《规划》得以出台，不止于此，其旨在以更广的视野与更新的理念规划未来中国交通运输体系的建设，可谓立足长远。

2. 助力决胜小康、服务“一带一路”

“要想富，先修路”，交通运输业是国民经济中基础性、先导性和服务性的行业，对经济社会发展具有全局性影响，《规划》的逻辑起点正在于此。其以更大的格局、更新的理念对“十三五”时期中国的交通运输体系建设工作做出全面部署，最核心的关切，在内，是要以此促进区域、城乡协调发展，打赢脱贫攻坚的硬仗，让中国老百姓有更多的“获得感”，确保小康社会如期全面建成；对外，是要服务中国的全球战略，打造“一带一路”沿线国家互联互通的开放通道，通过设施联通与欧洲、北非、东盟等地区的国家加强政策、贸易、资金乃至民心的融通，引领全球化发展。

（文/张宁远、孙文帅）

跨区域合作推动新一轮东北振兴

2017 年 3 月 7 日，国务院办公厅发布了《东北地区与东部地区部分省市对口合作工作方案》（以下简称《方案》），这是对 2016 年 11 月 1 日国务院颁布的《国务院关于深入推进实施新一轮东北振兴战略加快推动东北地区经济企稳向好若干重要举措的意见》中要求的进一步细化，深入贯彻了“扩大开放合作、转变观念理念”的发展举措，为推进东北地区全面振兴具有重要意义。

1. 东北振兴面临瓶颈，对口合作再创新思路

近些年来，东北地区经济下行压力较大，经济社会发展面临诸多困难和挑战。党中央、国务院高度重视东北振兴。对于东北经济问题的症结，习近平总书记明确指出，归根结底是体制机制问题，是经济结构和产业结构问题。累进税制、福利国家，是阶层之间的均贫富，对口合作则是地区之间的均贫富，这是中国的制度特色，也体现了中国作为一个社会主义国家对“共

同富裕”的承诺。

2. 明确总体布局，落实合作主体，合作与保障并举

《方案》包含4个方面共18项重点项目，为稳步推进东北地区与东部地区部分省市对口合作，从总体要求、对口合作关系、重点任务和保障措施四个方面阐述了东北与东部地区的合作方案，是“硬合作”与“软合作”的有机结合。①

首先，针对对口合作的总体布局，《方案》明确了合作的定位、重点、主体和目标。坚持在政府引导下，充分发挥市场在资源配置中的决定性作用；发挥对口合作省市的比较优势，协同发展；明确地方政府在对口合作中的主体责任，国务院有关部门要强化协调指导；力争到2020年，对口合作取得实质性成果。

其次，综合考虑相关省市资源禀赋、产业基础、发展水平以及合作现状等因素确立对口合作关系，明确合作对象，发挥各自优势。东北地区与东部地区各自特色鲜明，比较优势明显，有很强的互补性。《方案》明确了东北三省—东部三省、东北四市—东部四市的合作关系，将东北地区良好的工农业基础、优越的资源区位优势和东部地区的体制机制优势、资金市场优势相结合，优势互补，有效带动合作。

再次，《方案》明确在推进体制机制创新、加快产业结构调整、提升创新创业水平和搭建合作平台载体4个方面开展合作交流。推动东北地区借鉴东部地区在行政管理体制、国有企业改革、民营经济发展和对内对外开放中先进经验；鼓励东北地区发挥自身在装备制造业、新兴产业、农业和绿色食品产业以及生产性服务业、文化旅游和健康产业的优

---

① 刘超. 东北振兴：对口合作既要“硬合作”也要“软合作”［OL］. 光明网，2017-03-21.

势；促进两地科技研发与转化、高校院所交流合作、创业创新合作和高端人才的交流；实现功能区对接、合作园区共建、重点城市合作和多层次合作体系建设。

最后，推动对口合作工作有序推进，《方案》明确了完善工作机制、科学编制实施方案、推进干部人才交流培训、加大政策支持力度、创造良好合作环境和加强督查评估六个方面的保障措施。组织开展对口合作是一项跨区域、宽领域、多主体的重大制度创新性工作，既要求对口合作省市高度重视，积极配合，落实好主体责任，也离不开国家有关部门的大力指导和支持。

3. 东北—东部地区应树立互动的对口合作理念

《方案》全面把握了对口合作的双方各自具备的优势，主张两地应当充分发挥各自的优势。因此，我们认为，《方案》提出的对口合作理念强调一种互动合作的模式，而非单方面的“帮扶”，要在市场的主导下，实现两地资本、人才、技术等要素合理流动。同时，振兴东北的政策更应切中要害，体制弊端固然存在，产业转型升级才是关键所在。东北地区经济发展在告别传统优势后应当更多关注核心产业的重新树立，有所舍弃，有所侧重，借鉴同类型地区的发展经验，如成都，发挥好国有资本和民间资本的双向优势，以全新的行政手段为保障，探索地区发展的新道路。

（文/葛迎）

基本公共服务均等化助力就近城镇化

2017 年 3 月 1 日，国务院印发《“十三五”推进基本公共服务均等化规划的通知》（以下简称《规划》）。《规划》要求完善基本公共服务体系，到2020 年总体实现基本公共服务均等化的目标。

1. 全面建成小康社会要求基本公共服务均等化

由于我国之前长期实行城乡二元经济体制，加上在整体上偏向城市的公共资源配置制度，导致城乡居民所接受的基本社会服务十分不均等，农村公民享受的教育、医疗、社保、公共基础设施等公共资源远远落后于城市居民。同时，城乡的不均等发展导致较落后地区的农村人口大量流向较发达的一、二线城市，这既增加了大城市的人口负担，也导致农村地区以及三、四线城市因为人口流失而呈现“空心化”，而那些流入城市的人口也未能有效享受公共服务。

“十二五”以来，我国已初步构建起覆盖全民的国家基本公共服务制度体系，各级各类基本公共服务设施不断改善。但我国基本公共服务仍然存在城乡区域间资源配置不均衡，一些服务项目存在覆盖盲区，尚未有效惠及全部流动人口和困难群体等问题。党的十八届五中全会提出，“十三五”时期是全面建成小康社会决胜阶段，推进基本公共服务均等化，是全面建成小康社会的应有之义。

2. 差异化、标准化、主体多元、手段创新的“均等化”

《规划》要求继续加大对弱势群体的扶持力度，提出了较为明确的发展标准并允许各地结合自身差异动态地调整均等化方案，提出了多元化的供给主体和建立了创新的融资模式，总体上回应了我国客观现实。

首先，《规划》明确了基本公共服务的供给方式是“均等化”而非“平均化”。“均等化”和“平均化”的区别在于，前者提倡标准化、不排斥差异化、不搞一刀切，后者往往忽视地方差异，僵化地一刀切。公共服务受制于经济基础，因此提供多少公共服务必须考虑各地的具体情况，尤其是经济状况。“均等化”要求针对各个地区的经济条件因地制宜地发展基本公共服务，而不是要求落后地区和发达地区建设完全相同水平的公共建设。

其次，《规划》要求建立基本公共服务清单制，作为政府履行职责和公民享有相应权利的依据。《“十三五”国家基本公共服务清单》包括公共教育、劳动就业创业、社会保险、医疗卫生、社会服务、住房保障、公共文化体育、残疾人服务等8个领域的81个项目。《规划》照顾到我国人口多、城乡差距大、各地区发展存在差异，因此在短时间内不能完全实现彻底均等化的客观现实，力图先抓主要矛盾，因此先将这八个领域作为重点任务，力求率先取得突破。同时，《规划》要求建立全面的标准体系，通过标准化保障公共服务的均等化。

最后，建立多元的供给机制，创新的城镇化融资模式。除了政府之外，《规划》提出提供城乡基本公共服务的主体还可以包括具有公益属性的事业单位、民间力量和社会组织。值得注意的是，政府可以向社会组织购买公共服务，这体现了从政府主导到公共服务市场化转变的趋势。另外，创新的城镇化融资模式——政府与社会资本合作模式（PPP），允许社会资本进入，实行公共服务市场化，有利于建立多元可持续的资金保障机制。

3. 公共服务均等化助力就近城镇化

公共服务均等化有助于促进社会公平正义、增进人民福祉、增强全体人民在共建共享发展中的获得感。更重要的是，公共服务均等化也有助于就近城镇化战略的实现。城镇化的核心是人的城镇化，谈到人就涉及医疗、教育等资源的分配，目前各地公共服务水平参差不齐、不均等正是城镇化的一大阻力。如果中小城镇能提供与大中城市大致均等的公共服务，必然会增加对待城镇化人口，尤其是周边人口的吸引力。同时，推进公共服务均等化有利于帮助去库存。其基本逻辑在于，公共服务均等化推动就近城镇化，农村人口就近迁移到附近的三、四线城市后促进当地城市基础公共设施发展，也就能缓解当地钢铁、煤炭、房地产等行业的去库存压力。简言之，基本公共服务均等化有利于破除城乡二元结构，缩小各地在公共服务方面的差距，进而吸引农村人口合理流向附近城镇以缓解大城市的人口压力，帮助三、四线城市缓解库存压力，是一项利国利民的政策举措。

（文/贾冉）

北京实施医药分开综合改革

2017 年 3 月 22 日，北京市政府发布《关于印发〈医药分开综合改革实施方案〉的通知》（以下简称《通知》），宣布自 2017 年 4 月 8 日起，北京 3600 多家医疗机构将推行医药分开综合改革，核心内容为取消药品加成、破除以药补医，设立医事服务费、建立科学合理的补偿机制。

1. 医药分开是医改必经之路

2009 年以来，国务院印发了《关于深化医药卫生体制改革的意见》《关于城市公立医院综合改革试点的指导意见》《国务院办公厅关于城市公立医院综合改革试点的指导意见》《关于进一步改革完善药品生产流通使用政策的若干意见》等系列文件，要求公立医院取消药品加成，调整医疗服务价格，建立科学合理的补偿机制。截至 2013 年，我国县级公立医院的药品加成已基本破除，2015 年起，国家陆续在 200 个公立医院改革试点城市实施医药分开改革。

为落实党中央、国务院关于深化医药卫生体制改革的决策部署，整治医药行业乱象，降低群众就医负担，北京市作为全国第一批公立医院综合改革试点城市，正式实施医药分开综合改革。此次改革主要针对北京市行政区域内政府、事业单位及国有企业举办的公立医疗机构和解放军、武警部队在京医疗机构，力争达成2017年底公立医院药占比（不含中药饮片）降至30%左右，百元医疗收入（不含药品收入）中消耗的卫生材料降到20元以下，到2020年上述指标得到进一步优化，公立医院医疗费用增长稳定在合理水平的目标。

2. 有破有立，转变公立医院补偿机制

《通知》从改革范围、目标、任务、保障措施四个方面展开阐述。改革主要任务为转变公立医院补偿机制，在“断药”之后寻求合理有效的“补医”途径，结合“破”“立”两个方面展开。

首先，降低药品价格。其一，取消药品加成。所有药品实行零差率①销售，截断公立医疗机构经济补偿中的药品加成收入渠道，解除医院、医生对药品加成的依赖，有助于医疗机构主动控制和合理使用药品，整治“多开药，开贵药”的不良风气。其二，实施“阳光采购”的药品采购机制。“阳光采购”是北京市药品采购的新机制，公开公立医疗机构药品采购品种、价格、数量和药品调整变化情况，动态联动全国省级采购最低价格和全市公立医疗机构采购价格，确保药品采购各环节在阳光下运行，引导北京市同类药品价格始终处于全国较低水平。两项措施双管齐下，预计使药品价格平均降幅达到20%。

其次，建立补偿机制，通过设立医事服务费、规范医疗服务价格、加强成本控制来建立科学合理的补偿机制。一是设立医事服务费，实现补偿机制转换。取消原来的药品加成、挂号费和诊疗费，改收医事服务费，设立费用

① 零差率，指按药品进价销售，不再加价产生利润。

标准，按照医师职级确定患者在门诊的诊疗费。一方面补偿了医疗机构部分运行成本，另一方面有利于推进分级诊疗，将患者合理分流，同时使医务人员的劳动价值得到凸显。二是规范医疗服务价格，理顺比价关系，引导医疗资源均衡配置。对435个医疗服务项目价格进行“一升两降”的重新规范：上调床位、护理、一般治疗、手术、中医等体现技术劳务价值项目价格，降低大型设备检查项目价格和药品价格。三是加强成本和费用控制。健全医疗费用、关键绩效指标监测体系，采用信息化手段加大对异常、高额医疗费用预警分析。补偿机制升降结合，据卫生部门测算，北京市医疗费用总量将基本平衡，患者费用负担总体不会增加。①

3. 重视劳动价值，重建医患关系

近年来，各地医患纠纷不断，恶性事件时有发生。群众不满于看病难、看病贵、医务人员服务态度和质量差，医务人员抱怨工作苦、收入低、得到的社会理解少。本次改革通过设立医事服务费，强调医务人员通过实现其劳动价值获得合法、有尊严的收入，由此理顺医患之间的经济关系，削弱公立医院的逐利倾向，使其回归公益性轨道，在改善医患关系方面跨出了新的一步。

（文/王依琪）

“松绑+严查”，新规助力扶贫开发事业

2017年3月13日，财政部、国家扶贫办、国家发展改革委、国家民委、农业部、林业局联合发布了《中央财政专项扶贫资金管理办法》（以下简称

① 吴佳佳．北京将全面推开医药分开综合改革［OL］．中国政府网，2017-03-23.

新《办法》)，新《办法》是在2011年颁布的《中央财政专项扶贫资金管理办法》(简称旧《办法》) 基础修订完成的，于2017年3月31日开始施行。

1. 时代的大背景——脱贫攻坚

扶贫事关全面建成小康社会，事关人民福祉，事关国计民生。按照《“十三五”脱贫攻坚规划》，到2020年必须实现的目标是：贫困地区农民人均可支配收入比2010年翻一番以上，确保我国现行标准下农村贫困人口实现脱贫，贫困县全部摘帽，解决区域性整体贫困。具体到2017年，政府定下的目标是2017年再脱贫1000万人。为完成这项艰巨的任务，财政部2017年安排补助地方的财政专项扶贫资金达到861亿元，达到历史最高水平，比2016年增长30.3%，[①]其他各政府部门也“轮番出动”。[②] 尽管国家对于扶贫开发工作高度重视，并且在扶贫事业上已经取得了巨大成就，但是现阶段扶贫开发工作仍然存在着不可忽视的问题。

2. 定调扶贫开发——“松绑+严查”

新《办法》的亮点基本可概括为“松绑+严查”，“松绑”体现在放开

---

① 刘青，余燕明．财政部：今年拟安排补助地方专项扶贫资金861亿元，比去年增长三成［OL］．人民网，2017-03-07.

② 2017年2月6日，财政部、国务院扶贫办印发了《关于做好2017年贫困县涉农资金整合试点工作的通知》，将试点范围推开到全部832个国家扶贫开发工作重点县和连片特困地区县。2月10日，中国残联、中央组织部26部门和单位印发了《贫困残疾人脱贫攻坚行动计划（2016—2020年)》，大力扶持贫困残疾人脱贫。2月21日，民政部、财政部等六部门联合印发了《关于进一步加强医疗救助与城乡居民大病保险有效衔接的通知》，将建档立卡农村贫困人口全部纳入重特大疾病医疗救助，并且采取“一降一提一扩”，降低大病保险起付线、提高报销比例、扩大合规医药费用报销范围，对困难群众实施精准支。3月23日，国务院办公厅印发《2017年政务公开工作要点》，明确加大扶贫政策、扶贫对象、帮扶措施、扶贫成效、贫困退出、扶贫资金项目安排等信息公开力度。

资金支出范围，下放管理权限；“严查”体现在扩大信息公示范围和明确问责机制。具体来说，相较于旧《办法》，新《办法》的主要变化体现在以下几个方面。

第一，放开了资金支出范围。新《办法》最大的改进在于，不再对中央财政专项扶贫资金支出范围作具体要求，而是采取了负面清单方式，只明确资金不得支出的范围，但不规定资金的用途。新《办法》除了明确规定不得支出的范围，其他原则上都是可以的，这就大大增加了实际工作中根据实际情况灵活调整资金支出方向的余地。

第二，下放了扶贫工作的管理权限。旧《办法》第二十条规定“各地应根据扶贫开发工作的实际情况，逐步将项目审批权限下放到县级”，新《办法》将这一规定修订为“中央财政专项扶贫资金项目审批权限下放到县级。强化地方对中央财政专项扶贫资金的管理责任”。此外，对于考核管理、绩效评价的权限也由财政部下放到地方各部门。以往扶贫开发工作坚持“责任到省、任务到省、资金到省、权力到省”，新《办法》改进了这一原则，在扶贫工作的管理上不断下放管理权限。

第三，扩大了信息公示范围。旧《办法》第二十二条规定“财政专项扶贫资金年度使用计划、支持的项目和资金额度要进行公告、公示，接受社会监督。财政专项扶贫资金对扶贫对象给予补助，在所在行政村进行公告、公示”。新《办法》将其修订为“全面推行公开公示制度。推进政务公开，资金政策文件、管理制度、资金分配结果等信息及时向社会公开，接受社会监督”。以往公开的对象主要限于对“结果”的公示，人民群众并没有参与到“过程”中，新《办法》则坚持“有始有终”，要求扶贫工作的各个阶段都应向人民群众公开，接受人民群众以及社会媒体的监督。

第四，明确了问责机制。尽管旧《办法》坚持“项目管理制度”，力争“资金到项目、管理到项目、核算到项目”。但是财权、管理权的集中基本上架空了“项目管理制度”。按照《预算法》有关要求和权责对等原则，新《办法》进一步明确了各部门的职责，规定“各级扶贫、发展改革、民族、农业（农垦管理）、林业等部门负责资金和项目具体使用管理、绩效评价、监督检查等工作，按照权责对等原则落实监管责任”。同时，新《办法》细化了中央财政专项扶贫资金分配、使用管理中违法违纪行为的责任追究条款。

3. 两盲点尚有待完善

贫困县虽然都穷，但致贫原因未必一样，贫困群众也各有各的困难。以往对扶贫资金的用途规定得过细，不仅束缚了基层部门的工作，而且采取“一刀切”导致扶贫工作效果不佳。管理权限的下放和“精准扶贫”，这“一松一严”体现了扶贫治理的完善。新《办法》主要针对的是政府部门“作为”“如何作为”的问题，对于“不作为”的问题尚未提出有效措施。另外，新《办法》虽然规定各部门信息公开的义务，但是这样的规定还是过于笼统，没有形成具体的信息公开制度，有待完善。

（文/周盛）

4月　雄安新区促进京津冀协同发展

中央设立河北雄安新区

新条例规范党的工作机关

全军新调整组建84个军级单位

关怀青年中长期发展

金融反腐进入“深水区”

五部门联手发文以金融助制造强国

四部门发文补齐高中阶段教育短板

医疗联合体建设促进医疗资源上下贯通

中央设立河北雄安新区

2017 年 4 月 1 日，新华社消息称，中共中央、国务院印发通知，决定设立河北雄安新区。关于其性质地位，是“以习近平同志为核心的党中央做出的一项重大的历史性战略选择，是继深圳经济特区和上海浦东新区之后又一具有全国意义的新区，是千年大计、国家大事”。

1. 设立雄安新区旨在实现三大目标

雄安新区规划范围涉及河北省雄县、容城、安新 3 县及周边部分区域，地处北京、天津、保定腹地，其规划建设从特定区域起步先行开发，起步区面积约为 100 平方公里，中期发展区约为 200 平方公里，远期控制区约为 2000 平方公里。由于现有开发程度较低，其发展前景尤为广阔。

雄安新区确立了超高政治地位和诸多发展定位，其背后折射出的是中央深刻的战略目标和政策意图，主要有以下三点：一是重点打造北京非首都功能，疏解集中承载地，着力缓解北京“大城市病”，与北京城市副中心形成北京新的两翼。二是提升河北经济社会发展水平，培育形成新的区域增长极，加快补齐区域发展短板，并为我国实现区域协同发展提供可复制、可推广的经验。三是调整优化京津冀城市布局和空间结构，拓展区域发展新空间，探索人口经济密集地区优化开发新模式，为全国创新驱动发展打造新引擎，为贯彻落实新发展理念树立新标杆。在新的历史阶段，雄安新区的设立，按下了推进新一轮改革发展的启动键。[①]

2. 把握理念、定位、任务三个层面，推进雄安新区系统性建设

规划建设雄安新区是一个超大型系统性工程，其规划建设务必要把握好中央在总体理念、特色定位、重点任务三个层面的要求，做到科学统筹，稳步推进。

在理念层面，中央要求雄安新区的规划建设要坚持稳中求进工作总基调，牢固树立和贯彻落实新发展理念，适应把握引领经济发展新常态，以推进供给侧结构性改革为主线。具体而言，要贯彻“四个坚持”，即坚持世界眼光、国际标准、中国特色、高点定位，坚持生态优先、绿色发展，坚持以人民为中心、注重保障和改善民生，坚持保护弘扬中华优秀传统文化、延续历史文脉。

在定位层面，要统筹生产、生活、生态三大布局，努力打造贯彻落实新发展理念的创新示范区。具体而言，就是要将雄安新区建成绿色生态宜居新城区、创新驱动发展引领区、协调发展示范区、开放发展先行区。上述四个特色定位将是以后雄安新区规划建设的目标参照，可以说，雄安新区不是过往“经济特区”的简单复制，而是一种全面创新。

在任务层面，中央明确了规划建设雄安新区要突出的七个方面的重点任务：一是建设绿色智慧新城，建成国际一流、绿色、现代、智慧城市；二是打造优美生态环境，构建蓝绿交织、清新明亮、水城共融的生态城市；三是

---

① 霍小光，等．千年大计、国家大事——以习近平同志为核心的党中央决策河北雄安新区规划建设纪实［N］．人民日报，2017－04－41.

发展高端高新产业，积极吸纳和集聚创新要素资源，培育新动能；四是提供优质公共服务，建设优质公共设施，创建城市管理新样板；五是构建快捷高效交通网，打造绿色交通体系；六是推进体制机制改革，发挥市场在资源配置中的决定性作用和更好发挥政府作用，激发市场活力；七是扩大全方位对外开放，打造扩大开放新高地和对外合作新平台。

3. 严控房市炒作逐利行为，保证公有经济主体地位

作为国家级超大型新区，雄安的建设当然需要国家和社会资本的充分介入和积极支持，但雄安新区的性质和定位决定了其绝对不欢迎投机炒作与赤裸裸的逐利行为。炒房等投机行为不仅会扰乱国家战略规划、误导社会舆论，而且投机者自身也难免会为集体非理性行为所灼伤。基于此，有关方面事先进行了有力应对，安新、容城、雄县 3 县及其周边地区均依法对土地、建设、房地产交易等进行了全面管控。

未来雄安新区的建设：一方面要坚持尊重市场在资源配置中的基础地位、积极吸纳良性资本；另一方面要充分考虑其特殊性，保证计划与调控的合理介入，在城市建设，尤其是公共服务建设中体现出鲜明的共享性，坚持和保障好公有经济的主体地位。

（文/段相宇）

新条例规范党的工作机关

2017 年，中共中央印发了《中国共产党工作机关条例（试行）》（以下简称《条例》）。《条例》对党的工作机关的性质、工作内容和方式方法等问题进行了一系列规范，是规范党的工作机关设立、职责和运行的基础主干性

党内法规，是继党组工作条例、地方党委工作条例之后，加强党的组织制度建设的又一重要成果。

1. 党建和法治双重呼唤下的最后一道闸门

党的工作机关是党实施政治、思想和组织领导的政治机关，是落实党中央和地方各级党委决策部署，实施党的领导、加强党的建设、推进党的事业的执行机关，主要包括办公厅（室）、职能部门、办事机构和派出机关。

坚持思想建党和制度治党的紧密结合，是中国共产党推动自身建设的一贯遵循。党的十八大以来，党始终坚持思想建党和制度治党“同向发力、同时发力”。[①] 党的工作机关和党委、党组级别不同，相应的规制条例也不是一个层级。此次出台的《条例》主要是关于党的具体工作部门如何加强机关党建，因而是从二级层面加强党建的一个部署。同时，《条例》对于进一步规范党组工作，加强和改善党的领导，提高党的执政能力，更好发挥党总揽全局、协调各方的领导核心作用，具有十分重要的意义。

2. 依规治党，“严”字当头

“批判的武器不能代替武器的批判”，从严治党说到底还是要在制度层面不断完善，用制度治党。《条例》将工作机关的活动纳入制度化轨道，这种规范本身就是对党组成员的一种有效约束，体现了从严治党的要求，具有很

① 在思想建党方面，中央先后组织开展了“群众路线教育实践活动”“三严三实专题教育活动”等一系列富有成效的运动。在制度建党方面，中央先后发布了《党的十八届三中全会重要改革举措实施规划（2014—2020 年）》《中央党内法规制定工作五年规划纲要（2013—2017 年）》等文件，明确要求抓紧制定完善党组织工作条例。并于 2015 年 6 月发布《中国共产党党组工作条例（试行）》，2016 年 1 月修订《中国共产党地方委员会工作条例（试行）》。同时，将全面从严治党与全面依法治国相结合，推动党章党规与宪法法律的协调衔接成为提升国家治理能力的必然要求，这就要求在不断完善社会主义法治体系的同时，构建完善党内法规体系。

强的现实意义。具体到《条例》内容本身：

首先，在机关设置方面，《条例》确定了“党的领导下的精简、统一、效能”的原则，实行总量控制和限额管理，避免地方部门搞对策，设置多余编制，导致党的机关过于膨胀，人浮于事。同时，合署办公的部门坚持由党委主管。

其次，在职权上，《条例》明确界定了党的工作机关应当履行的职责范围。既杜绝惰政懒政，又防止滥用职权。同时，在工作机关内部，《条例》特别强调民主集中的原则，规定了重大事项必须通过召开部（厅、室）务会议或委员会会议讨论决定，禁止少数领导拍板决定和“一言堂”。

最后，工作机关的活动需要受党委、纪检部门及党外监督，对违反《条例》有关规定的依规进行追责。

3. 未来抓手：加强学习，细化实施

《条例》的出台为我们加强和改进党的建设提供了制度保障。下一步：一是要抓好《条例》的宣传解读和学习培训，使各级党组织和广大党员干部，特别是领导干部深刻理解《条例》精神；二是要加强督促落实，确保《条例》各项规定要求落到实处。因此，各级党委和党的各级工作机关要对照《条例》规定，对党的工作机关的设立、领导机构和决策形式、工作规则等进行一次全面清理规范。在《条例》确立的原则和精神指引下，建立并完善更具针对性和操作性的政策措施。如《条例》第十条要求，机构编制管理部门根据《条例》科学编制党的工作机关职能配置、内设机构、人员编制规定，就是要确保《条例》确定的“精简、统一、效能原则，总量控制和限额管理”的要求落到实处，从而使党的组织制度建设的法规变成实实在在的行动指南。

（文/李振宇）

全军新调整组建 84 个军级单位

2017 年 4 月 18 日，中共中央总书记、国家主席、中央军委主席习近平接见新调整组建军级单位主官，并对各单位发布训令，表示全军新调整组建 84 个军级单位的工作全部完成，我军在改革强军战略路上又迈出了重要一步。

1. 军队编制调整顺应潮流

自 2015 年 11 月启动军队改革以来，军队总体实行“部—局—处”三级体制，压缩精简机关和直属单位编制员额，相继成立陆军领导机构、火箭军、战略支援部队，把军委机关由 4 个总部改为 15 个职能部门，把 7 大军区调整划设为 5 大战区，完成海军、空军、火箭军、武警部队机关整编工作，并成立了中央军委联勤保障部队。这些首脑机关的改革被称为“脖子以上”的机构改革。此次组建军级单位，将解放军各军兵种的军级单位数量压缩至 84 个，是中国军队完成“脖子以上”机构改革之后，进行“脖子以下”改革的重要环节，目的是建立精干高效的联合作战指挥系统。

2. 建立精干高效的联合作战指挥系统

首先，军级单位并不等于集团军。解放军军级单位是指中央军委各部门下属的二级部，包括各大区级单位的联勤部、装备部，副大区级单位的司令部、政治部，陆军集团军，各省军区、新疆南疆军区，驻港部队，海军各基地，空军各指挥所，火箭军各基地，武警各警种指挥所、军事院校和研究机构等。军级单位的主官主要对应少将军衔。可见，集团军只是军级单位的一种。不过，在曾经的“大陆军体制”下，陆军集团军占有举足轻重的地位。

此次“脖子以下”改革，将解放军各军兵种的军级单位数量压缩至84个。其中，重点将压缩指挥机构和传统陆军规模，增加海军、空军、火箭军和战略支援部队等新型作战力量，推进各军兵种共同编组、共同训练，打造模块化部队。以原18个集团军为基础，调整组建13个集团军。新的集团军指挥管理体制应具备以下特点：数量规模适度减少、质量效能越来越高，传统力量越来越少、新型力量越来越多，打击距离越来越远、反应速度越来越快，条块界限越来越少、体系融合越来越好。对照这个要求，传统兵种不会消失，比如步兵，但一定要合成、转型与提高；重火力力量、机动突击力量、装甲力量、陆航和特种力量预计会得到增强。到2017年年底，解放军军级及以下作战单元，都搭起新的组织架构，传统的“大陆军体制”被彻底打破，解放军进入一体化联合作战的新时代。

3. 助力国家安全再提升

随着国际形势的变化，宗教极端组织恐怖袭击、民粹主义抬头乃至朝鲜半岛的严峻局势等多方不稳定因素的出现，国家安全再次成为关注重点。作为维护国家安全的重要组成部分，军队与“主权”“安全”“发展”利益息息相关，是维护人民安全的最强保障。随着裁军和军改的推进，中央将进一步加强对于军队的控制权，由人海战术向高尖端作战转型，向信息化作战迈出新步伐，助力国家安全再提升。这将成为我军在实施改革强军战略、走中国特色强军之路上又迈出的重要一步，对实现党在新形势下的强军目标、建设世界一流军队具有重大而深远的意义。

（文/翁雯雯）

关怀青年中长期发展

2017 年，中共中央和国务院公布《中长期青年发展规划（2016—2025 年）》（以下简称《规划》），对我国青年发展的原则、目标、核心领域、重点项目和组织实施做出了系统的规定，是中国共产党对青年发展事业进行的顶层设计。

1. 一幅“水到渠成”的蓝图

青年是极其重要的群体，其处在少年向成年过渡的阶段，处于世界观、人生观、价值观形成的重要时期。在国际层面，制订实施青年发展规划不乏先例。1992 年，联合国推出《21 世纪议程》便强调了青年的可持续发展问题。目前，美、俄、法等 52 个国家都针对青年发展制订了专门规划。制订实施青年发展规划，有助于我国更加全面深入地参与国际青年事务、更好展示中国青年的良好风貌。

中国共产党对青年工作的深远意义一直有清醒的认识。党的十八大以来，中国共产党高度重视高校思想政治建设，多名常委接连出席高校政治思想教育工作会议。习近平总书记于 2014 年五四青年节视察北大，并对当代青年的使命和成长提出了新的要求和期盼。在此背景下，对青年工作进行系统设计、规划，可谓顺应青年工作的客观需求。

2. 关心青年的种种举措

《规划》的亮点如下：

首先，《规划》明确了党管青年原则，提出要引导青年成长为中国特色社会主义事业的合格建设者和可靠接班人。党是领导社会主义事业的核心，因此，在工、农、商、学、兵、政、党这七个方面，党是领导一切的。在此意义上，党管青年与党管经济、党管干部等一样，都是坚持“党的领导”的一部分。但青年工作的特殊之处与重大意义在于，今天的青年就是明天各个部门、各个地方、各个系统的中流砥柱，青年的状况无疑关系到各项建设事业的代际传承，因而青年工作是否做好是一项意义重大的代际政治工作。正是在此意义上，要引导青年成为“中国特色社会主义事业的合格建设者和可靠接班人”。

其次，《规划》分论部分聚焦中国青年成长发展的迫切关切，从思想道德、教育、健康、婚恋、就业创业、文化、社会融入与社会参与、权益保护、预防犯罪、社会保障这10个领域，分别提出了面临的突出问题和具体发展目标，有重点地提出发展措施。要赢得青年，不能光靠说教，更要回应青年人的关切，关心、解决青年的现实问题和迫切需求。例如，关于青年的婚恋问题，《规划》提出：发挥工会、共青团、妇联等群团组织和社会组织的作用，为青年婚恋交友提供必要的基础保障和适合青年特点的便利条件；支持开展健康的青年交友交流活动，重点做好大龄未婚青年等群体的婚姻服务工作，并且打造一批诚信度较高的青年交友信息平台。这一条可能是对当下青年人“单身焦虑”的回应，无疑能赢得青年人对党的好感。

最后，从对国家发展、青年发展具有支撑作用的角度，提出了10个重点项目。这10个重点项目大致对应上述10个领域，有助于实现青年充分就业的发展目标。

3. 青年是国家的未来

青年是决胜“第一个百年目标”的生力军，是实现“第二个百年目标”的主力军。促进当代青年更好成长、更快发展，事关党和国家、民族复兴和社会主义事业后继有人。在一个友好型社会中，青年成长过程中遇到的挑战也会转变为积极的、建设性的社会驱动力量，成为国家存续的根基。反之，青年若是处于压制、压抑的社会环境中，“无法释放的青春”与社会现实的碰撞、冲突所累积的势能，则会对稳定和秩序造成巨大冲击。加强对青年的关怀，培育其生存生活技能，扩大其参与和表达的权利，提升他们在发展中的获得感和认同感，具有重大的政治社会意义，这也是一项基础性、战略性工程。

（文/李振宇）

金融反腐进入“深水区”

2017 年 4 月 9 日，中央纪委监察部网站先后公布消息，中国保险监督管理委员会党委书记、主席项俊波与中国进出口银行北京分行原党委书记、行长李昌军涉嫌严重违纪，接受组织审查。4 月 25 日，中共中央政治局首次就维护国家金融安全进行集体学习。[①] 种种迹象显示，金融安全已经引起中央的高度重视，金融反腐节奏加快，或将进入“深水区”。

1. 金融风险叠加金融腐败，亟待金融反腐

2008 年实行宽松货币政策以来，巨量资金涌入金融系统，银行业信贷迅速膨胀。但传统信贷业务的增长无法满足市场新兴需求和银行业转型发展的需要，因此银行表外业务得以迅速增长。而表外业务在缺乏监管的情况下很容易推高杠杆，积累金融风险。同时，在缺乏监管能力的情况下发展民间金融市场，导致影子银行规模急剧扩大，资金在金融系统内空转，资产泡沫迅

① 习近平主持中共中央政治局第四十次集体学习［OL］. 中国政府网，2017－04－26.

速膨胀，既累积了风险，又没有使资金流入实体经济，支持中国经济的转型升级。

近些年，金融违法违规和腐败行为时有发生，金融腐败与经济运行累积的风险合流，已经在一定程度上对中国经济的健康运行造成了负面影响。例如，2015 年股市异常波动之后，就有一批证券公司和证监会高官等落马，自那时反腐重心已经开始向金融领域倾斜。而近几年众多保险公司在资本市场接连举牌上市公司、“快进快出”操作股票等事件，很可能源于监管机构的“内鬼”与外部“金融大鳄”的相互勾结。这引起了决策层对金融领域腐败的高度关注，金融反腐势必向纵深发展。

2. “党管金融”要求金融反腐

党管金融，是中国共产党一直以来坚持的工作方针。金融腐败的危害在于，腐败分子监守自盗，将金融口变为独立封闭的“自留地”，利用国家、人民的钱财谋取私利，放松监管，从而破坏国家的金融监管制度，危害国家的金融安全，这是代表人民与国家利益的中国共产党所不能允许的。

3. 坚守底线、摸排腐败、加强监管、培养干部

2017 年，中央在金融领域动作频频。经过梳理，有以下值得关注的亮点：

第一，反复重申“坚决守住不发生系统性金融风险”的底线。2017 年 3 月 21 日，李克强在国务院第五次廉政工作会议上指出，要坚决守住不发生系统性金融风险的底线，对银行违规授信、证券市场内幕交易和利益输送、保险公司套取费用，甚至监管人员和公司高管监守自盗、与金融大鳄内外勾结的金融违法违规和腐败行为要坚决查处、严惩不贷。① 2017 年 4 月 25 日下

① 李克强．在国务院第五次廉政工作会议上的讲话［OL］．中国政府网，2017－04－09.

午，习近平在中央政治局就维护国家金融安全进行的第四十次集体学习上指出，“牢牢守住不发生系统性风险”是党的十八大以来金融工作的底线，为此要加强金融监管，补齐监管短板，避免监管空白，并采取措施处置风险点，加大对市场违法违规行为的打击力度，重点针对金融市场和互联网金融开展全面摸排和查处。

第二，从严查处一批金融违法违规案件，强化监管，形成金融领域的反腐高压态势。从 2017 年 3 月底到 4 月中旬，银监会在 10 天之内连发 7 个文件，从外部监管到内部操作提出诸多要求，涉及服务实体经济、监管处罚、防控风险、弥补监管短板等多个方面，释放出强烈的“强监管”信号。[①] 除项俊波、李昌军以外，证监会对前深圳证券交易所工作人员、股票发行审核委员会兼职委员冯小树涉嫌违法买卖股票案予以顶格处罚。

第三，要求补齐监管短板，并能准确判断风险隐患。中央政治局集体学习时要求，统筹监管系统重要性金融机构、金融控股公司和重要金融基础设施，统筹负责金融业综合统计，补齐监管短板，避免监管空白。对存在的金融风险点，要做到胸中有数，密切监测，准确预判，有效防范。

第四，要处理好房地产和外部金融冲击两个金融安全隐患。房地产吸引了大量资金，一定程度上催生了经济泡沫，而美联储自 2015 年年底进入加息周期，加大了我国资金外流的压力。对此，习近平在中央政治局会议上要求“加快形成促进房地产市场稳定发展的长效机制”，同时注意一些国家的货币政策和财政政策调整所形成的风险外溢效应对我国金融安全造成的外部冲击。

第五，提高领导干部金融工作能力。金融是一个特别专业复杂的领域，党要加强对金融工作的领导，就需要一批懂金融的干部。因此，习近平要求

---

① 吴雨．银监会密集发文会影响哪些人的“钱袋子”？［OL］．中国政府网，2017 - 04 - 19.

领导干部，特别是高级干部要努力学习金融知识，熟悉金融业务，把握金融规律。

4. 让金融业回归本职

金融监管和金融反腐一直是难点工作，需要丰富的金融知识和经验，因为金融业是国家的经济命脉，具有牵一发而动全身的作用，稍有不慎就很可能造成经济的波动，所以金融反腐要讲究时机和节奏。也正因为金融工作的重要性，所以我们只在其他领域、部门、地区反腐，而不涉及金融领域的反腐，这肯定是不彻底的，也不符合中央“无禁区、全覆盖、零容忍”的反腐决心。眼下，我国经济的主要任务是完成产业的转型升级。在此背景下，金融业的本职工作是加大对先进制造业等领域的资金支持，推进供给侧结构性改革，完成中国经济的转型升级，但不守住底线，不消除金融腐败，也就无所谓服务实体经济。金融反腐，就是让金融业回归本职工作的第一步。

（文/吴双）

五部门联手发文以金融助制造强国

2017 年 3 月 28 日，人民银行、工业和信息化部、银监会、证监会、保监会联合印发了《关于金融支持制造强国建设的指导意见》（以下简称《意见》），进一步贯彻落实党的十八大和十八届三中、四中、五中、六中全会精神，紧紧围绕《中国制造 2025》，加强和改进对制造强国建设的金融支持和服务。

1. 制造强国需要金融业的资金支持

制造业是国民经济的主体，是立国之本、兴国之器、强国之基。目前，中国已成为世界第一制造业大国，建成了门类齐全、独立完整的产业体系，但“中国制造”与世界先进水平相比仍存有很大的差距。“制造强国”，意味着产业结构的优化升级、科技创新以及品牌升级。而产业升级需要投入大量的资金进行技术研发、人才培养、基础设施建设等，充足的资金支持是进行产业升级、从制造大国走向制造强国的关键。

《中国制造 2025》和《国务院关于深化制造业与互联网融合发展的指导意见》两份文件都提出，要加大对制造业的财政、税收、金融等政策支持的力度。在 2017 年 2 月 28 日召开的中央财经领导小组第十五次会议上，振兴制造业是与去产能、防控金融风险、建立促进房地产市场平稳健康发展长效机制并列的 2017 经济领域四项重点工作之一。中央的意图显然是，淘汰落后产能、挤压金融和房地产泡沫，将资金从落后产能、金融和房地产投机中解放出来，投入到振兴制造业和支持产业升级的正途中去。可见，金融支持是中央支持制造业升级的整体产业政策的一部分。

2. 深度构建金融服务体系

《意见》坚持问题导向，聚焦制造业发展的短板，不断校正金融支持的方向和结构，并加强对制造业科技创新、转型升级的金融支持。其中值得注意的措施如下：

第一，积极发展和完善支持制造强国建设的多元化金融组织体系。一方面，各类银行机构进行差异化运作，激发金融服务的协同效应，具体而言，政策性金融机构与商业性银行要发挥各自职能与优势，各司其职，以提升对中小型制造业企业金融服务的质量与效率。另一方面，完善银行机构组织架构，以提升金融服务的专业化水平。鼓励有条件的金融机构探索建立先进制造业融资事业部制，以加强对高新技术产业、生物医药等战略重点行业提供专业化的支持，为重点行业的发展最大限度地减少资金阻力。此外，在融资租赁领域，为制造业的发展开设绿灯。不仅支持符合条件的金融机构设立金融租赁公司，而且发展多种融资渠道、打造多元化的融资租赁业务，为提升制造业企业生产销售、对外出口蓄力助航。

第二，创新发展符合制造业特点的信贷管理体制和金融产品体系。推动投贷联动金融服务模式创新，允许金融机构与放贷对象实施投贷联动，即一期信贷到期后转为金融机构在放贷企业的股权，续放二期贷款。投贷联动无疑是这一政策的最大亮点，不仅有助于提升银行的风险容忍度，降低初创科创企业融资难度，而且有利于解决科技型中小微企业的资金需求，缓解融资压力。同时，投贷联动于商业银行而言，亦是收益颇丰。随着商业银行传统信贷业务的衰微，商业银行的转型需求更为强烈，投贷联动金融服务模式的推动，为商业银行涉足股权投资提供了政策上的支持与保障，得以使银行依靠信贷为主的发展模式向混业经营、全能型银行转变，稳定收入来源，提高盈利质量。

第三，大力发展多层次资本市场，加强对制造强国建设的资金支持。除改进银行融资渠道外，国家鼓励、支持符合条件的优质、成熟制造业企业在主板市场上市融资，鼓励高技术制造业、先进制造业企业在中小企业板、创业板、全国中小企业股份转让系统和区域性交易市场上市或挂牌融资，充分发挥股权融资作用。对创业投资主体加大扶持力度，发挥市场的自我调节机制，在私主体层面扶助制造业企业的创设与发展。此外，《意见》支持制造业企业发行债券进行融资，并允许将资产证券化，以化解制造业过程产能领域的信贷风险，针对各个领域、各个层级，发展不同的融资渠道，为制造业企业的发展提供强有力的支撑。

3. 金融创新必须加强金融监管

实体经济是现代金融的基础，金融要服务实体经济。制造业强，则实体经济强；实体经济强，则金融业强。此次《意见》细化了《中国制造2025》和《国务院关于深化制造业与互联网融合发展的指导意见》中金融支持制造业的政策。不过，有金融的地方，就有风险。发挥金融支持制造强国的同时，也不得忽视对金融风险的防控。作为一种金融创新，投贷联动是一把“双刃剑”，高收益必然伴随着高风险，因此，金融创新必须加强金融监管的跟进，确保金融机构的创新风险可控。

（文/胡海娜）

四部门发文补齐高中阶段教育短板

2017年3月24日，教育部、国家发展改革委、财政部、人力资源社会保障部四部门联合印发《高中阶段教育普及攻坚计划（2017—2020年）》（以下简称《计划》）。《计划》要求推进普及高中教育，改善高中教学条件，提高高中教育质量，到2020年实现全国普及高中教育，明显提升高中教育质量。

1. 高中阶段教育仍有短板

高中阶段教育包括普通高中、普通中专、成人中专、职业中专、技工学校等。自“十二五”以来，我国高中阶段教育在学校规模、学校条件、教育质量上有所提升，如2016年我国高中阶段教育毛入学率达87.5%。但发达地区和贫困地区均有各自短板：发达地区的高中教育和中等职业教育发展不均衡，贫困地区囿于经济和环境的制约，教育资源稀缺且质量低下，普及度很低。具体而言，相对于普通高中教育，我国的中职教育水平明显落后于普通高中教育，二者发展较不均衡。而且，边远地区、少数民族地区、贫困地区的教育水平较低。这些地区由于缺乏教育资源，办学条件不能满足基本教学需求，经费以及师资力量的不足导致高中教育的普及程度和质量双低。在贫困地区，很多孩子上完初中就辍学了，既无法升入普通高中参加高考，又无法升入中专与技工学校习得一技之长。这些短板严重限制着高中阶段教育的健康发展，制约着我国培养技术技能型人才的进程，限制了我国的经济结构转型升级。

2. 提高普及水平，协调普职比例，实行普职融通

首先，《计划》的总体目标是提高普及水平，并协调普通高中和中等职业教育的比例。提高普及水平，即让更多的初中毕业生都能接受高中阶段教育。协调普高与中职教育比例，即适当增加中职教育的招生人数在高中阶段招生人数中的比例，让更多的初中毕业生接受中职教育。升入普通高中，以后的出路基本上是参加高考，升入普通高校或高等职业学校。升入中职学校，可以直接学习一门职业技能，对很多家庭来说，这可能是一条比较现实，也比较经济的选择。为此，《计划》提出“新建、改扩建一批学校，为薄弱学校配齐必要的教育教学和生活设施设备”，并“集中力量建设一批高水平职业学校”。而这些职业学校都实施“产教融合工程”，其专业设置、课程内容、教学方式都要与生产实践对接，集中力量建设一批高水平职业学校，办好一批适应当地经济社会需要的特色优势专业。

其次，在资源投入上，大致是以政府财政投入为主，其他渠道筹措经费为辅。《计划》要“积极扶持民办教育，促进公办民办共同发展”，并提出落实以财政投入为主、其他渠道筹措经费为辅的普通高中投入机制，完善政府、行业、企业及其他社会力量依法筹集经费的中等职业教育投入机制。总体思路就是政府承担主要投入责任，但也希望借企业和民间资本能积极投资高中阶段教育，以济政府投入之不足。

最后，《计划》试图推动普职融通，为学生提供更多选择机会。一方面，

《计划》提出探索发展综合高中，实行普职融通，为学生提供更多选择机会。另一方面，《计划》提出建立普通高中和中等职业学校合作机制，探索课程互选、学分互认、资源互通。

3. 适应经济转型，消除区域差距，实现教育公平

普及高中教育的意义在于为我国经济转型升级输送创新创业型人才，而影响我国教育均衡水平的重点地区就是贫困地区，贫困地区明显存在教师少、学校少、条件差的问题，随之而来的问题是中西部贫困地区的学生“是否有学上、是否上得起、是否愿意上”，而解决这三个问题分别对应着填补教学资源缺口，落实家庭经济困难生资质政策，提高高中教育吸引力这三个措施。可以说，此次《计划》从这三个问题出发，试图通过扩建学校、投入经费等增加高中教育资源，完善助学制度，提高教师待遇，加强职业教育和高中教育的结合以促进学校多样化，可谓“对症下药”。另外，此次《规划》明确要把中西部贫困地区毛入学率提高至90%，显示出教育部等四部门消除我国高中教育的“区域差距”，逐步实现“教育公平”的用意。

（文/贾冉）

医疗联合体建设促进医疗资源上下贯通

2017 年 4 月 26 日，国务院办公厅发布《关于推进医疗联合体建设和发展的指导意见》（以下简称《意见》），全面启动多种形式的医疗联合体建设。《意见》提出，优化医疗资源结构布局，推进医疗卫生工作重心，促进资源下移和上下贯通，提升基层能力，实现分级诊疗，进一步满足群众的健康需求。

1. 医联体是提升基层医疗水平的突破口

伴随着新一轮医改的实施，我国医疗服务水平总体有所改善，但基层医疗仍长期处于薄弱状态。我国优质医疗资源多集中在城市三级医院，呈现出分布不均衡、结构不合理、资源固化的特点。基层医疗资源短缺、服务不足，使得群众大量涌入医疗资源集中的城市就医，形成“一号难求”的态势，基层和边远贫困地区百姓因医疗资源匮乏而得不到及时、合理的诊治。

为了解决医疗资源分布不均导致的群众就医难问题，习近平总书记指出，要引导医疗卫生工作重心下移、医疗卫生资源下沉，把大医院技术传到基层、把大医院医生引到基层。李克强总理在2017年《政府工作报告》中进一步落实，提出全面启动多种形式的医联体建设试点，三级公立医院要全部参与并发挥引领作用。医联体建设是医改五大制度之一的分级诊疗制度之突破口，对提升基层医疗水平发挥着至关重要的影响。要让患者不再追着三甲医院跑，就得让优质资源流向基层。

医联体是指由三级公立医院或业务能力较强的医院、县级医院牵头，组建不同级别、不同类别城乡医疗机构或专科之间优势互补、分工协作的联合体，在联合体内部实现健康档案、病历等互联互通，实行检查结果互认、处方流动、药品共享。通过整合同一区域的医疗资源，可望优化资源结构、提升基层能力，进一步实现分级诊疗，解决百姓看病难的问题。

事实上，自2011年起，我国就已陆续在上海、北京、深圳等试点城市展开医联体建设，已初具成效。截至2016年年底，全国已有205个地级以上城市开展相关工作，占地级以上城市总数的60%以上。基于现有成果，此次改革的目标是：2017年基本搭建起医联体制度框架，全面启动多种形式的医联体建设试点，三级公立医院要全部参与并发挥引领作用；到2020年全面推进医联体建设，所有二级公立医院和政府办基层医疗卫生机构全部参与医联体。

2. 三管齐下推进医联体建设

《意见》从总体要求、具体方案、保障政策、组织实施等方面展开阐述，提出从三个方面推进医联体建设。

第一，逐步形成多种形式的医联体组织模式。根据试点建设阶段积累的经验，《意见》提出四种较为成熟的组织模式：在城市主要组建医疗集团，在县域主要组建医疗共同体，跨区域组建专科联盟，在边远贫困地区发展远程医疗协作网。通过因地制宜的组织模式，实现资源的共享和分工，推动优质医疗资源向基层和边远贫困地区流动。

第二，完善医联体内部分工协作机制。其主要有两个方面：首先，完善医联体制度框架和内容建设，制定医联体章程、明确权利义务，落实医疗机构责任定位，建立责任共担和利益分配机制；其次，建设家庭医生和连续性诊疗制度，逐步从“管治病”拓展到“管健康”，提供从疾病诊疗、康复到长期护理的连续性服务。

第三，促进医联体内部优质医疗资源上下贯通。实现人力、服务、信息、资源的区域流通和共享。充分发挥三级公立医院引领作用，向基层派出专业和管理人才，指导基层提升技术水平。建设健康信息平台，加强信息数据共享，给患者就医和远程医疗服务提供便利。加强医联体内各机构的一体化服务，促进资源的有效共享和下沉基层。

3. 资源总量提升是建设医联体的前提条件

医联体建设是对医疗资源实施的一次再分配，意在通过建立庞大的医联体，使得原本集中在三级医院、外在于基层的医疗资源内化为医联体的一部分，从而为其流入基层提供助推。然而现实情况是，病人从核心医院到基层的转移需要长期引导，时间上必然落后于医疗资源的转移，中间的过渡阶段会给三级公立医院带来极大的压力。密集型医联体可能会使其原本就紧俏的资源不合理流失，运营效率降低，三级公立医院在承担医联体内部扶持基层医疗机构的责任的同时，可能会不堪成本开支提高的重负。因此，在强调资源合理分配、上下贯通之时，不能忽视资源总量提升这一关键前提保证。

（文/王依琪）

5月　“一带一路”峰会开启全球化新纪元

“一带一路”峰会开启全球化新纪元

2017年5月14—15日，“一带一路”国际合作高峰论坛在北京举行。此次会议秉持共商、共建、共享的新理念，致力于重构国际关系、各国发展、全球治理的新格局。

1. 丝路精神消除现实“赤字”

“一带一路”倡议的提出是基于对国内国际形势的科学分析。就国内形势来看，改革进入深水区，经济进入新常态，产能过剩，经济增长动力不足；就国际环境来看，和平赤字、发展赤字、治理赤字，是摆在全人类面前的严峻挑战，现行国际体系的弊端越来越多地暴露在世人面前，全球治理，尤其是经济全球化的推进面临领导力缺失的风险，国际社会对变革全球治理体系的呼声越来越强烈。基于此，中国的方案是构建人类命运共同体，实现共赢共享。

2013年秋，习近平主席提出共建丝绸之路经济带和21世纪海上丝绸之路的倡议，2015年春，“一带一路”顶层设计完成。“一带一路”倡议提出以来，进度和成果超出预期，“一带一路”倡议也载入了联合国大会、联合国安理会等重要决议。此次召开“一带一路”国际合作高峰论坛，进一步凝聚了国际社会共识，共商合作发展大计，有利于务实推进“一带一路”的新成果、新机制、新平台。

2. “五路”并举铺展宏伟蓝图

以高峰论坛为契机，“一带一路”迎来新起点。

首先，习近平在“一带一路”国际合作高峰论坛开幕式上的演讲提出，要将“一带一路”建成和平之路、繁荣之路、开放之路、创新之路、文明之路。

其次，会议明确，下一步的工作方向与重点主要有五个方面：建设“一带一路”沿线自由贸易区网络，推动“一带一路”合作框架对接与规划对接，扎实推进“一带一路”国际产能合作，抓好“一带一路”重大关键项目落地生根，携手共建“一带一路”全球智库交流网络。

此外，按照之前发布的《共建“一带一路”：理念、实践与中国的贡献》一文，中国提出了“六廊六路多国多港”的合作框架。“六廊”是指新亚欧大陆桥、中蒙俄、中国—中亚—西亚、中国—中南半岛、中巴和孟中印缅六大国际经济合作走廊。“六路”是指铁路、公路、航运、航空、管道和空间综合信息网络，是基础设施互联互通的主要内容。“多国”是指一批先期合作国家，“一带一路”沿线有众多国家，中国既要与各国平等互利合作，又要结合实际与一些国家率先合作，争取有示范效应、体现“一带一路”理念的合作成果，吸引更多国家参与共建“一带一路”。“多港”是指若干保障海上运输大通道安全畅通的合作港口，通过与“一带一路”沿线国家共建一批重要港口和节点城市，进一步繁荣海上合作。“六廊六路多国多港”是共建“一带一路”的主体框架，为各国参与“一带一路”合作提供了清晰的导向。

3. 合作发展共创美好愿景

“一带一路”顺应了时代要求和各国发展的需要，内涵丰富，其中，合作与发展是其主要内容。一方面，中国勇于承担大国责任，举起经济全球化和自由贸易的大旗，积极为世界和区域问题寻找解决方案，这就为“一带一路”沿线国家的经济发展提供了巨大的带动效应，激发了世界经济增长新动能，推进了全球经济治理新秩序的建构与完善，为实现联动式发展不断注入能量。另一方面，“一带一路”作为一个开放、包容、共享的平台，将不同国家的力量汇聚起来，探索合作发展的新模式，激发增长新动力，实现共同繁荣。而且，中国先后建立了亚洲基础设施投资银行和丝路基金等为合作提供机制保障。

通过实施“一带一路”倡议，中国积极推动变革全球治理体制中不公正、不合理的安排，增加新兴市场国家和发展中国家的代表性和发言权，所秉持的是一种对话而非对抗、合作而非拆台的建设性姿态。“一带一路”不但在空间上超越了传统的丝绸之路的限制，更承载着重塑全球化的时代使命。

（文/孙文帅）

四部门联手治理“期权腐败”

2017年5月26日，中共中央组织部、人力资源和社会保障部、国家工商行政管理总局、国家公务员局联合印发《关于规范公务员辞去公职后从业行为的意见》（以下简称《意见》），以扼制“期权腐败”。

1.“期权腐败”败坏党风政风

“期权腐败”是在反腐力度不断加大形势下出现的一种“变相腐败”。党的十八大以来，从中央到地方，各级巡视几乎都发现有党的领导干部违规兼职取酬、退休后就任企业高管的案例。有的领导干部在职时，利用手中权力，以各种手段为他人谋取利益，但在职期间并不收取“回报”，而是根据私下“协议”待其退休或离职后才以各种形式兑现。另有一些离退休公务员，因为在职期间握有一定的“实权”，积累了不少“人脉”，离职后一段时间内，仍可发挥不小的“余热”，因此到某些企业就职，将“余热”变现，谋取私利。因为这样的做法与期货交易类似，故被称为“期权腐败”。

上述现象，不仅败坏了党风政风，而且损害了市场秩序，危害不容小觑。但期权腐败比常见的权钱交易具有更大的隐蔽性和危害性，其“潜伏期”长，外人很难察觉，取证查实的难度也随之增加，这就给纪检监察机关和司法机关的查处带来了困难。此次《意见》从源头入手，给辞职后的公务员戴上了“紧箍咒”，可望扼制“期权腐败”。

2. 辞职先报告，设立“冻结期”

首先，《意见》规定了“辞职报告”制度。《意见》要求公务员申请辞去公职时应当如实报告从业去向，签署承诺书，对遵守从业限制规定、保守国家秘密和工作秘密，以及在从业限制期限内主动报告从业变动情况等做出承诺。公务员所在单位或上级组织（人事）部门在批准辞职前要与本人谈话，了解其从业意向，提醒严格遵守从业限制规定，告知违规从业须承担的法律责任。对不符合从业限制规定的，要劝其调整从业意向；经劝说仍不调整的，不予批准其辞去公职申请。经批准同意辞去公职的，在从业限制期限内，原单位每年至少与其联系一次，了解和核查从业情况，发现有违反规定的情形，应当及时向公务员主管部门报告。

其次，《意见》根据公务员职务与职级，对公务员退休或离职后分别设立了 2 年或 3 年的“冻结期”。各级机关中原领导班子成员的公务员以及其他担任县处级以上职务的公务员，辞去公职后 3 年内，不得接受原任职务管辖地区和业务范围内的企业、中介机构或其他营利性组织的聘任，个人不得从事与原任职务管辖业务直接相关的营利性活动。其他公务员辞去公职后2年内，不得接受与原工作业务直接相关的企业、中介机构或其他营利性组织的聘任，个人不得从事与原工作业务直接相关的营利性活动。

最后，由公务员主管部门、原单位以及有关部门负责监督处罚公务员辞去公职后的从业行为。公务员主管部门通过专项检查、接受信访举报、了解舆情报道等方式，对各单位落实公务员辞去公职后从业规定情况进行指导和监督检查。公务员辞去公职后有违规从业行为的，由公务员主管部门会同原单位责令其限期解除与接收单位的聘任关系，或终止违规经营性活动；逾期不改正的，公务员主管部门要会同有关部门，对其违规从业所得数额进行调查核定，由县级以上工商、市场监管等部门依法没收，责令接收单位将该人员清退，并根据情节轻重，处以罚款。违规从业人员为中共党员的，依照有关党规党纪给予相应处分。对涉嫌犯罪的，移交司法机关依法处理。

3. 辞去公职不代表远离约束

有人认为，辞职后还要受约束，就像曾经将监督由“八小时内”延伸到“八小时外”、由领导干部个人延伸到家庭成员一样，管得太宽了，侵犯了离退休公务员应有的自由。应当说，这种观点有失偏颇。首先，《意见》与落实全面从严治党的内在要求相统一，党纪严于国法，对离退休公务员中的共产党员来说，接受更严格的党纪约束是每一名共产党员的责任。其次，因为曾经是“官”、曾经有“权”，就不得不接受相对一般人更多的约束，不得不为“能力”多上一道紧箍。权力是国之公器，不能被用来谋取私利，理应接受比普通公民更严格的约束。

（文/吴双）

国资委职能从“管资产”转向“管资本”

2017年5月10日，国务院办公厅发布了《国务院国资委以管资本为主推进职能转变方案》（以下简称《方案》），提出继续推进国有资产监管机构职能转变，进一步提高国有资本运营和配置效率。

1. 进一步细化落实国有资产监管改革

改革开放至党的十八大以前，我国国有资产监管大致走过了4个阶段，这些阶段的特点是，国有资产监管机构既管人、管事、管资产，又管企业的具体经营。党的十八届三中全会以来，国有资产监管从管人、管事、管资产，向以管资本为主转变。党的十八届三中全会通过了《中共中央关于全面深化改革若干重大问题的决定》（以下简称《决定》），提出“完善国有资产管理体制，以管资本为主加强国有资产监管”。2015年8月，中共中央、国务院联合发布《关于深化国有企业改革的指导意见》（以下简称《指导意见》），要求国有资产监管机构“实现以管企业为主向以管资本为主的转变”。10月，国务院发布《关于改革和完善国有资产管理体制的若干意见》（以下简称《若干意见》），要求国有资产监管机构“以管资本为主”，“不行使政府公共管理职能，不干预企业自主经营权”。从政策制定主体与政策内容来看，以上三份文件与此次《方案》是中央政策的“层层细化落实”。此次《方案》，明确了国资委放权和从管人、管事、管资产转变为管资本的具体做法。

2. 从管资产到管资本

“管资产”与“管资本”仅一字之差，却体现了两种截然不同的监管思路。“资产”是静止的，通常指企业的动产与不动产，“资本”是流动的，可泛指一切投入再生产过程的有形资本、无形资本、金融资本和人力资本。“资本”以流动性体现价值，流动性越大则资本价值越高，这决定了资产与资本的属性区别。从管资产到管资本的转变就是要让企业具有更多的自主性，为流动性开辟道路。具体到此次《方案》，其改革主要有以下几个亮点：

第一，国有资产管理架构由“国资委—国企”两级转变为“国资委—国有资本投资运营公司—国企”三级。类似的三级架构在新加坡取得了巨大的成功，被称作“淡马锡模式”。其主要特点是设立由国家机关为法人团体的投资运营公司，通过参与其所投资企业董事会的管理层以获取稳定的回报。事实上，我国目前存在两套国有资产管理体制：其中金融与文化类企业的国有资产由财政部履行出资人职责，财政部主要通过汇金公司来管理金融国资，其体制类似于新加坡的淡马锡模式；实业类的国有资产则由国资委履行出资人职责，国资委通过“管人管事管资产”直接监管国企。国资委此次改革将使实业类国有资产的监管模式与金融、文化类国有资产监管模式统一起来。

第二，取消、下放多项管理权限。《方案》中直接罗列的43项被精简的国资监管事项，实际上是一个放权清单，大多涉及企业经营权。如下放审批地方国资委监管企业的上市公司国有股权管理事项的权利和审批中央企业子企业股权激励方案的权利，目的就是让企业在经营活动中成为独立的市场主体。其中力度最大的一项改革是将经理层成员选聘、经理层成员业绩考核、经理层成员薪酬管理三项重要权限下放至企业。

第三，强化党的领导。《指导意见》提出“全面推进依法治企，加强和改进党对国有企业的领导”；《若干意见》提出“推动监管企业不断优化公司法人治理结构，把加强党的领导和完善公司治理统一起来，建立国有企业领导人员分类分层管理制度”。而此次《方案》明确在指导思想中提出“坚持党的领导不动摇”，并将“坚持党的领导”作为基本原则，同时在调整优化监管职能部分强调“全面加强党的建设，强化管党治党责任”。这表明，在这一轮的国有资产监督管理体制改革中，党的领导作用将更加凸显。

（文/周盛）

深化国企改革，平衡法人治理与党的领导

2017 年 5 月，国务院办公厅印发《关于进一步完善国有企业法人治理结构的指导意见》（以下简称《意见》），部署加快推进中国特色国有企业现代企业制度。

1. 完善法人治理结构的宏图架构

完善国有企业法人治理结构是新一轮国有企业改革的重要任务。虽然多数国有企业已初步建立现代企业制度，但从实践情况看，现代企业制度仍不完善，部分企业尚未形成有效的法人治理结构，权责不清、约束不够、缺乏制衡等问题较为突出，一些董事会形同虚设，未能发挥应有作用。在这样的背景下，《关于深化国有企业改革的指导意见》等文件应运而生，《意见》则是基于这些文件的精神，对改进国有企业法人治理结构、完善国有企业现代企业制度做出的具体探索。

首先，《意见》指出完善法人治理结构有两大明确方向：一是建立健全产权清晰、权责明确、政企分开、管理科学的现代企业制度，二是健全各司其职、各负其责、协调运转、有效制衡的国有企业法人治理结构。其次，《意见》明确了国企改革时间线：2017 年年底，基本完成国有企业公司制改革；到 2020 年，国有企业形成更加完善高效的企业法人治理结构，成为依法自主经营、自负盈亏、自担风险、自我约束、自我发展的市场主体。

2. 规范治理主体权责

《意见》着重提出，要加强对主体权责的规范，推动合理的企业法人治理结构进一步完善，提升国有企业运行效率。为此，《意见》梳理了治理主体框架，细化了履行出资人职责的机构（以下简称“出资人机构”）、股东会（包括股东大会，下同）、董事会、经理层、监事会的权责，相对于以往的文件，《意见》在以下方面具有亮点：

第一，规范股东会职权。《意见》指出，国有独资公司不设股东会，由履行出资人职责机构根据本级人民政府授权依法享有股东权利。其他国有企业则由全体股东组成股东会，并按照法律规范及公司章程行使职权。有关监管内容应依法纳入公司章程，根据审批事项清单行使权力。

第二，加强董事会建设。《意见》明确董事会是公司的决策机构。在人事安排上，国有独资、全资公司的董事长、总经理原则上分设，应均为内部执行董事。其中，国有独资公司的董事长作为企业法定代表人，对企业改革发展负首要责任。国有独资公司外部董事人选由出资人机构商有关部门提名，国有全资公司、国有控股企业的董事由相关股东依据股权份额推荐派出。国有全资公司的外部董事人选由控股股东商其他股东推荐，国有控股企业应有一定比例的外部董事。

第三，维护经营自主权。《意见》进一步要求国有独资公司经理层逐步实行任期制和契约化管理，建立规范的经理层授权管理制度，对经理层成员实行与选任方式相匹配、与企业功能性质相适应、与经营业绩相挂钩的差异化薪酬分配制度。

第四，发挥自身监督作用。《意见》明确监事会是公司的监督机构，对国有资产监管机构所出资企业依法实行外派监事会制度。同时，建立健全以职工代表大会为基本形式的企业民主管理制度，实现职工监督。

第五，加强党的领导。《意见》进一步明确党组织在国有企业治理中的法定地位，要求国有企业董事、监事、经理层中的党员每年要定期向党组（党委）报告个人履职和廉洁自律情况，坚持和完善双向进入、交叉任职的领导体制，积极探索董事会通过差额方式选聘经理层成员。

3. 党的领导与公司法人治理的结合

国企改革中的三个重要内容分别是：依法合规的现代企业制度的建立、国企混合所有制改革、国资国企的监管体制改革。此次《意见》的出台，以法人治理结构作为重点，对国资国企公司治理主体的权责进行了具体而又明确的规范，从而保障有效履职，完善符合市场经济规律和我国国情的国有企业法人治理结构，进一步提升国有企业运行效率，对国企现代企业制度的建立具有现实意义和深远的影响。同时，《意见》在以往会议和文件精神的基础之上，回答了党的领导与公司法人治理结合的重大问题，提出要将加强党的领导和完善公司治理统一起来，坚持党管干部原则与董事会依法选择经营管理者、经营管理者依法行使用人权相结合，体现在国企改革进入攻坚期和深水区的当下，党的领导和建设只能增强，不能弱化，以应对国有资产流失严重、国有企业监督缺失、反腐败任务艰巨、广大职工群众的归属感和凝聚力亟待增强等一系列现实困境。

（文/庄晓月）

兴边富民规划，促边疆长治久安

2017 年 5 月 28 日，国务院办公厅印发了《兴边富民行动“十三五”规划》（以下简称《规划》）。《规划》阐述了兴边富民的指导思想和基本原则，围绕七个方面的发展目标，有针对性地制定发展任务及政策措施，为边疆地区持续繁荣稳定的发展提供了制度上的保障。

1. 承前启后，兴边富民

边境地区民族众多、外邻繁异，位于我国对外开放的前沿，是确保国土安全和生态安全的重要屏障。《兴边富民行动“十三五”规划》有利于提高各族群众生活水平，加强民族团结，巩固祖国边防，维护国家统一，增进中外睦邻友好。《规划》是继兴边富民行动“十一五”、“十二五”规划之后，为全面建成小康社会，实现边疆地区的繁荣稳定做出的又一具有战略意义的发展规划。

2. 统筹规划，助力边疆

《规划》根据新的形势和任务，对兴边富民行动进行了充实调整，首次将州市纳入联动区，出台差别化政策，为打造边境建设系统工程，统筹六大任务进行设计安排，有针对性地解决主要困难和问题，主要有以下三个方面的亮点：

第一，边境乡镇是重点，州市首次成为联动区。《规划》提出，强力推进沿边城镇建设，以沿边境乡镇为重点梯次推进，集中打造沿边特色村镇廊带。同时，为更好地带动边境乡镇的发展，《规划》首次将边境市作为规划联动区，夯实和扩展边境地区发展基础，增强对边境地区建设发展的支撑保障能力，形成边境地区以边带面、从线到片的空间格局。

第二，强化政策举措的差别化。沿边地区自身的经济发展能力相对较弱、远离市场，资源、条件上的限制使其在单纯的市场竞争中很难得到发展。出台差别化政策予以倾斜优待，有利于吸引外来资源与人才，为沿边地区的发展注入更多的带动因素。因此，《规划》在兴边富民行动的宏观指导下，更为能动、有针对性地在边民扶持、财政、金融、土地、社会保障、资源开发与生态保护补偿、对口支援等七个方面强化优惠政策的倾斜力度，为《规划》的有效落实做好后勤保障，提高政策的持续有效性以及可操作性。

第三，六大任务成就边境建设系统工程。《规划》以“边”为核心统筹发展，提出六大任务：一是围绕强基固边推进边境地区基础设施建设；二是围绕民生安边全力保障和改善边境地区民生；三是围绕产业兴边大力发展边境地区特色优势产业；四是围绕开放睦边着力提升沿边开发开放水平；五是围绕生态护边加强边境地区生态文明建设；六是围绕团结稳边通力维护民族团结和边防稳固。“兴边富民”与“安边治边”是边境工作的一体两面，既要实现“安”“治”，又要确保“兴”“富”。

3. 强化实施，一体贯穿

为保证《规划》有序、有效落实，明确分工，加强监督，亦是不可忽视的重要环节。按照“国家支持、省负总责、市级联动、县级落实”的方针，《规划》要求边境各省区政府加强组织领导，全面负责，制订配套规划或实施意见，明确责任分工，加强监测检查，推进统计信息库的建设，建立评价体系。通过对形势、问题的把握，形成了“科学构建—责任落户—监测实施”的一体化发展路径。

（文/胡海娜）

顺应趋势培育新型农业经营主体

2017 年 5 月，中共中央办公厅、国务院办公厅印发了《关于加快构建政策体系培育新型农业经营主体的意见》（以下简称《意见》）。《意见》要求在坚持农村土地集体所有、家庭经营的基础之上，培育新型农业经营主体，提高农民创富能力，推动现代农业发展。

1. 及时发文引导新型农业经营主体成长

我国的农业产业经历了从“大锅饭”到家庭联产承包经营制度的变化。随着城市化、工业化的推进，大量农村人口进城务工，导致大量农田闲置，于是近年来在家庭承包经营基础上，各类从事农业生产和服务的新型农业经营主体蓬勃兴起。截至2017年，全国农户家庭农场已超过87万家，依法登记的农民合作社有188.8万家，农业产业化经营组织有38.6万个（其中龙头企业有12.9万家），农业社会化服务组织超过115万个。①

新型农业经营主体正处在成长的关键期，亟须引导扶持。党的十八届五中全会、“十三五”规划纲要、2016年中央“1号文件”和《政府工作报告》均提出构建培育新型农业经营主体的政策体系。《意见》即是对前述目标的落实。《意见》提出要在传统联产承包经营制度的基础之上，培养出一批文化程度高、经营能力强的职业农民，以市场为导向，提高农产业集约化程度，形成农业规模经济，以提高农业生产效率以及农业产品的市场竞争力。新型农业经营主体主要包括农村合作社、专业大户、家庭农场、农业产品企业等。

2. 全方位政策支持培育新型农业经营主体

首先，《意见》对新型农业经营主体的引导方向是多元融合发展、提升规模经营水平和完善利益分享机制。

第一，既然新型农业经营主体是针对以往经营分散、集约化低、规模小

---

① 农业部部长韩长赋解读《关于加快构建政策体系培育新型农业经营主体的意见》［OL］. 农业部网站，2017－06－02.

的问题，那么提升规模经营水平就是理所当然的了。因此，《意见》鼓励农民按照依法自愿有偿原则，通过流转土地经营权，提升土地适度规模经营水平，同时支持新型农业经营主体带动普通农户连片种植、规模饲养，引导新型农业经营主体集群集聚发展。

第二，在多元融合发展方面，《意见》鼓励农民以土地、林权、资金、劳动、技术、产品为纽带，开展多种形式的合作与联合，积极发展生产、供销、信用“三位一体”综合合作，培育多元化农业服务主体，探索建立农技指导、信用评价、保险推广、产品营销于一体的公益性、综合性农业公共服务组织。

第三，在完善利益分享机制方面，主要是在新型农业经营主体与农户之间建立利益联结机制，希望新型农业经营主体带动农户发展，让农户共享发展收益。为此，《意见》提出要进一步完善订单带动、利润返还、股份合作等机制，同时在总结土地经营权入股农业产业化经营试点经验的基础上，推广“保底收益＋按股分红”等模式，并支持龙头企业与农户共同设立风险保障金，探索通过政府扶持资金既帮助新型农业经营主体提升竞争力，又增强其带动农户发展能力的有效机制。

其次，《意见》从财税、基础设施建设、金融信贷、保险、营销市场、人才引进这六个方面给出八大政策红利，通过“给钱、给地、给电、给水、给贷款、给保险、给销路、给人才”，从生产到销售，降低新型农业主体在生产时的成本负担，并扫除其在生产后销售前的后顾之忧。具体而言，资金上，国家出资吸引务农人员回到农村，如直接补贴、政府购买服务、奖励代替补贴等；物资上，包括在农业用水和用电上建立用水补贴和节水奖励机制，执行农业生产用电政策等以降低农民负担；扩展农产品销路上，如设立农产品直销店、鲜活农产品绿色通道，减少农产品卖不出去的担忧；降低农业风险上，针对农业生产周期长、风险大的特点，开始试点粮食作物大灾保险，在灾害后报销农民损失；另外，新型农业主体中高学历人才数量在逐渐增多，尤其是龙头企业和合作社中，其成员的学历在高中及以上居多。

3. 新型农业经营主体应当注意联农带农

由于我国仍处于城市化的过程中，仍然有大量农业人口尚未城市化，不可能在短时间内实现所有农户的土地规模扩张，多数农户仍是小规模经营，因此，我国农业经营将呈现出新型主体与传统承包农户长期并存的态势。在推进适度经营规模的同时，我们必须考虑传统农户经营可持续性的问题，这涉及利益联结机制问题。新型主体发展优不优，不是规模越大就越好，而是要看联农带农的作用。在适度规模经营过程中，要高度关注农民的利益保护。一方面，推进土地流转和适度规模经营的过程不能演变成为其他利益主体对农民土地权益的剥夺过程，更不能成为大规模的农民被动挤出过程；另一方面，应更加重视保护农民的主体地位，更多支持通过保底分红等方式流转土地的新探索，更加稳定持久地保障农民的土地收益权。①

（文/贾冉）

指导文化领域行业组织建设

2017 年 5 月，中共中央办公厅、国务院办公厅印发《关于加强文化领域行业组织建设的指导意见》（以下简称《指导意见》），直面文化改革新阶段中的新形势和新问题，对文化领域行业组织的建设和发展提出了总体目标和

① 乔金亮．解读农村土地流转意见：经营规模适度严防过度集中［OL］．中国经济网，2014－11－21.

具体要求。

1. 文化改革新时期的新形势和新任务

改革开放以来，特别是近年来，随着文化体制改革全面推进和社会体制改革不断深化，文化艺术、新闻出版、广播影视、网络文化等领域涌现出一大批行业组织。这些行业组织普遍存在总体发展不够、职能定位不清、内部管理不规范、活力不足、党建缺失、监管缺位等问题，严重限制了文化领域行业组织的桥梁和枢纽作用，限制了其优化资源配置、调动市场灵动性、协助监管职能实现的初衷，对文化改革的进一步深化造成了阻碍。

2. 要坚持中国特色社会主义文化发展道路

首先，加强文化领域行业组织建设的总体要求是坚持中国特色社会主义文化发展道路，坚持把社会效益放在首位，一手抓积极引导发展、一手抓严格依法管理，总体目标决定了在文化领域行业组织建设上需要在加强党的全方位领导、落实行业组织改革部署、依法依规合理监管、完善行业组织自身建设等方面进行全盘战略布局。

其次，《指导意见》根据总体要求，结合当前文化领域行业组织的发展现状，对管理体制机制与组织体系的构建提出了具体的要求。

第一，要明确职能定位，包括：当好桥梁纽带，畅通党委、政府与市场、社会之间的联系；强化社会责任，体现价值引领和文化担当；服务会员单位和广大文化工作者，促进文化事业全面繁荣、文化产业快速发展、优秀传统文化传承弘扬；推进行业自律与诚信建设，规范行业发展秩序。

第二，要做好培育发展工作，包括：加大培育力度，优化布局结构；推动文化领域行业组织扩大覆盖面，提升服务能力；完善扶持行业组织发展的政策措施。

第三，要加强自身建设，包括：按照应建尽建的原则，推动党组织全覆盖、党的工作全覆盖；充分发挥党组织的政治核心作用，推动行业组织的党组织建设与内部法人治理结构相衔接；加强分类指导，建立健全行业组织法人治理结构；加强内部管理制度建设。

第四，要强化规范管理，包括：进一步明确文化领域行业组织成立的条件和程序；建立健全文化领域行业组织综合管理体系；依法处理文化领域行业组织违法违规行为；严格党政领导干部在文化领域行业组织兼职。

第五，要落实到组织实施的层面，要求：各级党委和政府要高度重视文化领域行业组织建设工作，切实加强组织领导，抓紧制订具体实施方案，推动行业组织健康有序发展，同时在这个过程中要严格工作纪律和要求。

3. 积极引导发展与严格依法管理

《指导意见》对文化领域行业组织的建设提出了总体目标和具体要求，体现了希望将积极引导发展和严格依法管理相结合的出发点，但其对如何在实践中平衡这两者之间的关系并没有做出明确的规定，着重强调党组织在文化领域行业组织中的政治核心作用，突出党组织的决策作用。文化行政管理部门要加强由“办”到“管”的思维，适当加强市场力量在文化领域行业组织发展过程中的作用，在积极引导发展与严格依法管理之间寻求平衡，从而实现社会效用的最大化。

（文/庄晓月）

6月　十八届中央首次实现巡视全覆盖

十八届中央如期实现巡视全覆盖

全国省级党委人事换届完成

中央发文加强和完善城乡社区治理

深化医保支付改革，全面助力推进医改

十八届中央如期实现巡视全覆盖

2017年6月21日，随着中央纪委监察部网站公布十八届中央第十二轮巡视的15所中管高校的反馈情况，十八届中央最后一轮巡视结束。这标志着党的十八大以来，中央巡视如期完成对省区市地方、中央和国家机关、国有重要骨干企业、中央金融单位和中管高校的巡视全覆盖，实现了党的历史上首次一届任期内中央巡视全覆盖。

1. 全覆盖：党内监督不留空白

十八届中央巡视工作一开局，就把巡视全覆盖作为重要任务。十二轮中央巡视始终在党中央的直接领导下进行。党的十八届三中全会决定明确指出"对地方、部门、企事业单位全覆盖"。党的十八届六中全会审议通过的《中国共产党党内监督条例》进一步规定，"中央和省、自治区、直辖市党委一届任期内，对所管理的地方、部门、企事业单位党组织全面巡视"。这体现了全面从严治党的坚定决心和巡视工作的努力方向——党内监督没有例外、不留空白。

为实现目标，中央不断改进工作、加快节奏。随着巡视工作的展开，巡视组数量和每个巡视组巡视的对象不断增加，巡视效率不断提高。同时，采取稳扎稳打的方式，保证效果，将中央一级巡视对象分为地方、部门、央企、金融和事业单位等5个板块依次推进，同时开展“回头看”，对16个省区市杀“回马枪”。

不仅是中央巡视首次实现全覆盖，省级巡视全覆盖也如期完成。截至2017年，各省区市党委已顺利完成全部8362个地方、部门、企事业单位的党组织巡视任务。同时，市县一级巡察的推广力度亦不断加大，335个市（地州盟）、2220个县（市区旗）党委建立起巡察制度，形成了“横向全覆盖、纵向全链接、全国一盘棋”的良好格局。

2. 巡视亮点

回顾党的十八大以来的中央巡视工作，与以往的巡视相比，认识上不断深入，形式上不断创新，反馈上不断务实，制度上不断巩固。

（1）认识上不断深入

随着巡视工作实践的不断发展，中央巡视的定位越来越清晰，方向越来越明确，内容越来越聚焦，站位也越来越高。从第一轮巡视聚焦作风、贪腐、政治纪律和选人用人等问题的“四个着力”，到第三轮巡视增加对主体责任、监督责任“两个责任”和组织纪律执行情况的检查监督，到第九轮巡视“把政治巡视的要求高举起来”，再到后面几轮坚定不移深化政治巡视，巡视监督内容不断扩展。这背后是对巡视工作认识的不断深入，也为以后巡视的常态化、制度化做了思想准备。

（2）形式上不断创新

党的十八大以来，巡视工作在创新中不断深入，新思路、新手段陆续出台。2013年，第一轮巡视开始探索实行“三个不固定”，即组长不固定、巡视对象不固定、巡视组和巡视对象的关系不固定，同时建立中央巡视组组长库，一次一授权，不搞“铁帽子”。2014年，第三轮巡视在常规巡视上增加针对某个单位某项突出问题的专项巡视，并从第五轮起全面推开。2015 年，第六轮巡视开始探索分类专项巡视，实行“一托二”，即每轮一个组巡视 2 个单位，多个巡视组同类同步安排、分批集中汇报。第八轮巡视开始试点“一托三”。2016 年，第九轮巡视开展“回头看”，对已巡视过的部分省份杀“回马枪”。2017 年，第十二轮巡视试点开展“机动式”巡视，通过“小队伍、短平快、游动哨”的灵活方式，着力发现“灯下黑”问题。

（3）反馈上不断务实

原先的巡视反馈往往是好话说了一箩筐，问题没几条，而且有的还与党风廉政建设和反腐败工作无关。翻看党的十八大之后的巡视反馈可以发现，巡视组都是不说客套话，直接点问题。例如，在对央企的专项巡视反馈意见中，用词包括“吃里爬外”“‘链条式’腐败”“黑金”“权力寻租”等。

同时，巡视不单是发现问题，更注重解决问题。整改成为巡视的重要环节。被巡视对象在召开巡视反馈会议时，巡视组长都会明确提出要求，自反馈日期起两个月内提交整改情况报告，并向全社会公布。一般在巡视反馈结束两三个月后，中央纪委监察部网站都会如期公布所有被巡视单位和地区的整改情况，并在文末留下联系电话、地址和邮箱，欢迎广大干部群众对巡视整改落实情况进行监督，提出意见建议。

（4）制度上不断巩固

随着巡视工作的不断开展，中央十分重视将积累的经验提炼上升为法规制度。2013 年 11 月，党的十八届三中全会决定改进巡视制度，首次提出全覆盖目标。2015 年 6 月，中央政治局会议审议通过《中国共产党巡视工作条例（修订稿）》，对 2009 年颁布的《中国共产党巡视工作条例（试行）》进行首次修订，对巡视定位、内容、方式、程序、纪律等方面进行了系统阐述和规定。2016 年 10 月，党的十八届六中全会审议通过的《中国共产党党内监督条例》明确提出，中央和省、自治区、直辖市党委一届任期内，对所管理的地方、部门、企事业单位党组织全面巡视，首次在党内法规中对巡视全覆盖提出硬要求。2017 年 5 月，中央政治局审议《中共中央关于修改〈中国共产党巡视工作条例〉的决定》，在总结吸纳最新经验基础上对巡视工作条例再度“升级”，对中央和国家机关巡视工作、市县巡察工作、一届任期内巡视全覆盖等做出了更明确的规定。

3. 展望：终点亦是起点

实践证明，巡视是党章赋予的重要职责，是加强党的建设的重要举措，是从严治党、维护党纪的重要手段，是加强党内监督的重要形式。同时，巡视也是中国特色的民主监督形式，是党内监督与群众监督的有机结合，是党密切联系群众的重要形式。

实现一届任期内巡视全覆盖目标不是终点，而是新征程的开启。中央巡视不是权宜之计，而应成为着眼长远的战略性制度安排。中央和省区市巡视全覆盖完成后，都要着眼巡视监督的长远发展，对巡视全覆盖后发现的问题进行梳理、归纳、提炼，总结经验，查找不足，有针对性地提出改进方案，为本届巡视工作画上圆满句号，为谋划和推动新一届党委巡视全覆盖提供借鉴、做好准备。

（文/李振宇）

全国省级党委人事换届完成

2017 年 6 月 29 日，中共湖北省第十一届委员会第一次全体会议选举蒋超良为省委书记，王晓东、陈一新为省委副书记，当选为省委常委的还有尔肯江·吐拉洪（维吾尔族）、黄楚平、王艳玲（女）、于绍良、梁伟年、王立山、周霁、王祥喜、李乐成。至此，党的“十九大”之前全国31个省级党委班子换届全部完成。

1. 31省区市接力党委换届

2016—2017年是人事换届之年。按惯例，地方党委换届应自下而上进行，先进行省以下的市、县、乡党委换届，然后再进行省级党委换届。其中，省级党委换届是重中之重，备受关注。纵观历年换届，一般分“上半场”和“下半场”进行。本轮换届也不例外。新疆、安徽、山西、河南、江西、西藏、湖南、江苏、广西、河北、内蒙古、福建、云南、辽宁等14个省份相继于2016年10—12月完成换届，其余17个省区市则在2017年4—6月完成换届。这与上一轮换届完全相同，在上一轮换届中，也是上述14个省份的换届在2011年下半年进行，其他省份的换届则到2012年上半年完成。本轮换届，共选举产生省级党委领导班子成员375人次，其中新晋省级常委85人。之所以说“人次”，是因为有多人在换届当选后又跨省调动，再次参加换届选举。

2. 纠正“四唯”偏向

观察此轮换届，有如下值得注意之处：

第一，此次地方换届之前，中央明确了用人导向。中组部常务副部长陈希在2016年11月24日的《人民日报》上撰文①，提出要“坚决纠正唯票、唯分、唯生产总值、唯年龄取人等偏向”。虽然票数、分数、生产总值、年龄在一定程度上也反映了干部的政绩和资历，但不能反映干部的全部素质和能力。如果仅仅从“四唯”的角度选人用人，一方面会导致选人用人上的形式主义和经验主义，另一方面唯年龄、论资排辈的导向，也会挫伤年轻干部

① 陈希．坚持正确选人用人导向［OL］．人民网，2016－11－24.

干事创业的积极性。

第二，省委书记平均年龄略增，注重地方工作经验和专业素养。在上述用人导向下，2017 年时任 31 名省区市党委书记平均年龄为 59.9 岁，比 2012 年 7 月党的十八大前时任 31 名省委书记的平均年龄 58.1 岁，有所增长，大部分为 55 后，只有 4 人为 60 后。而多省新一届常委班子的平均年龄也明显高于上一届。但陈文同时要求：选干部配班子既要考虑熟悉党政综合管理、善于驾驭全局的复合型领导干部，又要考虑综合素质好、具有较高知识层次和专业素养的专家型人才；层级较高的机关领导班子成员中一定要有熟悉本部门核心业务的专家。从履历来看，31 名省区市党委书记中，25 人曾有地方省级政府“一把手”工作经历；从学位来看，26 名省区市党委书记拥有硕士以上学位，其中 10 人拥有博士学位，符合上述用人导向。

第三，85 名新晋常委绝大多数都是 60 后。纠正“唯年龄取人”的错误倾向并不是完全不考虑年龄，干部队伍老中青相结合是中共干部任用制度的一项传统。在换届中，既要用好其他年龄段干部，也要培养选拔年轻干部，对年轻干部实行台阶、递进式培养，否则干部队伍就会后继乏人。本轮换届，85 名新晋常委中，除了安徽、福建共有 2 名 50 后，上海和江西共有 2 名 70 后以外，其他新晋常委都是 60 后。在 31 个新一届省级常委班子中，有 2 个是全 60 后，其中之一是 5 月上旬换届的黑龙江，另一个是 5 月下旬完成换届的重庆市。这些都是地方干部队伍的“新鲜血液”。

第四，各省份的军方常委暂时处于空缺状态。按照此前国防部的解释，省军区主要领导暂不参加所在省级党委的此次换届选举，待相关改革到位后，再按规定增补进所在省级党委常委班子。

3. 奠定“十九大”人事基础

自改革开放以来，中央政治局委员和常委大多从省委书记群体中产生，省级主政者关系中国共产党执政思路的贯彻和全局的稳定，因此省委常委的人选与换届无疑至关重要。2017 年下半年就要召开“十九大”了，本轮地方党委换届完成，为“十九大”的顺利召开奠定了人事基础。

（文/吴双）

中央发文加强和完善城乡社区治理

2017 年 6 月 12 日，《中共中央 国务院关于加强和完善城乡社区治理的意见》（以下简称《意见》）正式印发。《意见》是首个以党中央、国务院名义对城乡社区工作进行专门部署的政策文件，对城乡社区治理做出了全面部署。

1. 直面社区治理存在的难点和问题

改革开放以来，伴随着大规模的城市化和人口流动，传统的社区治理模式面临巨大冲击。传统的农村基于人情关系和熟人社会的治理模式越来越不适用于新情况。城市社区的治理也由与单位制相呼应的社区模式，逐渐转化为现在与公共治理相融合的模式。

作为回应，自 20 世纪 90 年代以来，在珠三角、长三角以及其他区域，各地方政府基于地方创新，推进各种形式的社区治理创新，如一会（分）两站的深圳盐田模式、北京九道湾模式、哈尔滨南岗模式、上海卢湾模式等。《意见》基于各地制度试验的经验总结，进行了全面的顶层设计。

2. 抓好“社会治理的基本单元”

《意见》立足于国情社情民情，明确提出了加强和完善城乡社区治理的总体要求、目标任务，明确了健全治理体系、提升治理水平、补齐治理短板等系列重大举措。

第一，《意见》勾勒了城乡社区治理的基本架构，即基层党组织发挥领导核心作用、基层政府发挥主导作用、基层群众性自治组织发挥基础作用、社会力量发挥协同作用。基层党组织是党贯彻政策方针的“组织末梢”和“毛细血管”，因此《意见》要求基层党组织发挥好政治功能，通过加强党建、提供公共服务赢得对城乡社区的领导权。具体而言，基层党组织要做好公共服务、公共管理、公共安全工作，为经济社会发展提供良好的公共环境，加强社区服务型党组织建设，更好地服务改革、服务发展、服务民生、服务群众、服务党员。基层政府对城乡社区治理的主导职责，主要体现在政策支持、财力物力保障和能力建设指导、对基层群众性自治组织建设的指导规范上。基层群众性自治组织很大程度上是党组织和政府的延伸，因此《意见》提出合理确定其管辖范围和规模，促进基层群众自治与网格化服务管理有效衔接，并加快在工矿企业所在地、国有农（林）场、城市新建住宅区、流动人口聚居地等党组织覆盖的“盲区”组建社区居民委员会。社会力量则能弥补前述三种治理主体的不足，因此《意见》支持社会组织承接、引导专业社会工作团队参与的工作体系。

第二，从六个方面提升城乡社区治理水平，具体包括增强社区居民参与能力、社区服务供给能力、社区文化引领能力、社区依法办事能力、社区矛盾预防化解能力和社区信息化应用能力。值得一提的是，增强社区居民参与能力和社区矛盾预防化解能力。《意见》要求，凡涉及城乡社区公共利益、居民群众切身利益的问题，原则上由社区党组织、基层群众性自治组织牵头，组织居民群众协商解决，支持和帮助居民群众养成协商意识、掌握协商方法，推动形成既有民主又有集中、既尊重多数人意愿又保护少数人合法权益的城乡社区协商机制。这既体现出中国共产党对城乡社区治理的基本构想，某种程度上也是社会主义民主的公民教育。同时，《意见》要求，完善利益表达机制，建立党代会代表、人大代表、政协委员联系社区制度，完善党员干部直接联系群众制度，引导群众理性合法表达利益诉求。这既有助于党员干部和官员联系群众，了解群众诉求，又有助于疏解社会矛盾，防患于未然。

第三，补齐城乡社区治理短板。“补短板”是供给侧结构性改革的要求。而中国共产党希望社会政策在供给侧结构性改革的大局中发挥托底作用，即守住民生底线，保障群众基本生活，保障基本公共服务，进而发挥社会保障的社会稳定器作用。补齐社会治理领域的各种短板，是“托底”的根本方式。《意见》要求从五个方面补齐城乡社区治理的短板：改善社区人居环境，完善城乡社区基础设施；加快社区综合服务设施建设；优化社区资源配置；推进社区减负增效；改进社区物业服务管理。

3. 城乡社区治理需“因地制宜”

正如《意见》所言，“城乡社区是社会治理的基本单元”，“城乡社区治理事关党和国家大政方针贯彻落实，事关居民群众切身利益，事关城乡基层和谐稳定”。完善城乡社区治理体系、提升城乡社区治理水平，是一项复杂工程，在不同的地区、不同的历史条件和社会环境下，社区治理还会有不同的目标任务，需要建立不同的治理机制和治理模式。因此，城乡社区治理要坚持“因地制宜，突出特色”，推动各地立足自身资源禀赋、基础条件、人文特色等实际，确定加强和完善城乡社区治理的发展思路和推进策略，实现顶层设计和基层实践有机结合，加快形成既有共性又有特色的城乡社区治理模式。

（文/王玉锦、吴双）

深化医保支付改革，全面助力推进医改

2017年6月20日，国务院办公厅发布《关于进一步深化基本医疗保险支付方式改革的指导意见》（以下简称《意见》），对下一步全面推进医保支付方式改革做出部署。《意见》提出施行多元复合式、按病种付费、按疾病诊断相关分组付费等多套改革试点措施，旨在健全医保对医疗行为的激励约束机制以及对医疗费用的控制机制，保障广大参保人员基本医疗权益和医保制度长期可持续发展。

1. 中国医保支付进入新阶段

医保支付一直是基本医保管理和深化医改的重要环节，是调节医疗服务行为、引导医疗资源配置的重要杠杆。从全球范围看，130多年来，医疗费用第三方支付方式主要经历了三个阶段：第一阶段的数量付费法、第二阶段的质量付费法和第三阶段的价值付费法。每一种支付方式都有其鲜明的特点。数量付费法产生于19世纪，以医疗的数量作为支付单位，如人头、人次、床日和项目等；质量付费法产生于20世纪80年代，以医疗的质量，即病种和病种分组作为支付单位；价值付费法萌芽于2010年以后，由医疗机构质量、医生组质量、医院绩效和患者疗效评估四个价值维度构成。

在我国，按项目付费曾经发挥了重要作用，但这也逐步导致过度医疗、医疗服务价格扭曲的问题。为维持正常运转、增加营运收入，医疗机构普遍增加处方用量和费用、增加不必要的检查项目，加重了患者负担。为了解决这一问题，更好地保障参保人员权益、规范医疗服务行为、控制医疗费用不合理增长，《意见》就基本医疗保险支付方式提出了改革措施，主要涉及按项目付费、按人头付费、按病种付费、按疾病诊断相关分组付费、按床日付

费、总额预付等支付方式。

相较于数量付费法，质量付费法有明显的优势。质量付费以病种和病种分组作为支付单位，其中病种分组指将住院病人按照临床相似性以及资源消耗相似性，即按照病人的疾病严重程度、治疗方法的复杂程度及资源消耗程度分成一定数目的疾病组，并以组为单位制定费用标准进行支付。这种分组打包的付费方式将促使医院综合考虑药品耗材和检查等手段的必要性，对成本进行更为精细化的把控。

2. 实行多元复合式支付方式

《意见》从总体要求、改革主要内容、配套改革措施、组织实施四个方面展开阐述，提出：从 2017 年起进一步加强医保基金预算管理，全面推行以按病种付费为主的多元复合式医保支付方式；选择部分地区开展按疾病诊断相关分组付费试点；到 2020 年，实现医保支付方式改革覆盖所有医疗机构及医疗服务，按项目付费占比明显下降的目标。

第一，实行多元复合式医保支付方式，重点推行按病种付费、按人头付费、按床日付费等支付方式。根据医疗水平和疾病类型的不同，进行多元复合式支付方式：对住院医疗服务，主要按病种、按疾病诊断相关分组付费，长期、慢性病住院医疗服务可按床日付费；对基层医疗服务，可按人头付费，积极探索将按人头付费与慢性病管理相结合；对不宜打包付费的复杂病例和门诊费用，可按项目付费。其中，对于诊疗方案和出入院标准比较明确、诊疗技术比较成熟的疾病，原则上实行按病种付费。对于仍适用按人头付费、按床日付费的疾病，进行完善细化。

第二，开展按疾病诊断相关分组付费试点。探索建立按疾病诊断相关分组付费体系，按疾病病情严重程度、治疗方法复杂程度和实际资源消耗水平等进行病种分组，逐步应用于实际付费并扩大应用范围。

第三，与分级诊疗、家庭医生、医联体建设等医改工作相配套。横向上，将医保支付方式与分级诊疗模式和家庭医生签约服务制度相结合，引导参保人员优先到基层首诊，并将符合规定的家庭医生签约服务费纳入医保支付范围。纵向上，对医疗联合体等分工协作模式实行医保总额付费，合理引导双向转诊。

3. 新阶段，新挑战

质量付费法比原有的支付方式更为科学有效，但想要栽培出合理成熟、造福于民的质量付费方式，“施肥”和“防虫”两项措施必不可少。运用疾病诊断相关分组评价方法需要具备一定的技术条件，如统一的疾病编码、规范的病例首页和临床路径、智能审核与监控系统等，而国内医院，特别是基层医院在这些方面都比较薄弱，需要积极学习、肥沃培育新支付方式的土壤。同时，按病种付费方式也有其自身缺陷，对比于按数量付费导致的过度医疗，质量付费法可能会导致反向的医疗收缩，例如，医院通过降低平均住院日、减少提供医疗服务来不合理地降低成本，使患者不能得到全面有效的诊治。因此，针对新支付方式需要建立“防虫”措施，使之更健康地成长。

（文/王依琪）

7月　凝聚共识迎接十九大

习近平研讨班讲话定调十九大

新巡视条例总结巡视实践新经验

国务院绘制新一代人工智能发展蓝图

金融工作会议部署“三管齐下”防风险

国务院发文建立现代医院管理制度

新疆新计生条例实现各民族生育平等

九部门发文推动加快发展住房租赁市场

习近平研讨班讲话定调十九大

2017 年 7 月 26—27 日，省部级主要领导干部“学习习近平总书记重要讲话精神，迎接党的十九大”专题研讨班在京举行。中共中央总书记、国家主席、中央军委主席习近平在开班式上发表重要讲话。中共中央政治局常委李克强、张德江、俞正声、刘云山、王岐山、张高丽出席。①

1. 统一思想、凝聚共识迎接十九大

省部级干部研讨班以往每年都会举行，此次与以往相比的特殊之处在于：首先，这次研讨班一个重要的时间节点是“十九大召开前”；其次，参加研讨班的成员是“省部级主要领导干部”。

在中国共产党的历史中，党的大会具有重要的意义，它既是一段时间内对工作的总结，也是谋划未来的思想动员会，对保持党内的思想团结具有重要的意义，这就是“继往开来”，“继往开来”意味着：十九大一方面是对过去五年工作的总结，另一方面更担负着对当前形势做出精准研判，并根据判断为未来制定科学蓝图的重大任务。习近平指出，即将召开的党的十九

① 习近平在省部级主要领导干部“学习习近平总书记重要讲话精神，迎接党的十九大”专题研讨班开班式上发表重要讲话［OL］．中国政府网，2017－07－27.

大，是在全面建成小康社会决胜阶段、中国特色社会主义发展关键时期召开的一次十分重要的大会，其任务是提出具有全域性、战略性、前瞻性的行动纲领，并明确宣示举什么旗、走什么路、以什么样的精神状态、担负什么样的历史使命、实现什么样的奋斗目标。

在党的十九大召开前夕，重点针对各省区市、各部委、重要机关单位的主要负责人开设研讨班，专门学习习近平总书记重要讲话精神，无疑具有统一思想、凝聚共识的明确指向。

2. 研判形势，谋划未来

梳理习近平总书记讲话，有以下亮点：

第一，将“改革开放以来党的全部理论和实践的主题”确定为“中国特色社会主义”。用“全部主题”这样的修辞来定位“中国特色社会主义”，体现出中国共产党对自己的道路、理论、制度和文化的“四个自信”。这种自信，植根于中华人民共和国成立，特别是改革开放以来中国共产党领导中国所取得的历史性成就之中，也蕴涵在中国共产党对国际国内形势与自身面临困难挑战的研判之中。

第二，做出了中国特色社会主义进入了新的发展阶段的重大战略判断。从革命年代开始，“当前的形势”和“我们的任务”就是中国共产党历次重要会议始终贯穿的命题。对形势的分析和任务的谋划，往往取决于对发展阶段的判断。此次讲话，习近平对“中国处在什么历史方位”做出了清晰判断。他指出，中国特色社会主义进入了新的发展阶段。近代以来久经磨难的中华民族实现了从站起来、富起来到强起来的历史性飞跃，意味着社会主义在中国焕发出强大生机活力并不断开辟发展新境界，意味着中国特色社会主义拓展了发展中国家走向现代化的途径，为解决人类问题贡献了中国智慧、提供了中国方案。可以预计，这个重大判断将成为未来制定适应时代要求和人民愿望的行动纲领和大政方针的基本依据。

第三，强调理论创新。“理论联系实际”是中国共产党的三大作风①之一。没有实际的理论是空虚的，没有理论的实际是盲目的，因此，中国共产党历来高度重视理论这双“实践的眼睛”，重视从实践中总结、提炼理论，依靠理论指导实践，同时，又在实践中修正、改进理论。正因为如此，中国共产党是一个重视理论创新、学习、应用的学习型政党。习近平提出，要“以更宽广的视野、更长远的眼光来思考和把握国家未来发展面临的一系列重大战略问题，在理论上不断拓展新视野、做出新概括”。党的十九大将会在总结实践经验的基础上，在推进理论创新方面有所作为。

第四，提出要继续“管党治党”。在中国的政治结构里，中国共产党扮演了总揽全域、协调各方的领导核心角色，办好中国的事情，关键在党。但“打铁还需自身硬”，党要发挥好领导核心作用，就必须做到党要管党、从严治党。习近平强调：“实践使我们越来越深刻地认识到，管党治党不仅关系党的前途命运，而且关系国家和民族的前途命运，必须以更大的决心、更大的勇气、更大的气力抓紧抓好。”领导层已经多次表明，党的十八大以来的反腐和从严治党绝不是“一阵风”、摆姿态，党的十九大将会以更加科学、更加严密、更加有效的思路举措，推动全面从严治党向纵深发展。

3. 冲刺全面建成小康社会宏伟目标

此次研讨班的意义，主要不在于自身，而在于它对党的十九大的意义。“两个一百年”奋斗目标②是邓小平“三步走”战略规划的重要组成部分。

---

① 这里指“理论联系实际”“密切联系群众”“批评与自我批评”三大作风。

② “两个一百年”奋斗目标，是指在中国共产党成立一百年时全面建成小康社会，在中华人民共和国成立一百年时建成富强民主文明和谐的社会主义现代化国家。

党的十八大提出，到2020年实现全面建成小康社会宏伟目标。党的十八大以来，习近平总书记不断重申“两个一百年”目标并把它与实现中国梦联系起来。党的十九大距离这一目标只有三年时间了。因此，党的十九大是“在全面建成小康社会决胜阶段、中国特色社会主义发展关键时期召开的一次十分重要的大会”。此次研讨班，对顺利召开党的十九大，乃至完成第一个一百年奋斗目标，都具有重要意义。

（文/吴双）

新巡视条例总结巡视实践新经验

2017年7月14日，新修改的《中国共产党巡视工作条例》（以下简称《条例》）正式发布。这是继2009年7月发布《中国共产党巡视工作条例（试行）》和2015年8月修改以来，第二次修改巡视工作条例。《条例》全面总结党的十八大以来巡视实践和理论创新成果，实现了巡视实践、理论和制度成果的高度统一，为深入推进巡视工作提供了坚实基础，对于坚持党的领导，加强党的建设，全面从严治党，强化党内监督，深入推进巡视工作，具有十分重要的意义。

1. 实践成果呼唤制度更新

巡视监督是党内监督和群众监督相结合的有效监督方式，凝结着全面从严治党实践、理论、制度创新的重要成果。2015年颁布实施的《中国共产党巡视工作条例》，为全面从严治党、依规依纪巡视发挥了重要作用。随着管党治党的不断深化和巡视实践的发展，党中央对加强和改进巡视工作又做出一系列新部署，对深化政治巡视提出了新要求。同时，巡视工作在实践中积累了不少新的成果需要用制度固化。《关于新形势下党内政治生活的若干准则》《中国共产党党内监督条例》，对巡视监督做出新规定，迫切要求再次修改巡视工作条例。

对此，党中央高度重视，中央巡视工作领导小组先后3次召开会议进行专题研究，组织编撰草案。2017年5月，中央政治局常委会会议、中央政治局会议审议通过了《中共中央关于修改〈中国共产党巡视工作条例〉的决定》。

2. 制度化形式巩固新实践新认识

《条例》修改工作严格以党章和习近平总书记系列重要讲话精神和治国理政新理念新思想新战略为遵循，按照"实践探索在前、提炼归纳在后"的要求，始终坚持以下原则：一是坚持依纪依规，严格遵照党章和党内监督条例等党内法规，做到衔接顺畅、规范准确。二是坚持必要可行，对经过实践检验确有必要、正确可行的做出修改，确保修改内容能够得到贯彻。三是坚持突出重点，不求面面俱到，重点解决事关巡视工作发展的重大问题。四是坚持与时俱进，确保修改后的巡视条例充分体现中央精神，符合实践发展需要。

在内容上，这次修改对原条例进行了"增、补、调"，即增加有关新要求，补充有关新内容，调整有关新条款，主要包括五个方面的内容：

一是根据习近平总书记系列重要讲话精神，明确政治巡视定位。党的十八大以来，随着巡视实践的不断发展，巡视的定位越来越清晰，方向越来越明确，站位也越来越高。政治巡视成为十八届中央巡视工作重大理论和实践创新成果。把政治巡视要求写入条例，是这次修改工作的重点和亮点。

二是根据中央新要求，明确一届任期内巡视全覆盖任务。十八届中央巡视在党的历史上首次实现了一届任期内巡视全覆盖目标。然而，完成一届任期内巡视全覆盖不是终点，而是新的起点。只有往后的每一届任期内巡视均完成全覆盖目标，才能保证力度不减、震慑常在。因此，《条例》认真总结巡视全覆盖经验，明确规定党的中央和省、自治区、直辖市委员会实行巡视制度，建立专职巡视机构，在一届任期内对所管理的地方、部门、企事业单位党组织全面巡视。

三是根据党内监督条例规定，明确巡视监督内容。随着巡视实践的发展，认识也不断深化。新条例对巡视监督内容进行了新的梳理和归纳，修改补充了相关内容。比如，将原条例中的对“落实党风廉政建设主体责任和监督责任等情况进行监督”修改为对“落实全面从严治党主体责任和监督责任等情况进行监督”。这样修改后，既保持了相对稳定，又进一步突出了巡视监督的政治作用，更加具有指导性、针对性和操作性。

四是根据实践发展需要，明确中央和国家机关的巡视制度。中央和国家机关是党和国家治理体系的中枢，权力集中、地位重要，既是党的路线方针政策的“第一执行者”，又是各个领域、系统的领导者。然而，在党的十八大之前，中央和国家机关党组织的巡视工作基本没有开展，在对中央和国家机关巡视的反馈情况中，管党治党宽松软等问题均不同程度存在，“灯下黑”现象令人警醒。对此，新条例进一步提出具体要求，规定“中央有关部委、中央国家机关部门党组（党委）可以实行巡视制度，设立巡视机构，对所管理的党组织进行巡视监督”。

五是根据全面从严治党向基层延伸的要求，明确市县巡察制度。建立市县党委巡察制度，有利于推进全面从严治党向基层延伸，打通党内监督“最后一公里”。党的十八大以来，中央多次部署探索市县巡察工作。截至2017年，31个省区市、新疆生产建设兵团和15个副省级城市全部建立巡察制度，巡察监督利剑作用初显成效。新条例系统总结了巡察工作实践经验，要求“党的市（地、州、盟）和县（市、区、旗）委员会建立巡察制度，设立巡察机构，对所管理的党组织进行巡察监督”。

3. 巡视永远在路上，踏实走好每一步

巡视是全面从严治党的利剑，是加强党内监督的战略性制度安排，是具有中国特色的民主监督制度。在根据新认识和新实践对《条例》本身进行不断完善的同时，中央巡视办制定了46项配套制度，修改了《关于被巡视地区、单位配合中央巡视组开展巡视的规定》4个工作规则，建立了与中央纪委、中央组织部、公检法司等方面的10个协调协作机制，不断扎紧制度的笼子。往后应当认真学习贯彻新修改的巡视条例及各项配套规定，进一步做好巡视工作，促进管党治党走向标本兼治。这就要求：首先，必须统一思想、深化认识，深入领会《条例》新精神，推动全面从严治党向纵深发展；其次，加强协调配合，形成监督合力，充分发挥中国特色民主监督制度优势。

（文/李振宇）

国务院绘制新一代人工智能发展蓝图

2017年7月20日，国务院发布《新一代人工智能发展规划》（以下简称《规划》），提出了面向2030年我国新一代人工智能发展的指导思想、战略目标、重点任务和保障措施，部署构筑我国人工智能发展的先发优势，加快建设创新型国家和世界科技强国。

1. 顺应大势，主动作为

2017年3月5日，李克强总理在《政府工作报告》中提出，“全面实施

战略性新兴产业发展规划，加快新材料、新能源、人工智能、集成电路、生物制药、第五代移动通信等技术研发和转化，做大做强产业集群”。① 这是人工智能首次被写入政府工作报告。

《规划》第一部分解释了发展人工智能的战略态势。《规划》认为，经过60多年的演进，特别是在新理论新技术以及经济社会发展强烈需求的共同驱动下，人工智能发展进入新阶段，正推动经济社会各领域从数字化、网络化向智能化加速跃升。在此背景下，人工智能成为国际竞争的新焦点和经济发展的新引擎。人工智能是引领未来的战略性技术，世界主要发达国家都把发展人工智能作为提升国家竞争力、维护国家安全的重大战略，加紧出台规划和政策，围绕核心技术、顶尖人才、标准规范等强化部署，力图在新一轮国际科技竞争中掌握主导权。同时，作为新一轮产业变革的核心驱动力，人工智能有望重构生产、分配、交换、消费等经济活动各环节，催生新技术、新产品、新产业、新业态、新模式，引发经济结构重大变革。

2. 三步走建设人工智能强国

首先，《规划》确立了我国人工智能发展的“三步走”战略以及“构建一个体系、把握双重属性、坚持三位一体、强化四大支撑”的总体布局。“三步走”战略的时间节点分别是2020年、2025年和2030年，每5年时间为一个阶段，逐步发展人工智能的基础理论、总体技术与应用，并将其纳入世界的评价体系中进行衡量，到2030年争取人工智能的产业竞争力达到国际领先水平，智能经济、智能社会达到明显的成效。总体布局中，“一个体

① 李克强．政府工作报告——2017年3月5日在第十二届全国人民代表大会第五次会议上［OL］．中国政府网，2017－03－16.

系”是指开放协同的人工智能科技创新体系，旨在形成原创性基础理论以及重大产品和系统的持续创新能力；“双重属性”是指人工智能的技术属性和社会属性，既要加大人工智能研发和应用力度，最大程度发挥人工智能潜力，又要预判人工智能给社会政策带来的挑战并防范风险；“三位一体”是指协调推进研发攻关、产品应用和产业培育，强化创新链和产业链深度融合、技术供给和市场需求互动演进，实现技术—应用—产业的滚动发展和持续提升；“四大支撑”是指全面支撑科技、经济、社会发展和国家安全，一是以人工智能技术突破带动国家创新能力全面提升，二是为我国未来十几年乃至几十年经济繁荣创造一个新的增长周期，三是促进民生福祉改善，四是提升国防实力，保障和维护国家安全。

其次，《规划》依据总体布局，提出人工智能发展的重点任务。第一，构建开放协同的人工智能科技创新体系。发展人工智能的前提在于拥有足够的源头创新，没有足够的源头创新，后面的产业化、社会化等一切都无从谈起。人工智能科技创新体系旨在从前沿基础理论、关键共性技术、基础平台、人才队伍等方面，促进开源共享，系统提升持续创新能力，确保我国人工智能科技水平跻身世界前列。第二，培育高端高效的智能经济，包括发展人工智能新兴产业、推进产业智能化升级、大力发展智能企业、打造人工智能创新高地四项子任务。第三，建设安全便捷的智能社会，即将人工智能应用于公共服务、社会治理、公共安全、社会交往等领域。第四，加强人工智能领域军民融合，这意味着军民双方在人工智能基础理论和关键共性技术上共同研发并共享共用，为此要建立科研院所、高校、企业和军工单位的常态化沟通协调机制，引导国防领域人工智能科技成果向民用领域转化应用，同时鼓励优势民口科研力量参与国防领域人工智能重大科技创新任务。第五，构建泛在安全高效的智能化基础设施体系。第六，前瞻布局新一代人工智能重大科技项目，形成以新一代人工智能重大科技项目为核心、现有研发布局为支撑的“1+N”人工智能项目群。“1”是指新一代人工智能重大科技项目，聚焦基础理论和关键共性技术的前瞻布局；“N”是指国家相关规划计划中部署的人工智能研发项目，重点是加强与新一代人工智能重大科技项目的衔接，协同推进人工智能的理论研究、技术突破和产品研发应用。

最后，妥善应对人工智能可能带来的挑战，形成适应人工智能发展的制度安排。虽然人工智能诞生已经有几十年了，但其产业化与大规模应用还是新事物。《规划》对人工智能可能带来的挑战具有清醒的意识。其一，针对人工智能可能冲击法律与社会伦理、侵犯个人隐私、挑战国际关系准则等问题，《规划》要求制定促进人工智能发展的法律法规和伦理规范，为新技术的快速应用奠定法律基础。其二，建立人工智能技术标准和知识产权体系。作为一个新兴产业，人工智能的许多技术标准都有待制定，这将很大程度上决定各国在未来的人工智能产业中的地位。其三，建立人工智能安全监管和评估体系。加强人工智能对国家安全和保密、就业、社会伦理等领域影响的研究与评估。

3. 既谋发展，又防风险

作为一个后发国家，我国在许多传统领域都与先发国家存在较大差距。但人工智能是一个新兴领域，我国与其他先发国家在此领域基本处于同一起跑线，用《规划》的话说，甚至有望“构筑我国人工智能发展的先发优势”。同时，数字化、网络化未来可能会向智能化方向发展，因此应当顺势而为，主动谋划。但人工智能是把双刃剑，可能带来一系列前所未有的问题。例如，人工智能的大规模应用有可能导致就业的减少。《规划》既对发展人工智能有决心和规划，又对可能存在的风险有预估，没有盲目乐观。

（文/吴双）

金融工作会议部署“三管齐下”防风险

2017 年 7 月 14—15 日，五年一度的全国金融工作会议在北京召开，此次会议明确了服务实体经济、防控金融风险、深化金融改革三项任务，同时决定设立国务院金融稳定发展委员会，强化中国人民银行宏观审慎管理和系统性风险防范职责，落实金融监管部门监管职责，并强化监管问责。

1. 防风险是金融工作的永恒主题

党的十八大以来，防控金融风险的重要性、守住不发生系统性风险的底线被反复强调。在此次会议上，习近平再次指出，防止发生系统性金融风险是金融工作的永恒主题。我国金融风险总体上处于可控水平，但仍须谨慎对待。

目前，我国金融风险主要有以下几个形成源。第一个风险源是体制外金融快速发展形成的风险。过去几年，随着互联网的飞速发展和金融准入门槛降低，互联网金融应运而生，监管严重滞后和缺位，导致互联网金融行业乱象重生，严重威胁着金融安全和社会稳定。第二个风险源是金融机构之间跨市场的风险。为了拓展资金投向范围、降低资本充足率监管成本，一些金融机构开始大量与非金融机构合作开发各类资产管理业务，导致银行资金投向和资产性质发生转变。银行整体资产结构发生明显变化，贷款在资产负债表中占比明显下降，多数银行贷款在资产总额中的占比都低于 50%，这就意味着包括银行在内的整个金融体系所面临的主要风险，从原来的贷款信用风险为主转变为一种市场化风险。第三个风险源是来自特定市场价格的快速上升，尤其是房地产价格快速攀升带来杠杆率的高企。房地产业对金融市场有着非常深远的影响，越来越多贷款流入房地产行业中，而房地产作为银行业各类贷款最主要的抵押品，与金融业息息相关，楼市的下挫将直接危及金融业的安全。

2. “三管齐下”防风险

习近平在会议中指出了金融工作的四项原则，这四项原则将成为未来金融工作的重点。第一，回归本源，金融要把为实体经济服务作为出发点和落脚点。第二，优化结构，完善金融市场、金融机构、金融产品体系。第三，强化监管，提高防范化解金融风险能力。要以强化金融监管为重点，以防范系统性金融风险为底线，加快相关法律法规建设，完善金融机构法人治理结构，加强宏观审慎管理制度建设，加强功能监管，更加重视行为监管。第四，市场导向，发挥市场在金融资源配置中的决定性作用。坚持社会主义市场经济改革方向，处理好政府和市场关系，完善市场约束机制，提高金融资源配置效率。

此外，这次会议“三管齐下”防范、监管金融风险。

首先，将“机构监管”变为“功能监管、行为监管”。“机构监管”是一种粗放式的监管方式，而“功能监管、行为监管”是一种精细化的监管方式。在过去分业监管体系下，“一行三会”的监管模式均为“机构监管”，“一行三会”仅监管自己负责的机构，但是各被监管机构存在广泛的跨市场、跨领域的业务活动，在这种“混业经营”的大背景下，针对特定机构进行监管显得力不从心。此次会议确认监管模式为“功能监管、行为监管”，标志着“机构监管”将转变为“功能监管、行为监管”，这是监管模式和监管思维的重大转变。

其次，决定设立国务院金融稳定发展委员会。此次会议证伪了之前市场传闻的“一行三会合并”“双峰监管”“超级央行”等监管机构改革方案，采用了在“一行三会”之上新设立管辖机构，“一行三会”仍然是相对独立的改革方案。早在2013年，中央就设立了“金融监管协调部际联席会议”，“联席会议重点围绕金融监管开展工作，不改变现行金融监管体制，不替代、不削弱有关部门现行职责分工，不替代国务院决策，重大事项按程序报国务院”。此外，此联席会议是通过季度例会或临时会议等开展工作。“只议事，不决策”的定位使得监管效果并不理想。国务院金融稳定发展委员会是联席会议的升级版，从名称上看，前缀是国务院，这说明这个委员会的行政层级高于目前正部级的“一行三会”；从职能上讲，委员会的职能往往带有较强的综合性。这就意味着“垂直协调”将取代“水平协调”，同时监管范围更广泛，金融监管协调体系正式从1.0版本升级到2.0版本。

最后，严格监管问责，严控地方政府债务增量，加强对监管者的监督。会议要求“金融管理部门要努力培育恪尽职守、敢于监管、精于监管、严格问责的监管精神，形成有风险没有及时发现就是失职、发现风险没有及时提示和处置就是渎职的严肃监管氛围”，“各级地方党委和政府要树立正确政绩观，严控地方政府债务增量，终身问责，倒查责任”。会议将纪委工作态度引入金融工作，并加强对监管者的监督。

3. 防风险不可“一刀切”

此次会议对火热的“互联网金融”仅提及一句“加强互联网金融监管”，而对“中小金融机构”却大力支持，习近平强调“发展中小银行和民营金融机构”，李克强指出“大力发展中小金融机构”。如上所述，互联网金融加大了金融系统风险，在“防风险”的大背景下加强对互联网金融的监管实属必要。但如果管得过严或者索性采取粗暴的“一刀切”，也会扼杀互联网金融的创新空间。对于新兴行业，既不能放任不管，也不能一下子“管死”，而应当在监管与创新探索之间实现必要的平衡。

（文/周盛）

国务院发文建立现代医院管理制度

2017年7月25日，国务院办公厅发布《关于建立现代医院管理制度的指导意见》（以下简称《意见》），提出通过完善医院管理制度、建立健全医院治理体系等方式，建立权责清晰、管理科学、治理完善、运行高效、监督有力的现代医院管理制度。

1. 制度建设“新处方”

2010年，城市公立医院综合改革在17个城市启动试点，2016年扩大到200个城市，覆盖全国近2/3的地级以上城市。这些年来，各地积极探索建立现代医院管理制度，积累了许多宝贵经验。然而，公立医院综合改革作为深化医药卫生体制改革的重中之重、难中之难，在深化改革中还存在所有权与经营权界限不清、政府举办和监管公立医院存在不同程度的缺位越位等现象，公立医院自主权未能有效落实、管理粗放等问题，亟须国家层面出台规范性文件，指导各地加快建立现代医院管理制度。

《意见》体现出重制度、重管理、重体系的特点，从宏观角度确立改革方向，提出多项重要制度：从明确政府对公立医院的举办职能和监管职能，到落实公立医院经营管理自主权，进一步厘清政府对公立医院的举办和监管职能清单，梳理医院经营管理自主权清单；从制定医院章程到实行所有权与经营权分离，进一步推进公立医院内部管理和医院治理体系的完善。

作为中国特色基本医疗卫生制度的重要组成部分，现代医院管理制度是基本医疗卫生制度“立柱架梁”的关键制度安排，是深化医改的“主战场”。目前，深化医药卫生体制改革正在由形成框架转向制度建设，构成我国基本医疗卫生制度的分级诊疗制度、全民医保制度、药品供应保障制度的顶层设计已经基本完善，现代医院管理制度和综合监管制度建设正在深入推进。建立现代医院管理制度，对于处理好医院和政府关系，实现政事分开、管办分开，充分释放医院活力，更好地满足人民群众看病就医需求，实现医院治理体系和治理能力现代化，推进健康中国建设都具有十分重要的意义。

2. 内外并重改革医院治理体系

《意见》从总体要求、具体方案、组织实施等方面就全面深化公立医院综合改革，建立现代医院管理制度做出部署，确立的目标为到2020年，基本形成维护公益性、调动积极性、保障可持续的公立医院运行新机制和决策、执行、监督相互协调、相互制衡、相互促进的治理机制，促进社会办医健康发展，推动各级各类医院管理规范化、精细化、科学化，基本建立权责清晰、管理科学、治理完善、运行高效、监督有力的现代医院管理制度。在具体政策上，《意见》主要从医院治理体系和医院内部治理能力两个角度展开，要点如下：

首先，在医院治理体系方面，建立健全医院治理体系，明确政府对公立医院的举办职能和监管职能，落实公立医院经营管理自主权。第一，坚持政事分开、管办分开。《意见》明确提出，合理界定政府作为公立医院出资人的举办监督职责和公立医院作为事业单位的自主运营管理权限，实行所有权与经营权分离。同时，明确各级行政主管部门要从直接管理公立医院转为行业管理，逐步取消公立医院的行政级别，从而关键性地厘清政府、卫生行政部门、医院之间的关系，明确三者的职责定位。第二，制订区域卫生规划和医疗机构设置规划，合理控制公立综合性医院数量和规模，逐步建立以成本和收入结构变化为基础的医疗服务价格动态调整机制。第三，建立综合监管制度，深化医保监管作用。重点加强对各级各类医院医疗质量安全、医疗费用以及大处方、欺诈骗保、药品回扣等行为的监管，建立“黑名单”制度，形成全行业、多元化的长效监管机制。深化医保支付方式改革，充分发挥医保对医疗服务行为和费用的调控引导与监督制约作用，逐步将医保对医疗机构服务监管延伸到对医务人员医疗服务行为的监管。

其次，放宽医院自主经营的前提是提升医院自身的服务经营水平，《意见》提出一系列提升医院内部治理能力的方案：完善医院管理制度，制定章程，健全决策、民主管理、医疗质量安全管理、人力资源和财物资产管理等制度。第一，首次提出各级各类医院应制定章程，以章程为统领，建立健全内部管理机构、管理制度、议事规则、办事程序等，规范内部治理结构和权力运行规则。第二，落实医疗责任，明确院长是医院依法执业和医疗质量安全的第一责任人，同时落实医疗质量安全院、科两级责任制。第三，从人、财、物等方面全面提升医院管理能力，健全人力资源、财物资产管理、绩效考核、科研管理、信息管理等多项制度。第四，加强医院党的建设，充分发挥公立医院党委的领导核心作用，全面加强公立医院基层党建工作，加强社会办医院党组织建设。

3. 从制度到实践

面对政府和医院之间“剪不断、理还乱”的权责问题，《意见》提出系列制度方案，为全面深化医药改革开出新“处方”。然而，赋予医院更多经营自主权的同时，如何有效保障监督不缺位；控制公立综合性医院数量和规模，是否与缓解大城市公立医院人满为患问题相冲突；现代医院管理制度的出台，如何与各项既有的医改措施相融合配套。这些问题在理论和实践层面仍须更多的尝试和探索。

（文/王依琪）

新疆新计生条例实现各民族生育平等

2017年7月28日，新疆维吾尔自治区十二届人大常委会第三十次会议表决通过修改后的《新疆维吾尔自治区人口与计划生育条例》（以下简称《条例》），将违法生育纳入征信系统，女职工符合规定生育子女的，除国家规定的产假外增加产假60天等。取消原先对汉族与少数民族在生育规定方面的区别对待等，成为此次修改的最大亮点。

1. 衔接新法修改条例

2002年11月28日，自治区第九届人民代表大会常务委员会第三十一次会议通过《条例》。2015年10月26至29日召开的十八届五中全会提出“促进人口均衡发展，坚持计划生育的基本国策，全面实施一对夫妇可生育两个孩子的政策”。2016年1月1日，“全面二孩”政策正式落地，《中华人民共和国人口与计划生育法》修改实施。随后，全国30个省（区、市）先后修改相关条例，延长产假等措施陆续出台。为确保《条例》与新修订的《中华人民共和国人口与计划生育法》相衔接，实现新疆社会和谐、各民族平等、区域安全和长治久安，有必要及时修改《条例》。

2. 各民族生育平等

梳理此次修改后的《条例》，亮点如下：

第一，顺应趋势，不再鼓励晚婚晚育，而强调公民有生育的权利。修改后的《条例》取消了鼓励晚婚、晚育的相关条款，并新增了“公民有生育的权利和依法实行计划生育的义务，违法生育的，应当依法征收社会抚养费，并将违法生育及社会抚养费欠缴情况纳入征信系统”。

第二，至于生育子女的个数，不再区分汉族和少数民族。修改后的《条例》规定，“城镇居民一对夫妻可育有两个子女，农村居民一对夫妻可育有三个子女。夫妻一方为城镇居民的，按城镇计划生育规定生育”，同时还规定了再婚夫妻可再生育一个子女的条件。相比照而言，修改前的《条例》则区分了汉族与少数民族的生育规定，“城镇汉族居民一对夫妻可生育一个子女，少数民族居民一对夫妻可生育两个子女。汉族农牧民一对夫妻可生育两个子女，少数民族农牧民一对夫妻可生育三个子女。夫妻一方是少数民族的，按少数民族计划生育规定生育；夫妻一方为城镇居民的，按城镇计划生育规定生育”。

第三，依据修改后的《中华人民共和国人口与计划生育法》精神延长婚假、产假。修订后的《条例》规定，除国家规定的婚假外，增加婚假20天。女职工符合规定生育子女的，除国家规定的产假外，增加产假60天，给予男方护理假15天。

3. 民族政策应避免人为扩大民族差异

《条例》修改之前，虽说各民族一律平等，但少数民族在生育、升学等政策上都得到了不同程度的优待。在司法领域，也有“两少一宽”政策，即对少数民族的犯罪分子要坚持“少捕少杀”，在处理上一般要从宽。民族政策的目的是促进民族融合，进而维护民族团结，而不是人为地扩大民族差异。生育政策上的区别对待在很多情况下恰恰起到了扩大民族差异的消极后果，甚至可能导致新疆人口结构的变化，理应根据实际情况有所调整。

（文/吴双）

九部门发文推动加快发展住房租赁市场

2017年7月18日，住房和城乡建设部会同国家发展改革委、公安部、财政部、国土资源部等九部门联合印发《关于在人口净流入的大中城市加快发展住房租赁市场的通知》（以下简称《通知》），拟采取多种措施加快推进租赁住房建设，培育和发展住房租赁市场，并选取广州、深圳、南京、杭州、厦门、武汉、成都、沈阳、合肥、郑州、佛山、肇庆等12个城市首批开展住房租赁试点。

1. 正视租房与购房的公共服务差异

截至2017年，我国共有大约2.45亿流动人口，人口净流入的大中城市每年都要涌入大批“新市民”。我国城镇化进程的要务之一就是解决住有所居的问题，但近年来房价一直居高不下，如此庞大的流动人口，显然不可能都通过买房在城市安家落户。如果有住房需求但又无力通过买房解决，那么租赁自然成了理论上最佳的替代选择。

但如果要把住房租赁上升为解决城市化人口住房问题的一种主要途径，那么现有的住房租赁市场还远远不能满足需求。首先，住房交易市场是住房供应的主角，住房保障体系也在最近几年里加快建立和形成规模，而住房租赁市场仍然处于自发状态。其次，我国66%的租赁房源集中在个人手中，规模化、集约化程度较低。另外，租赁需求的住房供给只能通过二手房市场获得，基本上不存在新房租赁市场。更重要的是，租房者不能完全享受当地的公共服务，因此摆脱不了“外地人”的尴尬身份，对租房有所保留。

有鉴于此，2016年6月3日，国务院办公厅印发《关于加快培育和发展住房租赁市场的若干意见》（以下简称《意见》），明确提出要培育和发展住房租赁市场、实行购租并举，促进实现住有所居。但该《意见》没有正视附加在住房之上的公共服务问题。此次《通知》的亮点在于，专门针对人口净流入的大中城市。《通知》发布后不久，广州、郑州、武汉、无锡等城市已经发布文件，不同程度地直接回应了附加在住房之上的公共服务问题。

2. “租售并举”并非“租购同权”

首先，《通知》要求培育机构化、规模化住房租赁企业，增加租赁住房有效供应，同时，建立健全相关配套制度。《通知》鼓励国有、民营的机构化、规模化住房租赁企业发展，鼓励房地产开发企业、经纪机构、物业服务企业设立子公司拓展住房租赁业务。鼓励各地通过新增用地建设租赁住房，在新建商品住房项目中配建租赁住房等方式，多渠道增加新建租赁住房供应。按照国土资源部、住房城乡建设部的统一工作部署，超大城市、特大城市可开展利用集体建设用地建设租赁住房试点工作。鼓励住房租赁国有企业将闲置和低效利用的国有厂房、商业办公用房等，按规定改建为租赁住房。同时，要建设政府住房租赁交易服务平台，建立部门相互协作配合的工作机制，及时跟进监管，规范住房租赁市场。

其次，对租房所享有的公共服务问题，《通知》只有一句“承租人可按照国家有关规定凭登记备案的住房租赁合同等有关证明材料申领居住证，享受相关公共服务”。显然，《通知》的意思是按照既有的居住证制度，给承租人提供公共服务，同时给各地方留下了自由裁量权。根据《居住证暂行条例》规定，居住证持有人在居住地依法享受劳动就业，参加社会保险，缴存、提取和使用住房公积金的权利。县级以上人民政府及其有关部门应当为居住证持有人提供义务教育、基本公共就业服务、基本公共卫生服务和计划生育服务、公共文化体育服务、法律援助和其他法律服务等基本公共服务。

最后，各地对承租人享受公共服务都设定了一定的前置条件，同时规定了公共服务的范围。换言之，“租售并举”不能简单地等同于“租购同权”。例如，《广州市加快发展住房租赁市场工作方案》规定，赋予符合条件的承租人子女享有就近入学等公共服务权益，保障租购同权，而这里的“条件”则是“具有本市户籍的适龄儿童少年、人才绿卡持有人子女等政策性照顾借读生、符合市及所在区积分入学安排学位条件的来穗人员随迁子女，其监护人在本市无自有产权住房，以监护人租赁房屋所在地作为唯一居住地且房屋租赁合同经登记备案”。但“就近入学”实际上要比《居住证暂行条例》规定的公共服务少了很多。无锡市则允许在本市有经房产管理部门办理租赁登记备案的租赁住宅，且在本市依法缴纳社会保险并申领（签注）《江苏省居住证》均满 5 年的人员（宜兴市为均满 3 年）本人、配偶和未成年子女来该市落户。

3. 公共服务资源稀缺

就居住功能来说，租房与购房是一样的，关键在于附加在租赁住房与购买住房之上的公共服务的差异。对人口净流入的大中城市来说，住房除了满足居住需求以外，还与优质的教育、医疗等公共服务联系在一起：在这些城市拥有属于自己的房子，就意味着可以享受它的教育、医疗等资源。在此意义上，《通知》及各地出台的政策力度偏小、门槛偏高，真正能享受到的人恐怕比较有限。更为根本的是，优质公共服务资源稀缺的事实并没有因此而改变，没有足够的公共服务资源，人口净流入的大中城市就很难做到完全的“租购同权”。因此，加大公共服务资源的供给，才是减轻人口净流入的大中城市住房压力的治本之策。

（文/吴双）

8月　规范境外投资，防控金融风险

网联平台推进支付数据体系统一化

三部门发文规范党员网络行为

四部委联合发文规范境外投资

十三城市开展利用集体建设用地建设租赁住房试点

两规定打通网络社区法治化的“最后两公里”

网联平台推进支付数据体系统一化

2017 年 8 月 4 日，央行支付结算司向有关金融机构下发了《中国人民银行支付结算司关于将非银行支付机构网络支付业务由直连模式迁移至网联平台处理的通知》（以下简称《通知》）。《通知》要求，自 2018 年 6 月 30 日起，支付机构受理的涉及银行账户的网络支付业务全部通过网联平台处理。同时，要求各银行和支付机构应于 2017 年 10 月 15 日前完成接入网联平台和业务迁移相关准备工作。

1. 数据是统筹监管的核心

2017 年 7 月召开的全国金融工作会议指出，要统筹监管重要金融基础设施，这句话可以成为理解网联平台最好的注脚。清算体系虽然属后台业务，但是却属于整个支付闭环里的底层架构，是国家重要的“金融基础设施”。

传统第三方支付一直采用的是“直连模式”，所谓“直连模式”就是指第三方支付机构在各银行开设自己的账户，客户的支付和转账几乎全部在第三方支付机构自己的银行账户内完成，架空了国家统一的清算职能。在“直连模式”下，第三方支付不仅履行了支付的职能，还履行了“代清算”的职能。这种模式存在以下几点弊端：

一是由于各银行机构业务处理平台标准和接口标准不统一，再加上支付机构需要与多家银行进行一一对接，造成多头开发、重复建设，资源浪费大，开发和管理难度也大，不利于社会资源的节约和处理效率的提高。

二是部分非银行支付机构系统安全性及风控管理水平参差不齐，在缺乏有效的配套风险保障措施的情况下，非银行支付机构因经营不善发生系统性风险或破产倒闭危及银行的风险客观存在，不利于金融稳定和社会稳定。

三是“直连模式”是一个自循环，存在严重的封闭性，交易透明度低，游离于监管部门的有效监管之外，产生监管死角，导致诈骗、钓鱼、洗钱多有发生。同时，海量的交易数据掌握在第三方支付机构手中，国家反而成为一个信息孤岛，不利于国家整体的金融安全。

“无数据，无监管”，对支付的统筹监管首先必须掌握海量的交易数据。网联的诞生使得每笔交易对于国家而言几乎是透明的，正如 CRS（共同申报准则）的落地使得资金账户对于国家来说变得透明。

2. 从“直连”到“网联”——推进支付数据体系统一化

在“网联模式”下，所有涉及银行账户的网络支付都必须通过网联平台处理，而不是在支付机构自己的不同银行账户中循环，“直连模式”到“网联模式”的转变实际上只多了一个中介，在用户——支付机构——银行中间插入了网联平台，但国家却掌握了网络支付清算这一重要的金融基础设施。网联的功能和银联非常相像，前者负责网络支付的统一清算，后者负责银行卡业务的统一清算，两者共同织成了一张对于支付业务无缝监管的网。

“网联模式”推进支付数据体系统一化的努力充分体现在“共建、共享、共有”的原则上。

共建——包括支付宝、财付通在内的多家第三方支付机构参与网联建设，来自这些支付机构的顶级架构师负责网联平台分布式架构的总体设计，并通过央行科技管理部门组织的行业专家评审。

共享——无论大小，所有第三方支付机构都将可以直接使用网联平台，进行网络支付清算。

共有——2017 年 7 月 28 日，中国人民银行清算总中心、财付通支付科技有限公司、支付宝（中国）网络技术有限公司、银联商务股份有限公司等 45 家机构签署了《网联清算有限公司设立协议书》，拟共同发起设立“网联清算有限公司”。这 45 家机构将共同出资 20 亿元，其中央行旗下的 7 家单位持有网联 37% 的股份；支付宝、财付通、网银在线等 38 家第三方支付机构持股共 63%。其中备受关注的支付宝、财付通各占 9.61%，网银在线占比 4.71%，这是股份最多的三家支付机构。

3. 网联平台对多方有利，独立性存疑虑

面对网联的横空出世，各方可谓喜忧参半。

对于国家而言，“网联模式”使得海量交易信息能够为国家所掌握，从而使得每一笔通过第三方支付机构结算的资金流处于国家的有效监管之下，这无疑是一次强化金融监管的有效举措，与第五次全国金融工作会议“防风险，强监管”的提法一脉相承。印度进行的废钞改革也正是将原本国家金融系统监管不到的资金流纳入国家的统一监管中，与“网联模式”的监管思路相似。

对于用户而言，“网联模式”下用户的日常使用几乎不受任何影响，但是由于第三方支付无须再直接对接银行，可将业务重心更偏向于提升面向用户的服务和创新，从而为用户提供更好的服务和体验。同时，配合统一的备付金制度将使得用户的资金更为安全。

对于第三方支付机构而言，网联的设立并不完全是一个利空消息。由于网联平台的定位是一个中立的清算机构，并不涉及支付业务，同时支付机构也可以掌握交易数据，因此短时间内并不会改变现有的市场格局，支付宝、

财付通这样的大型支付机构依然会占据市场的主导地位。虽然其数据垄断被打破，在金融领域的发展受到一定的阻碍，但是同时也解决了支付宝、财付通一直担心的合规性问题。无须对接银行，只面向消费者的“网联模式”使得一些中小机构有望通过消费者端的创新脱颖而出，真正不利于中小机构的举措是备付金统一托管。

对于银行而言，其影响仍有待观察。网联清算股份有限公司的股东中并没有银行，因此银行是否可以从网联平台获取交易数据仍有疑问。在原来的直连交易模式下，银行不能取得用户的交易信息，这不利于银行对数据的二次应用和开发。如果“网联模式”使银行得以弥补信息缺失，那么这对于银行而言是一重大利好。

除此之外，网联平台的独立性如何保证也值得关注。网联清算股份有限公司明确排除了银行，但却纳入了38家第三方支付机构，第三方支付机构作为球员客串裁判，是否会影响到平台的独立性，值得继续观察。

（文/周盛）

三部门发文规范党员网络行为

2017年8月，中宣部、中组部、中央网信办联合印发《关于规范党员干部网络行为的意见》（以下简称《意见》），对党员干部的网络行为做出六条规定。

1. 应对网络新阵地，党员首先要“给力”

党员干部是党的形象代言人，一言一行都关系到党在群众心目中的形象。网络行为是党员干部言行的重要组成部分，党员干部有责任发挥模范带头作用，促进形成健康向上、风清气正的网络环境。但是一段时期以来，个别党员干部不注重规范和约束自己的网络行为，不能自觉做到在党言党、在党为党，做出损害党和政府形象的不良言行。例如，有的党员干部在微信朋友圈妄议中央大政方针、违规收受微信红包、用微信红包进行拉票贿选，有的党员干部转发淫秽图片或视频、散布传播谣言、泄露国家和工作单位秘密，甚至出现发布错误言论的党员干部受追捧，坚持正确立场、传播正能量的党员干部反而遭到围攻的现象。在此背景下，为适应新形势对党员干部网络行为的规范要求，需要更高层级的制度设计。

2. 多方面规范党员网络行为

首先，《意见》要求党员干部在网络上要严守政治纪律和政治规矩。要求必须牢固树立政治意识、大局意识、核心意识、看齐意识，坚决维护党中央权威，在思想上政治上行动上始终同以习近平同志为核心的党中央保持高度一致。严格遵守党规党纪，模范遵守国家法律法规，在网络行为中坚持正确政治方向，自觉宣传党的理论和路线方针政策，积极践行社会主义核心价值观，传播正能量、弘扬主旋律，共筑网上网下同心圆。

其次，《意见》明确了党员干部不得参与的网络传播行为和网络活动。党员干部不得参与的网络传播行为，包括发表有严重政治问题的文章、演说、宣言、声明，妄议中央大政方针、破坏党的集中统一，丑化党和国家形象，诋毁、污蔑党和国家领导人，歪曲党史、国史、军史，制造、传播各类谣言，特别是政治类谣言等。党员干部不得参与的网络活动，包括组织、参加反对党的理论和路线方针政策的网络论坛、群组、直播，通过网络组党结社，参与和动员不法串联、联署、集会等网上非法组织、非法活动，参与网上宗教活动、邪教活动，纵容和支持宗教极端势力、民族分裂势力、暴力恐怖势力及其活动，利用网络泄露党和国家秘密，浏览、访问非法和反动网站等。

最后，严格规范党员干部在网络平台以职务身份注册账号行为，并要求党员干部履行举报监督的义务。党员干部以职务身份在微博、微信、网络直播、论坛社区等境内外网络平台上注册账号、建立群组的，应当向所在党组织报告。发现网上违法违规违纪信息、活动的，及时主动向有关部门、网络平台等举报，积极提供线索，协助有关方面处置。

3. 守卫意识形态需要不断加强法治和民主建设

中国共产党是人民的先锋队，党员干部对自身的一言一行，自然应当有更高的要求。每名党员干部都应当在网络活动中以身作则，坚持正确立场，传播正能量。但是从更好地实现规范目标的角度看，仅依靠《意见》稍显不足。《意见》本身仅具指导性意义，其内容也只是规定了各种不准的行为，却对出现这些行为后如何处罚没有明确规定。为了切实有效地规范党员的网络行为，或许应当在内容上增加更多可操作性的条款，或者加强与其他专门的党内法规的衔接配合，“犯本法者，以它法伐之”，从而形成系统化的党内法规整体。

（文/李振宇）

四部委联合发文规范境外投资

2017 年 8 月 18 日，国务院办公厅转发国家发展改革委、商务部、人民银行、外交部《关于进一步引导和规范境外投资方向的指导意见》（以下简称《意见》）。《意见》在分析我国企业境外投资现状的同时，阐述了境外投资的基本原则和指导思想，公布了可投、限投、禁投领域，为进一步引导和规范境外投资指明方向，并出台相关保障措施予以推进落实。

1. 及时出手规范海外投资

近年来，中国企业无论是国企还是民企，频频进行海外并购，投资范围涉及能源、科技、地产、酒店、体育俱乐部等众多行业。海外投资本应得到鼓励和保护，但不少企业在国内负债率已经很高，依然进行巨额融资赴海外收购。一些企业打着直接投资的旗号暗地里转移资产或者利用内保外贷等金融手段套利。还有企业溢价购买国外体育俱乐部，其投资动机可疑。显然，海外非理性投资容易积聚金融风险，而且投资这些缺乏技术含量的产业不符合供给侧结构性改革的大方向。

为保证金融稳定，自 2016 年年底以来，监管层整顿非理性海外并购，国家发展改革委、商务部、人民银行、外汇管理局等部门公开表示高度关注海外非理性投资倾向，防范风险。2017 年 7 月召开的全国金融工作会议再次强调，要以强化金融监管为重点，以防范系统性金融风险为底线，着力防范化解重点领域风险。在此次会议前后，商务部、国家发展改革委、外汇管理局等多个部门又再次重申对非理性海外并购的态度：要防范对外投资风险，遏制房地产、酒店、影城、娱乐业、体育俱乐部等五大领域的非理性对外投资倾向。但严格监管也不能影响正常的海外投资，因此，《意见》的出台正是时候。

2. 指引方向：明确投资目标

《意见》以供给侧结构性改革为主线，以“一带一路”建设为统领，深入推进“简政放权、放管结合、优化服务”改革，按“鼓励发展 + 负面清单”模式引导和规范企业境外投资方向，明确鼓励、限制、禁止三类境外投资活动。

首先，《意见》重点推进有利于“一带一路”建设和周边基础设施的境外投资，稳步开展产能和装备投资，加强与境外高新技术和先进制造业企业的投资合作，稳妥参与境外能源资源的勘探开发，扩大农业对外合作，推进服务业领域的境外投资，支持符合条件的金融机构建立境外分支机构，使国内有能力、有条件的企业依法合规开展境外投资活动，推动我国相关产业提质升级。

其次，《意见》综合考虑国家和平发展、互利共赢以及宏观调控等原则，明确五类限制开展的境外投资活动。其中包括未与我国建交、发生战乱或者敏感国家和地区开展境外投资，房地产、酒店、体育俱乐部等领域的境外投资，在境外设立无实业项目的股权投资基金或平台，使用落后生产设备开展境外投资，与环保、能耗、安全相违和的境外投资。《意见》意在打击盲目投资，防范金融风险，维护市场安全。

最后，《意见》提出禁止企业参与危害或可能危害国家利益和国家安全的五类境外投资活动，包括未经批准的军工核心技术和产品输出的境外投资，运用禁止出口的技术、工艺、产品的境外投资，赌博业、色情业等境外投资，为我国企业“走出去”亮出“红灯”，划出“禁区”，明确“底线”，以便更好地维护我国国家利益和国家安全。

为引导和规范境外投资提供政策支持，《意见》从四个方面出台相关措施予以保障，分别如下：

第一，实施分类指导。针对鼓励、限制、禁止三类境外投资活动，《意见》实施差异化的政策措施，为鼓励开展境外投资创造更好的便利化条件并予以支持；对限制开展的境外投资，予以适度引导和提示；对禁止开展的境外投资，采取严格管控的手段。

第二，完善管理机制。为加强境外投资真实性、合规性审查，防范虚假投资行为，《意见》提出要建立健全境外投资黑名单制度、部门间信息共享机制、违规责任追究制度、国有企业境外投资资本金制度等一系列制度，优化境外投资管理政策框架，科学有效防范各类风险。

第三，提高服务水平。为引导企业依法合规开展境外投资活动，优化企业境外投资外部环境，降低企业境外投资经营风险，《意见》提出制定境外投资经营行为规范，加强与合作国开展机制化合作，支持法律服务、税务服务等中介机构的发展。

第四，强化安全保障。为提高企业应对国际局势动荡的应变能力，提升企业境外投资安全风险防范能力，《意见》提出要加强对赴高风险国家和地区投资的指导和监督，督促企业开展境外项目安全风险评估，做好项目安全风险预测应对，建立完善安保制度等相关措施。

3. 整合全球资源助力"一带一路"

整合全球资源是为了更好地促进中国发展，推动"一带一路"建设，海外投资不能偏离这个大方向。这一方面意味着偏离这个方向的非理性投资将得到限制，另一方面也意味着符合此方向的投资将得到支持和鼓励。《意见》在限制非理性海外并购的同时也支持真实、合规的海外投资，支持有利于国内实体经济发展的跨境并购，鼓励企业参与"一带一路"建设和国际产能合作。这样才能促进我国供给侧结构性改革的顺利推进，有利于我国经济的转型升级，同时也有利于"一带一路"沿线国家搭上中国发展的顺风车，实现国家之间的共同富裕。

（文/胡海娜）

十三城市开展利用集体建设用地建设租赁住房试点

2017 年 8 月 28 日，国土资源部、住房城乡建设部印发了《利用集体建设用地建设租赁住房试点方案》（以下简称《方案》），宣布将在13个城市开展利用集体建设用地建设租赁住房试点，以缓解住房供需矛盾，加快城镇化建设，深化供给侧结构性改革。

1. 购租并举：打造健康发展长效机制

我国正处于高速城市化阶段，大量人口流入城市，导致一些人口净流入的大城市出现住房供应紧张、房价上涨等情况。要增加住房，就必须增加建设用地供应。如果由政府建设公租房，必须先征收土地，再建造房屋出租，成本高且租金收益低，因此，地方政府缺乏积极性。在这种情况下，利用村集体建设用地建设住房不失为一条可能的出路。

早在2010年，北京便开始尝试利用集体建设用地建设公租房，以缓解城市住房压力。2012年，国土资源部发布《关于做好2012年房地产用地管理和调控重点工作的通知》，宣布在北京和上海两地开展集体建设用地建设公租房，这也是国家首次正式批准试点工作。《国家新型城镇化规划（2014—2020）年》和九部委于2017年7月印发的《关于在人口净流入的大中城市加快发展住房租赁市场的通知》都提出，要探索由集体经济组织利用农村集体建设用地建设公共租赁住房。按照上述文件要求，国土资源部、住房城乡建设部选择13个城市开展试点，并出台《方案》予以指导实施。

2. 从审到建：探索构建租赁住房新秩序

第一，试点城市限于人口净流入、住房供应紧张的大城市。《方案》要求，在超大、特大城市和国务院有关部委批准的发展住房租赁市场试点城市中，确定租赁住房需求较大，村镇集体经济组织有建设意愿、有资金来源，政府监管和服务能力较强的城市，开展利用集体建设用地建设租赁住房试点。正是因为人口流入导致住房需求增加，所以才有必要通过各种途径增加土地和住房供应，人口流入和住房供应压力不大，甚至人口净流出的城市自然不需要试点。

第二，试点坚持政府主导、审慎稳妥、有序可控，同时强调尊重地方和农民集体的意愿。一方面，《方案》要求项目用地应当符合三大规划，即城乡规划、土地利用总体规划及村土地利用规划，并且以存量土地为主，不得占用耕地，所建住房不得转租，不得以租代售。另一方面，试点实行地方自愿原则，尊重农民集体意愿，统筹考虑农民集体经济实力。建设租赁住房毕竟是长期项目，一旦建成，占用的土地在较长时间内就会无法做其他用途，需要进行投资—收益的权衡，因此，要尊重各地方、各村集体的意愿。

第三，要求各地完善试点项目审批程序和集体租赁住房建设与运营机制。《方案》提出试点城市要梳理规范性程序，建立快速审批通道，推进统一规划、统筹布局、统一管理，统一相关建设标准。为保证项目高效落实，还要求试点区域需具备一定的基础设施条件。村镇集体经济组织可以自行开发运营，也可以通过联营、入股等方式建设运营集体租赁住房。在尊重农民集体意愿，兼顾各方利益，统筹考虑农民集体经济实力的前提下，确定合理的项目运作模式。

第四，探索租赁住房监测监管并保障承租人获得基本公共服务权利的机制。《方案》规定承租的集体租赁住房，不得转租，不得以租代售。探索建立租金形成、监测、指导、监督机制，防止租金异常波动，维护市场平稳运行。承租人可依法申领居住证，享受规定的基本公共服务。鼓励有条件的城市，进一步建立健全对非本地户籍承租人的社会保障机制。

3. 坚持原则：审慎稳妥推进试点

利用集体建设用地建设租赁住房：一方面，有利于拓展集体土地用途，拓宽集体经济组织和农民增收渠道，加快城镇化建设；另一方面，低成本低租金，可以有效增加租赁住房供应，缓解住房供需矛盾，构建购租并举的住房体系。不过，应当严格区别利用集体建设用地建设租赁住房与“小产权房”之间的本质差别。前者用地符合“三大规划”，依法建设并登记，只租不售；而后者依旧违法违规，买卖双方签订的是购房合同，而非租赁合同，国土房管局不予备案，不能办理土地使用证、房产证、契税证等合法手续。因此，小产权房不能向非本集体成员的第三人转让或出售，只能在集体成员内部转让、置换。现阶段，如果允许“小产权房”合法化，必将刺激城市周边的村集体争相利用集体建设用地，甚至耕地建设住房出售牟利，从而对城市用地规划、基础设施建设、住房市场、粮食安全等产生巨大的冲击。

（文/胡海娜）

两规定打通网络社区法治化的“最后两公里”

2017年8月25日，国家互联网信息办公室（以下简称“网信办”）公布了《互联网论坛社区服务管理规定》（以下简称《论坛社区规定》）和《互联网跟帖评论服务管理规定》（以下简称《跟帖评论规定》），将规范百度贴吧、天涯网络等为代表的互联网论坛社区服务，对部分互联网论坛社区服务提供者通过有偿删帖、推送等牟取不正当利益的“非法网络公关”行为进行打击；同时建立跟帖评论审核管理、实时巡查、应急处置等信息安全管理制度，及时发现和处置违法信息，杜绝“网络水军”。这两则规定于2017年10月1日起正式施行。

1. 打通网络社区法治化的“最后两公里”

截至2017年6月，我国网民规模已达7.51亿，互联网已经成为很多人生活中不可缺少的一部分。在传统的论坛、贴吧以外，又出现了以微信为代表的即时通信工具与以微博为代表的社交媒体等新型网络社区。但随着网络的普及，出现了公益贴吧被售卖、搜索引擎涉嫌竞价排名等不良现象，原本用于网友互动的评论区也随处可见淫秽色情、虚假广告、血腥暴力、侮辱诽谤、泄露个人隐私等违法信息，还有人利用互联网传播谣言、进行非法网络公关。显然，国家需要对这些新型网络空间进行认证并纳入监管范围。

为此，早在2012年《全国人大常委会关于加强网络信息保护的决定》中就已经明确了对网络空间进行实名制管理，2017年6月1日起实施的《中华人民共和国网络安全法》也重申了真实身份认证的制度。中央网络安全和信息化领导小组办公室从2014年年初成立后，逐步在一系列规定中落实实名制。2014年8月，《即时通信工具公众信息服务发展管理暂行规定》出台，明确用户必须实名注册，并且遵守“七条底线”。2015年年初，《互联网用户账号名称管理规定》出台，规定博客、微博客、即时通信工具、论坛、贴吧、跟帖评论等互联网信息服务中注册使用的所有账号，必须实名，且名称、头像需符合要求，同时列出9条“负面清单”，例如不能包括危害国家安全、煽动民族仇恨、宣扬封建迷信、散布色情暴力等内容。之后，婚恋网站、招聘网站、手机APP、直播等都逐渐纳入管理范围。此次两项规定的同时出台，将论坛、贴吧、社区等纳入监管范围，进一步完善了规范网络行为的制度之网。

2. 共性、个性两手抓，完善制度之网

两部规定都只有13条，对用户真实身份登记、个人信息保护、违法信息处置、用户行为规范、网站主体责任、属地管理责任、社会监督和法律责任等均做了规定。亮点如下：

首先，两则规定都明确了“后台实名、前台自愿”的原则。《论坛社区规定》要求用户通过真实身份信息认证后注册账号，并对板块发起者和管理者实施真实身份信息备案、定期核验等措施。用户不提供真实身份信息的，互联网论坛社区服务提供者不得为其提供信息发布服务。《跟帖评论规定》则要求跟帖评论服务提供者对注册用户进行真实身份信息认证，不得向未认证真实身份信息的用户提供跟帖评论服务。用户的真实身份信息是监管的依据和基础，“实名制”可以说是网络监管的基础制度。

其次，两则规定均规定了属地管辖原则和相应服务的主体责任。根据规定，网信办负责全国互联网论坛社区服务和跟帖评论服务的监督管理执法工作，地方互联网信息办公室依据职责负责本行政区域的互联网论坛社区服务和跟帖评论服务的监督管理执法工作。此外，互联网论坛社区服务提供者和跟帖评论服务提供者应当分别承担主体责任，履行一系列义务。

最后，主体责任大致可分为两类：一是服务提供者对用户的监管义务，二是服务提供者自身的义务。《论坛社区规定》要求：一方面，互联网论坛社区服务提供者与用户签订协议，明确用户不得利用互联网论坛社区服务发布、传播法律法规和国家有关规定禁止的信息，加强对其用户发布信息的管理，发现含有法律法规与国家有关规定禁止的信息的，应当立即停止传输该信息，采取消除等处置措施，并严格落实用户真实身份信息认证制度；另一方面，论坛社区服务提供者及其从业人员不得通过发布、转载、删除信息或者干预呈现结果等手段，谋取不正当利益。《跟帖评论规定》要求：一方面，跟帖评论服务提供者落实实名制要求，加强弹幕管理，建立先审后发制度和信息安全管理制度，及时发现和处置违法信息；另一方面，服务提供者自身要加强队伍建设，并配合有关主管部门依法开展监督检查工作，提供必要的技术、资料和数据支持。

3. 以人为本，促进网络服务科学健康发展

在陆续出台的各项法律法规及文件的层层规范下，难免会引发存在侵犯用户言论自由权及隐私权的担忧。对此，在两则规定发布当天，网信办便明确指出：两则规定针对的是用户公开发布的信息，而不是个人通信信息，不会侵犯个人隐私；要求处置的是违法信息，不存在妨碍言论自由问题；同时对保护公民的权益做出了规定。

（文/李振宇）

9月　十九大代表选举工作顺利收官

十九大代表选举工作顺利收官

因应新情况、新问题修订《宗教事务条例》

中央首次出台文件聚焦企业家精神

多措并举建立“三反”监管机制

十九大代表选举工作顺利收官

2017年9月29日，中国共产党第十九次全国代表大会代表名单正式向社会公布。这意味着党的十九大代表选举工作至此全部完成，全国40个选举单位共选举产生2287名十九大代表。

1. 中央统筹部署代表选举工作

党的十九大是在我国全面建成小康社会决胜阶段、中国特色社会主义发展关键时期召开的一次十分重要的大会。十九大代表的政治素质、履职能力、组成结构，直接影响议事决策质量，关乎大会顺利召开。选好十九大代表，自然具有十分重要的意义。

党中央高度重视十九大代表的选举工作。2016年9月、10月，中央政治局常委会和中央政治局先后召开会议，就十九大代表选举工作进行专门研究，提出了做好这项工作的总体要求和工作任务，强调各级党组织要高度重视，认真履行职责，精心组织实施，确保圆满完成选举任务。2016年10月，中共中央印发《关于党的十九大代表选举工作的通知》（以下简称《通知》），明确了选举单位的划分、代表名额分配、代表条件和构成、产生程序等政策规定。经党中央批准，中央组织部召开会议，对十九大代表选举工作做出具体安排，并组织开展选举工作业务培训，制作了代表选举产生流程图，确保代表选举工作制度化、程序化、规范化。按照党中央统一部署，从2016年11月开始，十九大代表选举工作在全党范围内有序展开。

2. 基层党组织和党员广泛参与

观察十九大代表选举，有如下值得注意之处：

第一，严格按照中央规定的程序步骤选举产生。各选举单位认真落实中央要求，根据《通知》和中央组织部制作的《十九大代表选举工作流程图》，选举产生十九大代表。一是推荐提名。中央将十九大代表名额分配给各选举单位，各选举单位结合实际，采取适当方式推荐提名。二是逐级遴选，比较择优。基层党委根据多数党支部和党员的意见，遴选上报推荐人选，推荐单位召开党委全体会议讨论决定推荐人选，选举单位分别召开党委常委会和党委全体会议，集体研究确定代表候选人初步人选、预备人选。三是严格进行组织考察。各选举单位按照代表应具备的条件，全面深入考察，多渠道、多层次、多侧面了解情况。四是周密组织会议选举。精心筹备开好党代表大会或党代表会议，制定科学合理的选举办法。

第二，当选代表的结构与分布比较合理，各项构成比例均符合中央要求，具有广泛代表性。一是生产和工作第一线党员代表比例明显提高。生产和工作第一线党员比党的十八大增加79名，提高3.2个百分点。二是女党员代表、少数民族党员代表数量增加。女党员比党的十八大增加30名，少数民族党员比党的十八大增加15名，涵盖43个少数民族。三是代表分布广泛。经济、科技、国防、政法、教育、宣传、文化、卫生、体育和社会管理等各行各业，省、市、县、乡镇村组和街道社区等各个层次，机关、企事业单位、人民团体等各个方面都有代表。四是代表年龄结构合理。当选代表平均年龄为51.8岁，比党的十八大代表降低0.2岁。其中，55岁以下的代表占70.6%，比党的十八大代表增加144名，提高5.7个百分点。五是代表文化程度较高。当选代表中，大专以上学历占94.2%。其中，大学学历比党的十八大提高1.5个百分点，研究生学历比党的十八大提高1.5个百分点。六是各个时期入党的都有代表。当选代表中，有新民主主义革命时期入党的，有社会主义革命和建设时期入党的，有改革开放和社会主义现代化建设新时期入党的。

第三，政治关和廉洁关是重要选拔标准。各选举单位把政治标准放在第一位，把清正廉洁作为把关重点，进行审核甄别。一是着重了解遵守政治纪律和政治规矩情况，牢固树立“四个意识”，同以习近平同志为核心的党中央保持高度一致，坚定不移维护党中央权威和集中统一领导等方面的情况，把政治立场不坚定、政治观点模糊、执行党的路线方针政策不坚决的人挡在门外。二是严把人选廉洁关。不仅在选举代表过程中，而且对所有考察对象的档案材料进行了严格审核，综合运用巡视、审计、年度考核等结果，严格核查人选廉政情况，对不宜作为代表人选的及时做了调整。即便在代表选举产生后，凡是有信访举报或发现有关问题线索的，均进行了调查核实，对不符合代表条件的，按照党内有关规定坚决予以调整。

第四，发扬党内民主，践行群众路线。各选举单位采取多种措施组织发动，引导基层党组织和广大党员积极参与，基层党组织和广大党员对十九大代表选举工作表现出极大的政治参与热情。一是在推荐提名环节，采取“三上三下”的办法开展代表人选推荐提名，充分征求基层党组织和广大党员意见。二是集体研究确定代表人选。遴选上报推荐人选、确定代表候选人初步人选和预备人选等，召开了党委常委会或党委全体会议进行集体研究，按照党委（党组）议事规则集体做出决定，不搞个人说了算。对选举工作中遇到的重大问题，也都集体研究决定。三是坚持差额考察、差额选举。在组织考察中，普遍实行考察预告，按一定比例进行差额考察，综合比较、好中选优。

3. 民主的新模式

十九大代表的选举，直观展现了中国共产党党内民主的运作过程。长期以来，西方人对“政治参与”的理解就是形式化的竞争性两党/多党选举，凡是没有竞争性两党/多党选举的，就是“不民主”，甚至是威权、独裁。但将一种特殊的民主制度形态说成是“民主”本身，实际上是一种“将特殊性装扮成普遍性”的霸权话语策略。在这种霸权话语策略下，他们无视中国共产党对群众路线和民主集中制的探索，无视中国共产党一整套选举、考察、任用的制度，而这些恰恰是中国共产党探索出来的政治参与制度，是一种不同于西式选举的民主制。十九大代表选举，既有党中央的统筹部署，又有基层党组织和广大党员的积极有序参与，既有集中，又有民主，是中国共产党党内民主的生动展示。

（文/李振宇）

因应新情况、新问题修订《宗教事务条例》

2017 年 8 月 26 日，国务院总理李克强签署了国务院令，公布新修订的《宗教事务条例》（以下简称《条例》），自 2018 年 2 月 1 日起施行。《条例》增设宗教院校和宗教活动两章节内容，新增 29 个条款，以维护公民宗教信仰自由和宗教界合法权益，维护国家安全与社会和谐为原则，规范宗教界财务管理和互联网宗教信息服务，明确宗教活动场所法人资格和宗教财产权属，遏制宗教商业化倾向。

1. 新情况、新问题需要修改完善《条例》

近年来，随着国际国内形势的深刻变化，宗教领域出现了一些新情况、新问题，给宗教事务管理提出了新的课题和要求。党的十八大以来，中国共产党高度重视宗教工作，尤其强调对宗教事务的依法管理。2016 年，习近平总书记在全国宗教工作会议上指出，要提高宗教工作法治化水平，对宗教界反映强烈、社会普遍关注、工作中急需解决的问题做出明确规定。这些都迫切要求进一步修改完善 2005 年 3 月 1 日起施行的《宗教事务条例》，使宗教事务管理的相关制度更加完善。

2. 国务院融合多方意见着手修订《条例》

《条例》的修订，是在多次征求各界意见，并赴地方调研的基础上，反复研究、修改而成。主要内容包括：

第一，提高宗教工作法治化水平，维护国家安全与社会和谐。《条例》新增宗教事务管理坚持保护合法、制止非法、遏制极端、抵御渗透、打击犯罪的原则。任何组织或者个人不得宣扬、支持、资助宗教极端主义，不得利用宗教破坏民族团结、分裂国家和进行恐怖活动。禁止在宗教院校以外的学校及其他教育机构传教、举行宗教活动、成立宗教组织、设立宗教活动场所，不得利用公益慈善活动传教。宗教团体、宗教院校、宗教活动场所不得接受境外组织和个人附带条件的捐赠。明确宗教团体的五大职能，此外还规定宗教院校由全国性宗教团体或者省、自治区、直辖市宗教团体设立，其他任何组织或者个人不得设立宗教院校。

第二，规范宗教界财务管理，遏制商业化倾向。《条例》明确：宗教团体、宗教院校、宗教活动场所应当建立健全会计核算、财务报告、财务公开等制度，建立健全财务管理机构，配备必要的财务会计人员，加强财务管理；依法办理税务登记和纳税申报，按照国家有关规定享受税收优惠。税务部门应当依法对宗教团体、宗教院校、宗教活动场所和宗教教职人员实施税收管理。宗教团体、宗教院校、宗教活动场所是非营利性组织，其财产和收入应当用于与其宗旨相符的活动以及公益慈善事业，不得用于分配。任何组织或者个人捐资修建宗教活动场所，不享有该宗教活动场所的所有权、使用权，不得从该宗教活动场所获得经济收益。

第三，法治化发展互联网宗教信息服务。近年来，互联网逐渐成为宗教传播的重要渠道，网上涉及宗教的各种不规范现象和违法活动也呈增多态势，必须将其纳入法治化轨道。对此，《条例》规定，从事互联网宗教信息服务，应当经省级以上人民政府宗教事务部门审核同意，相关内容应当符合有关法律、法规、规章和宗教事务管理的相关规定。违反相关规定，依法给予行政处罚；构成犯罪的，依法追究刑事责任。擅自从事互联网宗教信息服务或者超出批准或备案项目提供服务的，由有关部门根据相关法律、法规处理。

3. 宗教政策应促进宗教中国化

我国宗教政策的目的是要建立中国宗教的主体性，重新构建具有中国文化底蕴的中国宗教教义体系。因此，宗教中国化应当使宗教在演变发展过程中，不断与中国本土社会和文化土壤相适应，走具有中国特色的发展道路，形成具有中国特色的宗教文化。对此，《条例》结合宗教自身特点以及我国现状，在保证宗教信仰自由、保障宗教活动照常进行的同时，对宗教事务进行了必要的规范，以期其能与我国社会繁荣共生，和谐相处。

（文/胡海娜）

中央首次出台文件聚焦企业家精神

2017年9月25日，《中共中央 国务院关于营造企业家健康成长环境弘扬优秀企业家精神更好发挥企业家作用的意见》（以下简称《意见》）正式公布，这是中央首次以专门文件明确企业家精神的地位和价值，并从全域的角度，就如何营造更好环境、促进公平竞争、鼓励和发挥企业家作用做出制度性安排。

1. 让企业家既有“恒产”，又有“恒心”

2014 年 11 月 9 日，国家主席习近平在亚太经合组织工商领导人峰会上，面对来自数十个国家和地区的 1500 多位工商界代表时指出，“我们全面深化改革，就要激发市场蕴藏的活力。市场活力来自于人，特别是来自于企业家，来自于企业家精神”。要激发“企业家精神”，就要让企业家“放心”、有安全感和稳定的预期。2016 年 5 月 9 日，《人民日报》头版文章向市场释放信息：要让企业家既有“恒产”，又有“恒心”，“不要盲目翻旧账，使创业者有安全感”。

2016 年 11 月底，中共中央、国务院发布《关于完善产权保护制度依法保护产权的意见》，从最关键的产权保护入手，提出要“甄别纠正一批社会反映强烈的产权纠纷申诉案件，剖析一批侵害产权的案例”，同时，要“以发展眼光客观看待和依法妥善处理改革开放以来各类企业，特别是民营企业经营过程中存在的不规范问题”，首次提出“妥善处理历史产权旧案”，被认为是对处置企业家“原罪”的方向性指引。

2016 年年底，中央经济工作会议强调“稳定民营企业家信心”，以及“保护企业家精神，支持企业家专心创新创业”。此次在临近党的十九大的时间节点上公开发布《意见》，意味着中央在这方面的政策将保持连续性。

2. 保护权益与培育引导双管齐下

首先，《意见》高度肯定了企业家的价值，并强调对企业家权益的保护以及帮助服务。《意见》开篇指出，企业家是经济活动的重要主体，并肯定了改革开放以来，企业家为积累社会财富、创造就业岗位、促进经济社会发展、增强综合国力做出的重要贡献。同时，《意见》提出要营造依法保护企业家合法权益的法治环境，包括保护企业家的财产权，商业模式、文化创意等创新成果的知识产权以及自主经营权，并通过公平竞争审查制度、市场准入负面清单制度、反对垄断和不正当竞争、反对地方保护、依法清理废除妨碍统一市场公平竞争的各种规定和做法等措施，保障企业家公平竞争的权益。此外，《意见》要求加强对企业家优质高效务实服务，提出：要以市场主体需求为导向深化"放管服"改革，深化简政放权、放管结合，优化服务；健全企业家参与涉企政策制定机制，建立政府重大经济决策主动向企业家问计求策的程序性规范；建立健全帮扶企业家的工作联动机制，帮助解决企业实际困难。

其次，《意见》更注重对优秀企业家精神的规范、培育和引导。《意见》提出营造促进企业家公平竞争诚信经营的市场环境，这既包括对企业家公平竞争权益的保障，更意味着对企业家经营活动的规范和监管。在这方面，《意见》提出实施企业诚信承诺制度，利用全国信用信息共享平台和国家企业信用信息公示系统，整合企业及企业家信息，建立企业家个人信用记录和诚信档案，实行守信联合激励和失信联合惩戒。同时，《意见》提出要弘扬企业家爱国敬业遵纪守法艰苦奋斗的精神、创新发展专注品质追求卓越的精神、履行责任敢于担当服务社会的精神，这都是对企业家提出积极的、更高的要求。《意见》还要求有意识地培育优秀企业家，即加强对企业家队伍建设的统筹规划，将培养企业家队伍与实施国家重大战略同步谋划、同步推进，在实践中培养一批具有全球战略眼光、市场开拓精神、管理创新能力和社会责任感的优秀企业家。

最后，《意见》提出加强党对企业家队伍建设的领导。党对企业家队伍的领导，主要抓手首先是国有企业和党员企业家。根据《意见》，要坚持党对国有企业的领导，全面加强国有企业党的建设，发挥国有企业党组织领导作用，建好、用好、管好一支对党忠诚、勇于创新、治企有方、兴企有为、清正廉洁的国有企业家队伍，并强化对党员企业家日常教育管理基础性工作，加强党性教育、宗旨教育、警示教育，教育党员企业家牢固树立政治意识、大局意识、核心意识、看齐意识，严明政治纪律和政治规矩，坚定理想信念，坚决执行党的基本路线和各项方针政策。继而通过教育引导、支持民营企业党建工作以及党员企业家的先锋模范作用带动非党员企业家接受党的领导。

3. 供给侧改革期待优秀企业家精神的发挥

纵观《意见》，保护企业家权益只是《意见》内容的一部分，更引人注目的内容则是对企业家的期待和要求，对优秀企业家精神的培育和引导。目前，中国经济正在迅速双重转型，从数量型和速度型的发展方式转变为效益型和质量型的发展方式。因此，供给侧结构性改革必然成为改革的重中之重。在这一进程中，企业家精神始终是推进供给侧结构性改革的重要推动力之一。无论是国有企业还是混合所有制企业和民营企业，在双重转型过程中都面临“二次创业”的机遇和挑战。“二次创业”不是传统发展方式的延续，而是同供给侧结构性改革紧密联系在一起的，包括推出新产品、新设备、新设计，开拓新市场，形成新优势。“二次创业”的高潮期待中国企业家群体智慧的发挥。

（文/吴双）

多措并举建立“三反”监管机制

2017年9月29日，《国务院办公厅关于完善反洗钱、反恐怖融资、反逃税监管体制机制的意见》（以下简称《意见》）正式印发。《意见》是《中华人民共和国反洗钱法》颁布以来对国家反洗钱体系最全面的顶层设计，也是我国在反洗钱、反恐怖融资和反逃税工作领域深化改革的总体规划，对下一步做好反洗钱、反恐怖融资、反逃税工作，防范和打击违法犯罪活动，有效防控金融风险具有重要指导意义。

1. 立足国内外新形势打击经济犯罪活动

近年来，各类经济犯罪，特别是洗钱、涉众型经济犯罪、涉税违法犯罪以及暴力恐怖活动频发，金融领域违法违规现象突出。为进一步健全国家治理体系和现代金融监管体系，有效防范洗钱、恐怖融资和逃税违法犯罪活动，国家“十三五”规划明确要求“完善反洗钱、反恐怖融资、反逃税监管措施，完善风险防范体制机制”，中央全面深化改革领导小组将“完善反洗钱、反恐怖融资、反逃税监管体制机制”列为深化改革重点任务。

在国际上，洗钱、恐怖融资和逃税已经成为全球性公害，跨境洗钱、恐怖融资和逃税的资金规模庞大，威胁世界金融秩序和经济发展。因此，二十国集团（G20）等国际组织将打击洗钱、恐怖融资和逃税作为完善世界经济金融秩序的重要组成部分。在2016年G20杭州峰会公报中，习近平主席和各国领导人共同承诺要完善制度，提升国际社会打击洗钱、恐怖融资和逃税的能力。

根据国内外反洗钱、反恐怖融资和反逃税工作（以下简称“三反”工作）的新形势，按照中央全面深化改革领导小组的部署，人民银行、税务总局和公安部作为牵头部门，会同反洗钱工作部际联席会议各成员单位，共同研究制定了《意见》。

2. 多措并举建立“三反”监管协调合作机制

《意见》从6个方面提出20余项具体措施。

第一，《意见》对健全工作机制提出新要求。“三反”工作涉及面广，工作链条长，需要构建协调顺畅、运转高效的工作机制。《意见》提出健全六项工作机制，其中首要任务是“加强统筹协调，完善组织机制”，要求进一步完善反洗钱工作部际联席会议制度，统筹“三反”监管工作，强化部门间组织协调机制，制定整体战略、重要政策和措施，并推动贯彻落实。同时，还要建立国家反洗钱和反恐怖融资战略形成机制、优化打击犯罪合作机制、健全监管合作机制、健全数据信息共享机制、研究资源保障机制等任务，充分调动各部门、各层级的积极性，加强沟通协调，形成运行有序的良好机制，为“三反”工作的长远发展奠定坚实基础。

第二，《意见》提出建立特定非金融机构反洗钱和反恐怖融资监管制度，发挥专业服务机构在反洗钱领域的积极作用和意义。经过 10 多年的发展，我国反洗钱和反恐怖融资监管已经全面覆盖了银行业、证券业、保险业、非银行支付机构和银行卡清算机构，基本实现了对金融领域的全覆盖。与此同时，洗钱和恐怖融资逐步向一些非金融领域蔓延，因此有必要逐步扩展反洗钱监管覆盖范围，建立特定非金融机构反洗钱监管制度，更好地预防洗钱和恐怖融资风险。特别是要发挥好会计师事务所、律师事务所、公证处等专业服务机构作为市场经济“守门人”的作用，发挥会计师、律师、公证员专业领域优势，服务和支持反洗钱工作，同时也可促进这些专业服务机构进一步健康发展，维护自身良好社会声誉。

第三，《意见》提出健全预防措施、有效防控风险，其中最关键的措施就是加强反洗钱监管。一是强调反洗钱行政主管部门与金融监管部门之间的协调配合，进一步发挥金融监管部门作用。二是提出适时扩大反洗钱监管范围，要重点研究建立对非营利性组织、房地产中介机构、贵金属销售机构、会计师事务所、律师事务所和公证机构的反洗钱监管制度，探索适应非金融领域的反洗钱监管模式。三是进一步完善反洗钱监管模式。强化法人监管措施，优化监管政策传导机制，突出反洗钱义务机构法人总部的重要作用，在法人总部层面强化董事、监事、高级管理层的反洗钱履职责任。四是采取多种方式提升监管工作效率。突出防控风险为本，通过开展国家洗钱风险评估查找高风险领域和薄弱环节，有针对性地加强监管投入，提高监管工作效能，促进监管信息的互通共享。

第四，《意见》要求严惩违法犯罪活动。一是有效整合稽查资源，严厉打击涉税违法犯罪，重点是建立健全随机抽查制度和案源管理制度，推行风险管理导向下的定向稽查模式，并在全国范围内开展跨部门、跨区域专项打击行动。二是建立打击关税违法犯罪活动合作机制，要求反洗钱行政主管部门加强与海关缉私部门的协作配合，并会同国务院银行业监督管理机构积极协助海关缉私部门，合力打击偷逃关税违法犯罪活动。三是加大反洗钱调查工作力度，建立健全洗钱类型分析工作机制。

第五，《意见》明确了深化国际合作的出发点和落脚点。《意见》强调：要深化国际合作，重点做好我国在“三反”领域国际组织的多边合作，执行国际标准，并深入参与国际标准制定和国际组织内部治理，维护好我国正当权益；加强与重点国家（地区）的反洗钱监管合作，拓展反洗钱情报交流渠道，督促指导中资金融机构提升反洗钱意识和工作水平；配合“一带一路”倡议，做好与周边国家（地区）的反洗钱交流合作；深化反逃税国际合作，维护我国税收权益。

3.《意见》不会影响合法跨境资金运用

随着我国深度参与全球治理、逐步扩大金融业双向开放，资金的跨国往来会越来越频繁，这就需要监管的及时跟进。反洗钱、反恐怖融资、反逃税监管体制机制是建设中国特色社会主义法治体系和现代金融监管体系的重要内容，是推进国家治理体系和治理能力现代化、维护经济社会安全稳定的重要保障。不过，需要指出的是，《意见》强调的反洗钱跨境资金监控的对象是犯罪活动赃款和涉嫌资助恐怖活动的资金，监控方式是通过模型指标在后台筛选，不会增加居民和企业对跨境资金的申报要求，不影响居民和企业正常、合法的跨境资金运用。

（文/王玉锦）

10月　十九大谋划中国“新时代”

十九大报告擘画中国“新时代”

党章修改凸显习近平治国理政新思想

中国新发美债挑战美国信用评级霸权

中国铁路系统密集开展公司制改革

国务院升级机关单位“盖楼禁令”

国家网信办强化网络新闻管治

十九大报告擘画中国"新时代"

2017年10月18日，中国共产党第十九次全国代表大会在京召开，习近平总书记代表十八届中央委员会向大会做报告（以下简称"报告"）。报告回顾和总结过去5年的工作，展望新形势下中国共产党的历史使命以及完成历史使命必须坚持的重大原则和必须解决的重大问题，并提出一系列新的提法和论断。

1. 多渠道发扬党内民主，集中党内智慧

党代会报告是中国共产党对未来5年施政方向的通盘规划，因而是观察中国政治走向的重要依据。用习近平的话说，十九大报告的起草是"发扬党内民主、集中党内智慧的过程，是解放思想和统一思想有机结合的过程"。[①]在十九大报告的起草过程中，中国共产党主要通过三种途径"发扬党内民主，集中党内智慧"。

首先，组织讨论，征求意见。2017年1月17日，中共中央向各省、自治区、直辖市党委，中央各部委，国家机关各部委党组（党委），解放军各

① 面向新时代的政治宣言和行动纲领——党的十九大报告诞生记［OL］. 新华网，2017-10-28.

大单位、中央军委机关各部门党委，各人民团体党组发出通知，决定对十九大报告议题在党内一定范围内组织讨论，广泛征求意见，同时通过一定方式征求党外人士意见和建议。8 月，习近平在中南海怀仁堂主持召开 6 次座谈会，分别听取 31 个省区市党政主要负责人、解放军各大单位和中央军委机关有关部门主要负责人，以及各民主党派中央、全国工商联领导人和无党派人士对十九大报告征求意见稿的意见。

其次，调研考察。2017 年 2 月上旬，十九大文件起草组派出 9 个调研组赴 16 个省区市，就十九大报告议题进行调研，召开各级各类座谈会 65 次。2 月 20 日至 3 月 31 日，按照中共中央部署的 21 个重大理论和实践问题，59 个承担部门和单位组成 80 个调研组，深入 1817 个基层单位开展实地调研，召开 1501 次座谈会和研讨会，参会或接受访谈人数达 21532 人，形成 80 份专题调研报告。

最后，智库报告。2017 年 5 月下旬，25 个国家高端智库建设试点单位提交了 65 份围绕党和国家发展面临的重大理论和实践问题开展深入调研形成的报告，提供起草组研究参考。

2. 新提法、新论断层出不穷

十九大报告提出了一系列新的提法和论断。

第一，提出了中国发展新的历史方位——中国特色社会主义进入了新时代。报告认为，中国特色社会主义进入新时代，意味着中华民族实现了“从站起来、富起来到强起来的伟大飞跃”，迎来了实现中华民族伟大复兴的光明前景；意味着科学社会主义在当代中国的复兴，在世界则意味着“中国特色社会主义道路、理论、制度、文化不断发展，拓展了发展中国家走向现代化的途径，给世界上那些既希望加快发展又希望保持自身独立性的国家和民族提供了全新选择，为解决人类问题贡献了中国智慧和中国方案”。换言之，十九大报告已经在一定程度上超越了以往仅仅坚持“中国特色”，即中国“特殊性”的传统，开始主张中国的探索具有一定的普遍意义，可以为其他希望在保持独立的同时加快发展的国家借鉴。

第二，提出中国社会主要矛盾已经转化为“人民日益增长的美好生活需要和不平衡不充分的发展之间的矛盾”。报告认为，目前人民的需求，已经从“温饱”和“小康”上升到“美好生活”。美好生活，不仅对物质文化生活提出了更高要求，而且在民主、法治、公平、正义、安全、环境等方面的要求日益增长。同时，制约满足人民美好生活需要的主要因素也不再是“落后的社会生产”，因为中国的社会生产能力总体显著提高，在很多方面进入世界前列，已经不再是过去的“落后”，更加突出的问题是发展不平衡不充分。为此，要“着力解决好发展不平衡不充分问题，大力提升发展质量和效益，更好满足人民在经济、政治、文化、社会、生态等方面日益增长的需要”。但报告仍然坚持了中国“仍处于并将长期处于社会主义初级阶段的基本国情”，以及中国是“世界最大发展中国家的国际地位”的定位。

第三，提出了“新时代中国特色社会主义思想”的新理论及其基本方略。新时代中国特色社会主义思想的主要内容包括：总任务是“实现社会主义现代化和中华民族伟大复兴，在全面建成小康社会的基础上，分两步走在本世纪中叶建成富强民主文明和谐美丽的社会主义现代化强国”；明确新时代中国社会主要矛盾是人民日益增长的美好生活需要和不平衡不充分的发展之间的矛盾；明确中国特色社会主义事业总体布局是“五位一体”，战略布局是“四个全面”；明确全面深化改革总目标是完善和发展中国特色社会主义制度，推进国家治理体系和治理能力现代化；明确全面推进依法治国总目标是建设中国特色社会主义法治体系、建设社会主义法治国家；明确新时代的强军目标是把人民军队建设成为世界一流军队；明确中国特色大国外交要推动构建新型国际关系，推动构建人类命运共同体；明确中国特色社会主义最本质的特征是中国共产党的领导，中国特色社会主义制度的最大优势是中国共产党的领导。

第四，提出了“从全面建成小康到社会主义现代化强国”的新的奋斗目标。按照报告的定位，未来 5 年是“两个一百年”奋斗目标的历史交汇期。报告提出，既要全面建成小康社会，实现第一个百年奋斗目标，又要乘势而上，开启全面建设社会主义现代化国家新征程，向第二个百年奋斗目标进军。新的奋斗目标跨度“从现在到本世纪中叶”，可分为三个目标、两个阶段、两步走。按照报告的提法，“三个目标”分别是：到 2020 年全面建成小康社会，实现第一个百年奋斗目标；到 2035 年基本实现社会主义现代化；到本世纪中叶建成富强民主文明和谐美丽的社会主义现代化强国。“两个阶段”和“两步走”是指从 2020 年到本世纪中叶分为两个“奋斗十五年”来安排。其中，“到 2035 年目标”将过去提出的第二个百年奋斗目标，即到本世纪中叶要达到的发展水平，提前到 2035 年来实现，比原定计划缩短了 15 年。

（文/吴双）

党章修改凸显习近平治国理政新思想

2017 年 10 月 24 日闭幕的党的十九大通过了《中国共产党章程（修正案)》，自通过之日起生效。这次修改，将“习近平新时代中国特色社会主义思想”写入党章，成为与马列主义、毛泽东思想、邓小平理论、“三个代表”、科学发展观并列的新时代的中国共产党的行动指南。此外，还做出了许多其他修改。

1. 修改党章对接十九大报告

党代会根据理论创新和实践创新对党章进行修改，是中国共产党的一个政治惯例。从中共三大开始，除了五大，历次中国共产党全国代表大会都对党章做出了不同程度的修改。修改党章的目的，是及时地把一些行之有效的做法和经验提炼成理论表述之后写入党章，从而转化为全党的共同意愿和共同遵循。按照官方媒体的表述，党的十八大以来，在习近平的领导下，中国共产党提出一系列治国理政的新理念、新战略、新举措，“解决了许多长期想解决而没有解决的难题，办成了许多过去想办而没有办成的大事，推动党和国家事业发生历史性变革”。这些内容已经在党的十九大上正式通过，因此有必要写入党章，实现党章与十九大报告的衔接。

2. 习近平治国理政新思想系统写入党章

此次党章修改，包括对总纲部分和条文部分的修改，比较重大的修改主要有以下几点。

第一，把“习近平新时代中国特色社会主义思想”同马克思列宁主义、毛泽东思想、邓小平理论、“三个代表”重要思想、科学发展观一道确立为中国共产党的指导思想。将党的领导人在过去5年中提出的新举措和新理念概括、提炼成理论，写入党章，也是中国共产党的一项政治惯例。修改后的党章“总纲”部分规定，党的十八大以来，“以习近平同志为主要代表的中国共产党人，系统回答了新时代坚持和发展什么样的中国特色社会主义、怎样坚持和发展中国特色社会主义这个重大时代课题，创立了习近平新时代中国特色社会主义思想”。将其写入党章，也就是要将其上升为中国共产党的指导思想，以便全党把思想和行动统一到习近平新时代中国特色社会主义思想上来。

第二，调整了社会主义初级阶段方面的内容，主要是根据党的十九大关于中国社会主要矛盾已经变化的判断，把中国社会的主要矛盾修改为“人民日益增长的美好生活需要和不平衡不充分的发展之间的矛盾”，并修改了与此相关的一系列内容。“美好生活”不仅对物质文化生活，更对民主、法治、公平、正义、安全、环境等方面提出了更高的要求，要求发展不能仅仅局限于经济发展，而要坚持“五大发展理念”、“五位一体”总体布局和“四个全面”战略布局，[①] 这些内容也被写入党章。因此，修改后的党章分别调整充实了经济建设、政治建设、文化建设、社会建设、生态文明建设方面的内容。举例而言：在经济建设部分，将市场在资源分配中的作用修改为“决定性作用”，并增加了“更好发挥政府作用”“推进供给侧结构性改革”等内容；在政治建设部分，增加“推进协商民主广泛、多层、制度化发展”，明确“协商民主”概念；在文化建设部分，增加“培育和践行社会主义核心价值观”，“提高国家文化软实力”，“牢牢掌握意识形态工作领导权”；在社会建设部分，增加“不断增强人民群众获得感”，提出“坚持总体国家安全观，坚决维护国家主权、安全、发展利益”；在生态文明建设部分，增加“增强绿水青山就是金山银山的意识”，提出“实行最严格的生态环境保护制度”。

第三，调整增加了大量关于党的建设的内容。首先，将“坚持从严管党治党”作为党的建设的基本要求之一写入党章，要求“坚持依规治党、标本兼治，坚持把纪律挺在前面”，“强化管党治党主体责任和监督责任”，“构建不敢腐、不能腐、不想腐的有效机制”。其次，增加“党领导一切”的政治原则，强调中国共产党的领导是“中国特色社会主义最本质的特征，是中国特色社会主义制度的最大优势。党政军民学，东西南北中，党是领导一切的”。再次，将“四个意识”[②] 写入党章，要求

① “五大发展理念”，即创新、协调、绿色、开放、共享的发展理念；“五位一体”总体布局，即经济建设、政治建设、文化建设、社会建设、生态文明建设五位一体；“四个全面”，即全面建成小康社会、全面深化改革、全面依法治国、全面从严治党。

② “四个意识”，即牢固树立“政治意识、大局意识、核心意识、看齐意识”。

“坚定维护以习近平同志为核心的党中央权威和集中统一领导”。此外，在条文部分，一是充实了党员义务和发展党员标准等内容，重点是完善了党员义务，为的是从源头上保证党员队伍的质量；二是充实党的组织制度、党的中央组织、党的地方组织、党的基层组织部分的相关内容；三是充实干部选拔和党的干部条件等内容，重点完善选拔任用党的干部的条件和标准，强调按照好干部“二十字”标准和忠诚干净担当的要求；四是充实党的纪律、党的纪律检查机关部分的相关内容，主要是吸收近几年党的纪律建设和纪律检查体制改革的新成果，修改完善了党的纪律和党的纪律检查机关两章；五是充实党组任务等内容，主要是明确了党组要履行全面从严治党的主体责任。

第四，提出在国际事务中，要“坚持正确义利观”，“推动构建人类命运共同体”，“遵循共商共建共享原则，推进‘一带一路’建设”。十九大报告对“新时代”的界定之一，就是这是一个中国“日益走近世界舞台中央、不断为人类做出更大贡献的时代”，中国特色社会主义“给世界上那些既希望加快发展又希望保持自身独立性的国家和民族提供了全新选择，为解决人类问题贡献了中国智慧和中国方案”。“为人类做出更大贡献”意味着中国将会在一定程度上突破过去那种只强调“中国特色”，即中国“特殊性”的一面，开始试图论述和展示中国发展经验中具有“普遍性”、可以为他国借鉴的内容。但修改后的党章又同时强调中国会坚持“坚持正确义利观”，“推动构建人类命运共同体”，而不会走上使用武力强制推广自身模式的霸权主义老路。

3. 党章修改指引党的自身建设

在党规体系中，党章是最高法规，是管党治党的根本大法。这次修改党章，坚持的原则是“保持党章总体稳定，只修改那些必须改的、在党内已经形成共识的内容，可改可不改的不改，不成熟的意见不改”。因此，修改的部分基本可视为党内在过去5年中形成的基本政治共识。中国共产党的代表性及其执政地位离不开其“先进性”，加上当下内外形势的复杂性，都需要中国共产党加强自身的建设，防止精神懈怠危险、能力不足危险、脱离群众危险、消极腐败危险。及时地把实践发展中的成功经验以及由此概括提炼的新理论反映到党章中来，以规范和指导当前和今后一个时期党的建设，是中国共产党的一条有效的经验。

（文/吴双）

中国新发美债挑战美国信用评级霸权

2017年10月26日，财政部在香港发行总额20亿美元的主权债券，受到市场热烈欢迎，总认购数达发行额的11倍。此次国债发行于三大国际信用评级机构相继下调中国主权信用评级之后，财政部在不经该三机构评级的情况下，直接面向市场进行融资。它表明投资者对中国经济抱有信心，也反映出现有国际信用评级体系有失公允。

1. 三大评级机构“乱点鸳鸯”

目前，以标准普尔公司、穆迪投资服务公司、惠誉国际信用评级有限公司为首的美国三大评级机构在美国，甚至全球信用评级市场占据主要地位。但是上述机构在评级时存在一定的滞后性，缺乏前瞻性，常常有失公允。

2017年年中，国际评级巨头相继调降中国主权信用评级。5月24日，穆迪将中国评级从Aa3下调至A1，5月26日，惠誉维持中国主权信用A+评级，9月21日，标普将中国评级从AA-下调至A+。其主要理由是担心中国未来几年债务攀升、杠杆率持续升高、经济放缓等现象将削弱中国的财政实力，却无视中国经济的基本面和转型升级的成果。当前，中国 GDP 稳居世界第二，对世界经济增长贡献率超过 30%；财政收入 16 万亿元，为经济社会发展提供了雄厚的物质基础；外汇储备 3 万亿美元，稳居世界第一，人民币汇率保持了基本稳定，为我国对外支付和融资提供了可靠保证。同时，中国经济增长格局发生重大变化，初步实现由主要依靠投资、出口拉动向依靠消费、投资、出口协调拉动转变，由主要依靠第二产业带动向依靠三次产业协调带动转变，由主要依靠外延扩张向依靠提高质量、增加效益转变，这些转变表明中国经济发展潜力巨大，前景良好。

2. 反击，真金不怕火炼

面对一系列的看空举措，中国政府进行了有理有节的回击。

标普公司将中国的主权信用评级从 AA - 降到 A + 后，中国财政部就回应称这“是一个错误的决定”，“标普将融资平台公司债务全部进入政府债务，从法律上是不成立的”，“国际评级机构对中国经济发展和增长潜力判断错误，国际债券市场的投资者将对中国信用做出客观评价”。

2017 年 10 月 25 日，中国财政部抛开第三方信用评级机构的束缚，突破常规地在香港发行 20 亿美元主权债券。在开放购买后的一小时内，认购订单金额已超过 100 亿美元，为计划发行金额的 5 倍以上。其后共获得约 220 亿美元认购，为计划发行金额的 10 倍以上。所发债券的 1/3 被分配给欧洲投资者，大部分债券被亚洲机构买走，美国投资者也购买了一部分。花旗、汇丰、渣打、德意志等外资银行纷纷参与认购。由于投资者需求旺盛，中国将 5 年期债券收益率设在 2.196%，仅较同期限美国国债收益率高 0.15 个百分点。10 年期美元债券的收益率为 2.687%，比同期限美国国债的收益率仅高出 0.25 个百分点。这一债券利率甚至还低于评级更高的韩国。一系列现象表明，市场对中国主权债券的认可，或者说中国主权债券的价值明显高于该三大机构给出的评级。

3. 不只是钱的问题，此次融资意义深远

这是中国时隔 13 年后重启外币国债的发行。目前，中国外汇储备总量高达 3 万亿美元，相比之下 20 亿美元的主权债券只是九牛一毛。因此，实际上中国并无强烈的融资需求，此次发行国债的象征意义更大于资金募集。

第一，通过国际投资者的态度显示中国经济的前景。同时，有助于国际投资者进一步了解中国的宏观形势、经济前景和金融发展，增强国际投资者参与中国经济发展的信心。

第二，有利于建立中国外币债券定价基准，完善主权外币债券的收益率曲线。近年来，随着中国稳步推进改革开放，境内企业积极参与国际经济合作。财政部在国际市场适量发行主权外币债券，可以丰富具有市场基础的国债收益率曲线，综合反映主权信用的定价水平，为中资企业在国际市场融资提供重要的定价参考系。

第三，有利于优化政府债务结构，使债务结构更加均衡。截至 2016 年年末，中国中央政府外债余额为 181 亿美元，占国债余额之比为 1.06%，且其中 85% 为在离岸市场发行的人民币国债，这一比例既远低于中国的历史水平，又远低于国际平均水平。适量发行主权外币债券，有助于让中国的主权外债结构更加均衡。

第四，这是对美国主导的金融霸权的一次挑战。美元流动性压力增大，美国试图让美元回流，于是国际评级机构下调中国评级，恐吓各路资本赶快离开中国，回到美国。而中国此次主权融资的成功，打破了美国对投资者的误导，或也为中美的经济博弈增加了筹码。

（文/李振宇）

中国铁路系统密集开展公司制改革

2017 年 10 月至 11 月，中国铁路系统改革集中提速。从中国铁路总公司（以下简称“中铁总”）到其下属 18 个铁路局（公司），改革呈现齐头并进之势。作为《中国铁路总公司关于全面推进铁路局公司制改革的指导意见》（以下简称《意见》）的关键一步，此次改革着眼于公司制建构，是一次典型的“市场导向 + 体制转型”式的改革。

1. 中国铁路改革 2.0：深度改革，破局之策

此次铁路系统公司制改革宣告了新一轮铁路改革的启动。2013 年“大部制”改革中，第十二届全国人大第一次会议决定裁撤铁道部，组建中国铁路总公司承担市场业务。铁道部原有的政策规划职能划归交通运输部，其他监管职能由交通运输部管理的国家铁路局行使。总体而言，第一轮铁路改革重在顶层制度上政企分离的“从无到有”，但缺失各下属路局的体制规划，也未涉及铁路网运改革等技术问题。相比之下，此次公司制改革在范围、深度、针对性上都有了质的提升。首先，明确了铁路改革的总体任务。此次改革涉及企业组织形式、领导体制、决策机制、劳动人事等多领域，明确了改革目标是构建具有中国特色的铁路现代企业制度。其次，制定清晰的铁路改革时间表。在“三步走”的原则之下，明确要求下属非运输企业和直属路局 2017 年年底前完成公司制改革，2018 年按全新体制运行，总公司力争在 2018 年“两会”前做好总体改制。① 最后，为未来铁路行业发展提出了新的思路。在公司制改革的基础上，探索混合所有制改革，引入社会资本，推动

① 荣志远．铁路总公司召开月度工作例会［OL］．人民铁道网，2017 - 11 - 02.

资产资本化、股权化、证券化，实现铁路网与互联网的“双网融合”，进一步理顺垄断与竞争、市场化与私有化、市场竞争与政府监管的关系。因此，此次的铁路公司制改革从突出市场导向着手，以体制机制的全方位提升为举措，不仅为新一轮的铁路改革“破局开篇”，而且符合当前经济环境下对铁路行业的要求与期待。

2. 应时而动：把脉经济动态，回应政策指向

党的十九大对今后一段时间内中国经济社会的方方面面都提出了方向性的要求。铁路总公司在此时密集、迅速、坚决开展公司制改革绝非心血来潮，而是应时而动的一种回应。

首先，形势倒逼改革与把握改革机遇相结合。自 2013 年改制以来，铁路总公司业绩表现始终低迷，2016 年总负债达到 4.72 万亿元，利润主要依靠国家财政补贴，经营状况并未好转。管理体制依然落后，政企分开空有其名，进展缓慢，总公司统管过死，地方铁路局自主权单薄。产权资本管理模式单一，创新驱动力不足。另外，大数据、人工智能等代表的新动能对中国经济的盘活重塑能力凸显，也给传统产业的升级带来新的机遇。公司制改革既是铁路系统困局之中的必要反应，也可以理解为以利用新动能条件下发展机遇为目的的自我准备与革新。

其次，回应中央政策，引领行业改革。2016 年，中央经济工作会议对七大国企部门提出了“迈出实质性改革步伐”的要求，铁路系统位列其中。① 2017 年 7 月，国务院《中央企业公司制改制工作实施方案》指明了公司制改革的前置性条件地位。在中国共产党十九大报告中，习近平总书记又从深化供给侧结构性改革、加快国有经济结构调整和战略性重组等方面对铁路企

① 中央经济工作会议在北京举行，习近平李克强作重要讲话［OL］. 新华网，2016-12-16.

业提出期望。此外，在2017年上半年中央巡视组的巡视反馈中，中铁总公司被批评推进中央深化铁路改革等决策部署不够有力。因此，此番公司制改革，既是对前阶段改革不力的自我纠正，也是对于中央政策部署的积极回应，对于推动国企改革更具有重要的典例作用。

截至2017年11月中旬，中国铁路总公司下属18个铁路局（公司）全部通过国家工商总局名称变更核准，统一更名为“中国铁路××局集团有限公司”，并全部完成工商登记变更。同时，随着一批新任董事长、总经理相继见诸公开报道，各公司法人治理结构也逐步调整到位。

3. “新会战”：应对挑战与格局探索

此轮铁路改革面临诸多困难：第一，铁路资产体量庞大，质量粗糙，社会资本进入风险较大、意愿不强；第二，体制性困局依然存在，改革涉及利益主体庞杂，“铁老大独立王国”之中自成体系的行政、司法、社会体制仍旧附着，解决方案远超中铁总权限；第三，建立现代企业制度与实现现代化治理并不等同，改善落后模式给经营能力与管理心理带来的弊病需要更多努力与时间。

尽管如此，目前的铁路改革仍然在指导思想、治理结构和制度创新等方面努力进行着全新的格局探索。在真正实现公司制转型，打赢“第一仗”之后，后续配套改革也必将引起更多的期待。

（文/刘环宇）

国务院升级机关单位“盖楼禁令”

2017年10月27日，国务院总理李克强签署国务院令，公布《机关团体建设楼堂馆所管理条例》（以下简称《条例》）。《条例》将以往有关“楼堂馆所”建设的管理措施、成功经验固定为制度规范，并从“项目审批”“资金管理”“法律责任追究”“监督检查”等方面规定更全面和严格的措施和制度“红线”。尽管之前有关部门三令五申，但乱建楼堂馆所浪费公共资源的现象仍然存在。基于此，《条例》规定了各项措施严格控制机关、团体楼堂馆所建设，旨在节约更多宝贵财政资金用于经济发展和改善民生，以简朴政府造福于民。

1. 多项成功管理经验制度化

党中央、国务院历来高度重视严格控制机关、团体楼堂馆所建设。1988年制定的《机关团体建设楼堂馆所管理暂行条例》发挥了积极的规制作用，但实践中仍然存在违规建造的问题。

《条例》的出台把严格控制机关、团体楼堂馆所建设的举措制度化，建立长效机制。（1）2007 年，《中共中央办公厅 国务院办公厅关于进一步严格控制党政机关办公楼等楼堂馆所建设问题的通知》针对党政机关办公楼项目要求严格履行审批程序，同时不再审批党政机关附属具有接待功能的设施或场所建设项目，在资金管理上规定项目建设投资，统一由政府预算内投资安排。（2）本届政府成立之初，李克强总理代表新一届政府提出“约法三章”，其一是本届政府期间，一律不得新建政府性楼堂馆所。（3）2013 年，《中共中央办公厅 国务院办公厅关于党政机关停止新建楼堂馆所和清理办公用房的通知》规定 5 年内，各级党政机关一律不得以任何形式和理由新建楼堂馆所。

《条例》将调整主体由党政机关扩大到党政机关、人民团体以及以财政给予经费保障的事业单位和人民团体以外的其他团体，同时继续坚持禁止接待功能设施或场所建设，并强调资金管理由政府预算资金安排。

2. 多措并举严格控制楼堂馆所建设

一是严格项目审批。《条例》规定：第一，建设办公用房必须经过严格履行审批程序批准；第二，审批机关应当严格审核办公用房项目的建设内容、建设规模和投资概算，同时规定不予批准情形，包括禁止建设或者建设的必要性不充分、建设资金来源、建设内容和规模不符合规定等；第三，未经批准不得办理后续手续。

二是强化资金管理。《条例》规定办公用房项目的建设资金由预算资金安排，不得有挪用各类专项资金、向单位或者个人摊派、向银行等金融机构借款以及接受赞助或者捐赠等情形。

三是强化监督检查，严格责任追究。《条例》规定：第一，审批机关、财政部门、审计机关、监察机关应当加强对建设楼堂馆所活动的监督检查，建立信息共享机制，并根据实际需要开展联合监督检查、专项监督检查。第二，明确规定对建设楼堂馆所信息的公开和违法行为的举报，充分发挥社会公众的监督作用。第三，对违规楼堂馆所予以收缴、拍卖或者责令限期腾退，对负有责任的领导人员和直接责任人员依法给予处分。

《条例》一方面以行政法规将以往管理经验制度化、规范化；另一方面体现出国家在大力反腐背景下，加大对机关团体楼堂馆所建设层面的清理、监管和控制力度，确保楼堂馆所建设领域“不能腐”。

（文/王玉锦）

国家网信办强化网络新闻管治

2017年10月30日，国家互联网信息办公室公布《互联网新闻信息服务新技术新应用安全评估管理规定》（以下简称《规定》）和《互联网新闻信息服务单位内容管理从业人员管理办法》（以下简称《办法》），共同促进互联网新闻信息服务健康有序发展。《规定》旨在强化互联网新闻信息服务提供者（以下简称“服务提供者”）保证网络信息安全主体责任，规范指导互联网新闻信息服务新技术新应用安全评估；《办法》旨在加强对互联网新闻信息服务单位内容管理从业人员的培训和管理，保证从业主体的职业标准，维护社会公众的合法权益。两份文件均自 2017 年 12 月 1 日起施行。

1. 大事作于细，严织网络监管的法网

互联网新闻信息服务行业中，新技术新应用快速发展在给国家发展带来机遇、给社会生活带来便利的同时，也带来了一定的安全风险。社交网络、自媒体、即时通信工具、搜索引擎、网络直播等新技术新应用被一些不法分子用来发布违法违规信息，实施网络违法犯罪活动，扰乱互联网新闻信息传播秩序，损害公民、法人和其他组织合法权益。而网络服务的提供方是阻挡和筛除这些违法信息和行为的第一道防火墙，而其工作人员就是第一个把关人。但是现实中，部分服务提供者的安全责任意识不强，甄别能力、管理水平和技术水平不高，不当报道行为时有发生，影响了健康有序互联网新闻信息传播生态的构建。一些网络服务工作者甚至利用职务和技术上的便利，违法违规从事破坏互联网生态的行为，发布违法违规信息，污染网络生态，侵害公众利益。因此，迫切需要加强对互联网技术应用的安全监管，与此同时，加强对新闻网站内容管理从业人员的职业培训，提高其业务素质能力。

2017 年 6 月 1 日，《中华人民共和国网络安全法》正式施行，它为国家规范网络行为提供了最基本的法律保障和工作遵循。然而，《中华人民共和国网络安全法》作为一部宏观性质的法规，其有效落实仍需相关制度文件的

配套细化。为此，《规定》和《办法》应运而生。

2. 双管齐下，既提高自身建设，又加强外部监督

两份文件分别从服务提供者管理责任和新闻内容管理从业人员两方面入手进行规范。

《规定》对服务提供者评估主体责任进行了明确规定。一是建立健全新技术新应用安全评估管理制度和保障制度，强化人员队伍建设。二是依法规范开展新技术新应用安全评估。服务提供者应用新技术、调整增设具有新闻舆论属性或社会动员能力的应用功能或新技术、新应用功能发生重大变化时，应当开展安全自评估。三是为主管单位组织开展安全评估提供必要配合，并及时完成整改。①

《办法》明确了对从业人员进行管理培训的两个主体，分别为网信部门和互联网新闻信息服务单位。网信部门的主要职责是：指导互联网新闻信息服务单位建立健全有关制度，加强从业人员管理；建立从业人员管理信息系统，进行信息备案；依法建立从业人员信用档案和黑名单；对于从业人员存在违法违规行为的，根据实际情况责令所在互联网新闻信息服务单位采取相应处理措施等。互联网新闻信息服务单位的主要职责是落实主体责任，加强对从业人员的日常管理教育，对存在违法违规行为的从业人员采取管理处罚措施等。

3. 推进网络综合治理体系建设

党的十九大报告提出要建立网络综合治理体系，营造清朗的网络空间。

---

① 国家互联网信息办公室有关负责人就《互联网新闻信息服务新技术新应用安全评估管理规定》答记者问［OL］. 中国网信网，2017－10－30.

此次发布的两项制度，充分体现了引导和规范相结合、鼓励和监督相统一的原则，构建了多方共治、良性互动的治理新局面，进一步推动了网络综合治理体系建设。但是，网络是一个纷繁复杂的信息空间，它的影响力和破坏力已经渗透到个人乃至国家的各个层面，因而还有很多领域存在规范空白，需要新的立法去填补。随着互联网的发展，新的问题会不断出现，未来互联网法律制度建设仍将进一步扩展和深化。

（文/王依琪）

11月　十九大后人事调整破题

党内集体政治寻根开篇“新时代”

中国布局建设全球最大IPv6商用网络

中国“金稳委”开启金融治理新周期

官方明确划转国资充实社保方案

党内集体政治寻根开篇"新时代"

2017年10月31日，中共中央总书记、国家主席、中央军委主席习近平带领中共中央政治局常委李克强、栗战书、汪洋、王沪宁、赵乐际、韩正，瞻仰上海中共一大会址和浙江嘉兴南湖红船，重温入党誓词，寻根政治源头，自上而下掀起了党内集体瞻仰"红色地标"、集体政治宣誓的热潮。[①]

1. 政治寻根旨在宣示核心权威，凸显使命抱负

全国党代会闭幕后，高层通过首次活动释放政治信号，此前已有先例。如中共十六大闭幕约20天后，时任中共中央总书记胡锦涛赴河北省平山县西柏坡考察，以重温"两个务必"[②] 作为施政开端。又如中共十八大闭幕后半个月，时任中共中央总书记、中央军委主席习近平和十八届中央政治局其他常委集体参观《复兴之路》展览，首次提出实现中华民族伟大复兴的"中国梦"；[③] 此后，习近平又将深圳作为首次离京考察地，向外界表达了不

---

① 铭记党的奋斗历程时刻不忘初心，担当党的崇高使命矢志永远奋斗［N］. 人民日报，2017-11-01.

② "两个务必"，即"务必使同志们继续保持谦虚、谨慎、不骄、不躁的作风，务必使同志们继续地保持艰苦奋斗的作风"。

③ 李斌. 承前启后 继往开来 继续朝着中华民族伟大复兴目标奋勇前进［N］. 人民日报，2012-11-30.

断改革的政治决心。①

此次高层政治活动较之以往，特殊之处在于：其一，背景特殊。随着“习近平新时代中国特色社会主义思想”被正式提出并写入新修党章，以及中共十九大前后重大人事安排逐步到位，党内政治格局得以确立，明确了习近平的核心地位。这与此前几次活动的政治背景大不相同。其二，形式超常。此次活动是改革开放以来，中央政治局常委首次集体出京行动，这一形式是以往活动都未有的。而在活动期间，新任七常委公开面对党旗集体重温入党誓词，亦属罕见。其三，寓意深刻。上海中共一大会址和浙江嘉兴南湖红船是中国共产党政治事业的发源地。而浙江和上海恰好也是习近平从政之路的关键两站，因而此次政治寻根，溯源革命传统，对于宣示不忘初心意义重大。习近平强调“走得再远都不能忘记来时的路”，以中国共产党的奋斗历程勉励全体党员不忘初心、牢记使命、永远奋斗，不仅彰显其政治抱负，也意在统一党内思想，凝聚政治共识。

2. 省部要员瞻仰“红色地标”，集体政治宣誓

在高层的带动下，省部一级的党组织率先掀起重温入党誓词的热潮。其中，贵州、江苏、陕西、上海、河北、广东、河南、安徽、湖北、重庆、辽宁、黑龙江等省市的省级党委书记纷纷率队，前往当地纪念传承红色文化的历史场所进行参观并重温入党誓词。

其中广东、安徽两省省委的行动有一定的代表性。广东省委书记李希在中共三大会址纪念馆瞻仰南湖红船模型，安徽省委书记李锦斌则前往中国革命的重要策源地、人民军队的重要发源地金寨县。广东省是被习近平称为“改革开

① 新华社．增强改革的系统性整体性协同性，做到改革不停顿开放不止步［N］．人民日报，2012-12-12.

放得风气之先的地方”，深圳市则历来是改革开放的前沿阵地；由安徽省推广的家庭联产承包责任制撬动了当代中国农村改革，凤阳小岗村则被视为家庭联产承包责任制最初诞生的地方。然而，两省省委把握此番政治寻根的要旨，在活动地点上舍深圳、小岗而取红船、金寨，意味着中国共产党在深化改革开放总体方向不变的前提下，保持革命传统的决心不变。

3. 政治寻根为“新时代”开篇

面对复杂的国内国际环境，面向“新时代”，中国共产党如何始终保持先锋队性质，成为其应对一切挑战的先决条件和最关键因素。正如邓小平所言：“中国要出问题，还是出在共产党内部。”[①] 为此，自党的十八大以来，从严治党成为习近平治国理政思想的核心政治理念，党建工作也受到极高重视并得以全面强化，最新修改的党章就将“坚持从严管党治党”列入党建的基本要求之一。而在高层看来，要持续推进全面从严治党，有必要从革命传统和革命叙事中汲取思想精神资源，推动全体党员一起思考“我是谁，从哪里来，要到哪里去”这一根本问题，以最大限度地凝聚政治共识。

（文/孙文帅）

中国布局建设全球最大 IPv6 商用网络

2017 年 11 月 26 日，由中共中央办公厅、国务院办公厅印发的《推进互联网协议第六版（IPv6）规模部署行动计划》（以下简称《计划》）公开发

---

① 摘自邓小平 1992 年 2 月南方谈话。

布。《计划》指明中国将在IPv4的基础上进一步发展IPv6，用5到10年时间建成全球规模最大并且安全的IPv6商业应用网络，使其成为全球下一代互联网发展的重要主导力量。

1. “起大早，赶晚集”：IPv4地址耗尽后提速IPv6发展

中国现行网络主要使用IPv4体系（第四代网络协议），而目前IPv4的IP地址已分配殆尽，导致国内日益增多的互联网接入设备无IP地址可用。不仅如此，当前蓬勃发展的4G业务以及方兴未艾的5G商业、人工智能、物联网等新型互联网产业，都需要巨量IP地址，未来供不应求的问题将更为突出。同时，IPv4也存在网速慢和网络安全问题①，它不同于IPv6端对端的加密技术，IPv4下多个主机使用一个地址，无法追踪到个体，不利于打击网络犯罪。而IPv6给每个用户都分配一个地址，为追踪定位提供极大便利，用户将为其网络行为负责。

实际上，中国IPv6的发展可谓“起大早，赶晚集”。早在2003年，国家就提出发展IPv6，但由于对IPv4地址资源终将分配完毕缺乏危机意识，且对IPv6的战略意义认识不足，对其可能带来的网络监管成本过高问题顾虑较多，国内IPv6建设在取得初步目标后就后劲不足，以至于延缓了对超前性研究成果的规模化、商业化应用。

2. 《计划》核心要点：强力推进IPv6商用以抢占主导权

此次《计划》着眼于互联网技术的更新换代和互联网产业体系的演化升

---

① 由于IPv4的分配“先到先得”，而中国接入国际化联网时间晚，导致国内网络运营商拿到的公有IPv4很少，多数需要通过NAT（网络私有地址转换）方法将一个公有IPv4转换出多个私有IP，这样的结果是单个私有网络的网速变慢。

级，意在抢占下一代网络发展的主导权。《计划》指出要在2018年、2020年逐步停止使用私有IPv4地址，逐步实现网络应用终端全面支持IPv6，增加国内IPv6活跃用户数量，最终在2025年达成世界第一的IPv6的网络规模、用户规模、流量规模，完成从IPv4到IPv6的全面升级。《计划》带有强制性，要求国内用户量排名前100位的商业网站及应用、市地级以上政府外网网站系统、大型互联网数据中心、排名前10位内容分发网络和云服务平台，必须在2020年前支持IPv6。

由中国互联网国家工程中心牵头发起的“雪人计划”已在全球架设了25台IPv6根服务器。该计划由中、日、美联合完成，试图建立一套“以IPv6为基础、面向新兴应用、自主可控的一整套根服务器解决方案和技术体系”。中国部署了4台根服务器，联合其他21台形成了IPv6根的“新格局”（相对于原有的13台根服务器）。这为《计划》的实施奠定了技术基础。

3. 困难、风险与契机并存

中国IPv6的发展已经远远落后于许多国家，其中包括印度在内的一些发展中国家。由于IPv4替换成本高，网络升级风险大，各商户主动使用IPv6内在动力不足，因此，IPv4平滑过渡为IPv6几乎不太可能。一方面，基于IPv6的应用有限且用户基础小，而IPv4已有广泛的用户基础，要让用户放弃IPv4改用IPv6，在应用研发上难度很大。此外，由于长时间使用网络地址转换（NAT）技术，国内IPv4的网络结构极为复杂，而IPv6在设计之初并未考虑和IPv4的兼容问题，因此在过渡期间如何摒弃和创新值得研究。另一方面，运营商很可能基于成本收益考虑而缺乏推进动力，且由于IPv6尚未规模化，谁当“急先锋”就意味着谁将承担风险。此外，国内IPv6技术人员紧缺，重新学习IPv6，也势必抬高人力成本。尽管如此，发展IPv6仍是现实的选择。此次《计划》力度之大，预计后续将有更多具体政策举措推出，有望给包括运营商、内容/应用提供商和终端厂商、数据中心等在内的互联网产业链带来新契机。

（文/贾冉）

中国“金稳委”开启金融治理新周期

2017 年 11 月 8 日，新成立的国务院金融稳定发展委员会（以下简称“金稳委”）召开第一次全体会议。作为 2017 年 7 月全国金融工作会议确立的一项重要制度安排，金稳委赶在党的十九大闭幕不久、2018 年全国“两会”政府换届之前落地，足见其非同寻常的重要意义，这必将对未来一个时期的金融监管格局产生深刻影响。

1. 稳字当先：“去杠杆时代”金融监管的重要选择

2008 年全球金融危机以后，中国资本市场高杠杆、泡沫化问题日益凸显，金融市场乱象丛生，资本“脱实向虚”趋势有增无减，由此衍生出一定的系统性风险隐患，反过来对实体经济增长形成掣肘。然而，相应的金融监管却未能与时俱进：此前“一行三会”——中国人民银行（含国家外汇管理局）、中国证监会、中国银监会、中国保监会各司其职的分业监管体制，不仅留下了较多监管空白和职能模糊地带，而且相互之间缺乏充分有效的协调机制，以至于出现了进退失据、规制失灵的现象，2015 年的股市动荡即是一例。而从近年来全球金融业的发展态势来看，建立更有韧性、更为全面的金融监管制度已成为一种普遍趋势。

上述情况引起中央高层，特别是习近平本人的高度重视。在 2017 年

7月全国金融工作会议上，习近平不仅重申了“党管金融”的根本要旨，而且明确提出了“回归本源、优化结构、强化监管、市场导向”的十六字原则，尤其强调要以强化金融监管为重点，以防范系统性金融风险为底线，加强宏观审慎管理制度建设，强化政府宏观调控的纪律性。① 在“稳字当先”的大背景下，成立金稳委不仅是外部环境所趋，更是中国改革金融监管体制，强化金融监管协调，提高防范风险能力，从而更好地促进金融服务实体经济、保障国家金融安全、维护金融消费者合法权益的重要选择。

2. 设立金稳委：中国金融监管体制的整体升级

维护金融安全是治国理政的一件大事，防止发生系统性金融风险是金融工作的永恒主题。当此重任，金稳委的设立意味着对现行金融监管体制的整体升级。

从机构性质上看，此次会议明确了金稳委的机构性质，即国务院统筹协调金融稳定和改革发展重大问题的议事协调机构。委员会主任由国务院分管副总理马凯兼任，属于议事协调机构标准配置。此外，金稳委的全体会议由副总理主持召开，而非以往那样由央行行长作为召集人，会议规格有所提升。

从职权设置上看，新成立的金稳委是对以往部际协调机制的一次大升级。2013年所确立的“金融监管协调部际联席会议”制度，是在不改变现行金融监管体制，不替代、不削弱各金融监管职能部门的职权分工的基础上的一项协调机制。而金稳委在职责上已经全面超出金融监管协调的范围，职

① 新华社．习近平在全国金融工作会议上强调：服务实体经济防控金融风险深化金融改革促进经济和金融良性循环健康发展［N］．人民日报，2017－07－16.

责全面升级到超部委乃至更高层面，承担起全方位的监管职责。[①] 具体而言：

第一，金稳委旨在全方位预防金融风险。此次会议确立了金稳委标本兼治、攻防兼备的工作思路。一方面，金稳委通过研判国际国内金融形势，研究系统性金融风险防范处置，审议重大规划以及统筹协调金融监管等，从“本”上防范风险；另一方面，金稳委通过落实中央重大金融政策以及指导地方金融改革发展，从“标”上创造良好金融环境，筑起风险底线。第二，金稳委重在统筹协调，将逐步建立起“货币政策与宏观审慎政策”的双支柱调控框架以及“金融政策、财政政策与产业政策”三管齐下的调控策略。第三，监管是金稳委工作的重中之重。关于监管的主要对象，主要是2017年7月召开的全国金融工作会议重点提及的影子银行业务、资产管理行业、互联网金融、金融控股公司等问题。

3. 稳中谋变：中国金融治理迎来新周期

党的十八大以前，出于经济保增长的需要，中国金融政策相对宽松，监管当局对打着“金融创新”旗号做大杠杆的各种行为较为容忍，因而资本市场运作空间较大，这一影响一直持续到党的十八大以后若干年。伴随中国经济的发展和演变，中国金融政策也步入了以稳为主、开放变革的新周期。金稳委的成立，在政治逻辑上与反腐领域的国家监察委颇有相通之处，二者都是试图扭转长期以来的监管不力问题，确保体制稳定的重要制度安排。

同时值得注意的是，防风险、保稳定固然是首要选项，但不断改革、扩

---

① 金稳委的具体职责包括：（一）落实党中央、国务院关于金融工作的决策部署；（二）审议金融业改革发展重大规划；（三）统筹金融改革发展与监管，协调货币政策与金融监管相关事项，统筹协调金融监管重大事项，协调金融政策与相关财政政策、产业政策等；（四）分析研判国际国内金融形势，做好国际金融风险应对，研究系统性金融风险防范处置和维护金融稳定重大政策；（五）指导地方金融改革发展与监管，对金融管理部门和地方政府进行业务监督和履职问责等。

大开放也是中国金融发展的题中应有之义。财政部、外交部等部委表示，中国将按照自己扩大开放的时间表和路线图，大幅度放宽金融业，包括银行业、证券基金业和保险业的市场准入。这一变化表明，高层将改革开放作为主动防范化解系统性金融风险的历史经验和未来抉择，今后金融行业开放创新将大有可为，而这正是金稳委将要承担的另一使命所在。

（文/籍婷）

官方明确划转国资充实社保方案

2017年11月9日，国务院印发《划转部分国有资本充实社保基金实施方案》（以下简称《方案》），为划转工作设定具体路线图和时间表。这意味着近20年来国资划转社保争论终于尘埃落定，不仅为民众如期领取养老金提供了重要保障，也为未来社保制度改革创造了一定空间。

1. 历史缘由：填补改制成本，纾解社保困局

1993年，中国开始实行“个人账户与社会统筹”相结合的新型养老保险制度，以往“现收现付”制度宣告终结。但在转制过程中，尽管大量国企职工的个人账户中并无资金积累，但政策上却采取了“视同缴费”的办法，以致留下缺口，需要通过财政拨款进行填补。随着近年来国内人口老龄化趋势不断加剧，[①] 养老金财政负担日益沉重。为此必须未雨绸缪，填补改制成本，通过提高社保制度的自我平衡能力，应付日益加重的资金压力。同时，近20多年官学两界都存在着划转国有资本补充社保、促使国资更好回归全

① 据统计，截至2016年年底，我国65岁人口数量已经突破1.5亿，预计到2020年，我国将有2.48亿的老年人口，占总人口比重达到17%。

民所有属性的声音。而近年来中央和地方国企的效益总体上改善明显，也为划转提供了现实条件。

在此背景下，官方着眼于增强基本养老保险制度的可持续性，早在2001年国务院就印发《减持国有股筹集社会保障资金管理暂行办法》，规定凡国家拥有股份的股份公司公开首发和增发股票时，均应按融资额的10%出售国有股并上缴社保基金。8年后，财政部牵头发布《境内证券市场转持部分国有股充实全国社会保障基金实施办法》，规定国有股份公司首次公开发行股票上市时，将实际发行股份的10%划转全国社保基金理事会持有。近5年来，党的十八届三中、五中全会均明确提出“划转部分国有资本充实社保基金”。2015年，国企改革大幕拉开，《中共中央 国务院关于深化国有企业改革的指导意见》和《国务院关于改革和完善国有资产管理体制的若干意见》分别对划转部分国有资本充实社保基金做出了具体规定。之后，山东、上海等地积极开展探索，为划转国资充实社保积累了一定经验。此次出台的《方案》，正是上述努力水到渠成的结果。

2. 方案思路：分类分步实施，划转与经营两不误

其一，划转目标重在补缺口，惠民生。《方案》首先以弥补企业职工基本养老保险制度转轨时期，因企业职工享受视同缴费年限政策而形成的企业职工基本养老保险基金缺口为基本目标，但也不限于此。收益上缴部分更多用于保障和改善民生，而非只用于社会保险基金。

其二，划转范围分类有别，比例统一。《方案》将中央和地方国有及国有控股大中型企业、金融机构纳入划转范围，但公益类企业、文化企业、政策性和开发性金融机构以及国务院另有规定的除外。统筹考虑基本养老保险基金缺口测算、基本养老保险制度改革进度和国有企业经营等情况，《方案》将划转比例确定为企业国有股权的10%。

其三，划转不影响企业的经营发展。《方案》明确，社保基金会等承接

主体的收益主要来源于股权分红。社保基金会及各省（区、市）国有独资公司等承接主体作为财务投资者，享有所划入国有股权的收益权和处置权，但不干预企业日常生产经营管理，非必要情况一般不向企业派出董事。划转对象主要是中央和地方企业集团的股权，一般不涉及上市企业。对于少量涉及的上市企业，由原国有股东将其10%股权转至社保基金会等承接主体，不改变企业国有股权的属性和总量。

其四，承接主体变现国有资本不得违反禁限售义务。为避免承接主体“寅吃卯粮”，非理性变现国有资本，《方案》提出，社保基金会等承接主体经批准可以通过国有资本运作获取收益，同时要履行3年以上禁售期义务，并应承继原持股主体的其他限售义务。在禁售期内，如划转涉及的相关企业上市，还应承继原持股主体的禁售期义务。

3. 未来方向：完善制度设计，强化精确测算

中国现阶段大力推行划转国资充实社保的做法，固然有利于缓解支付压力、增强社保可持续性，并推动国企股权多元化改革，但也面临诸多挑战。例如，承接主体如何实现划转资本的保值增值，存在不确定性；而相关体制也有待理顺，财政部与国资委同时履行出资人职责，两者又都是国有资本“代表”，存在产权混乱甚至经营混乱的风险；此外，如何区分国有资产也是问题，如果把劣质资产或者亏损企业划过去的话，社保基金非但无法分红，还可能需要注资以促进企业发展。因此，我们宜将国资划转作为一次重要的社保改革契机，把短期、中期、长期三个目标一并纳入国资划转的制度设计当中。此外，国资划转社保后，还需要为未来养老金家底和支出规模建立可精算的模型，定期发布养老保险精算预测报告，预测未来每年收支缺口及其对外部注入的需求，以防“拍脑袋”决策可能引发的失误。

（文/李振宇）

12月　中央经济工作会议勾勒未来经济蓝图

“高质量发展”引领中国经济新时代

武警改革终结二元领导制

中国八大民主党派完成新老换届

新班子力推党内整风新动作

新政全面规制中企资本输出

两办发文促建“村务监督委员会”

中国全面试行生态环境损害赔偿制度

“高质量发展”引领中国经济新时代

2017年12月18至20日，中央经济工作会议在北京召开。作为党的十九大后首个全国性重量级会议，此次会议肯定过去5年经济发展的“历史性成就”和“历史性变革”，首提以新发展理念为要旨的习近平新时代中国特色社会主义经济思想[①]，为“党管经济”奠定统一思想基础。会议明确以“高质量发展”重新定义中国经济治理策略，勾勒出2018年、未来3年乃至更长时段的中国经济发展路线图。

---

① 习近平新时代中国特色社会主义经济思想的主要内涵可以概括为“七个坚持”：坚持加强党对经济工作的集中统一领导，完善党中央领导经济工作的体制机制，保证我国经济沿着正确方向发展；坚持以人民为中心的发展思想，贯穿到统筹推进“五位一体”总体布局和协调推进“四个全面”战略布局之中；坚持适应把握引领经济发展新常态，明确回答了我国经济形势怎么看、经济工作怎么干的问题，有力引导了全党全社会对经济形势的判断；坚持使市场在资源配置中起决定性作用、更好发挥政府作用，把处理好政府和市场关系作为经济体制改革的关键，为经济发展注入了强大动力；坚持适应我国经济发展主要矛盾变化完善宏观调控，把推进供给侧结构性改革作为经济工作的主线，为保持我国经济持续健康发展开出治本良药；坚持问题导向部署经济发展新战略，推进京津冀协同发展战略、长江经济带发展战略、“一带一路”建设等，对我国经济社会发展变革产生深远影响；坚持正确工作策略和方法，以稳中求进为工作总基调，把握宏观调控的度，坚持底线思维，为推动经济持续健康发展提供了重要方法论。参见人民日报社：《中央经济工作会议在北京举行》，载《人民日报》，2017年12月21日第01版。

1.“高质量发展”成为经济工作新主题

党的十九大在明确“新时代”历史定位、确立习近平新时代中国特色社会主义思想的基础上，提出从全面建成小康社会到全面建设社会主义现代化强国的历史性使命，而建设现代化经济体系则成为“跨越关口的迫切要求和我国发展的战略目标”。① 随后，习近平接连主持党外人士座谈会和中共中央政治局会议，强调“推动高质量发展是当前和今后一个时期确定发展思路、制定经济政策、实施宏观调控的根本要求”。②

此次中央经济工作会议不仅回应并重申了上述会议精神，而且提出中国经济已进入由“高速增长阶段转向高质量发展阶段”的新时代，更进一步细化了新发展理念之下的经济工作总体布局。③ 会议强调：要长期坚持稳中求进的工作总基调，保持自2009年以来基本经济方针的连续性；突出高质量发展导向，不再要求适度扩大总需求，继续从供给侧入手，主动调整过去盛行的“三驾马车”驱动模式；要求在2020年关键时间节点前，重点打好防范重大风险、精准脱贫、污染防治三大攻坚战，并确定了2018年要重点推进供给侧改革、激发市场活力、乡村振兴、区域协调发展、全面开放、改善民生、建立租购并举住房制度、推进生态文明建设8项工作。

2. 政策落点集中于防风险、调结构、促民生

综观而言，实体经济、供给侧改革、民生问题无疑是此次经济工作会议

---

① 习近平．决胜全面建成小康社会，夺取新时代中国特色社会主义伟大胜利——载中国共产党第十九次全国代表大会上的报告［N］．人民日报，2017－10－28.

② 新华社．中共中央召开党外人士座谈会［N］．人民日报，2017－12－09；新华社．中共中央政治局召开会议分析研究2018年经济工作［N］．人民日报，2017－12－09.

③ 中央经济工作会议在北京举行，习近平李克强作重要讲话，张高丽栗战书汪洋王沪宁赵乐际韩正出席会议［N］．人民日报，2017－12－21.

的关切所在。与之相应，会议由供给侧结构性转向为切入点，力图通过继续化解过剩产能与降低实体经济成本来培育经济增强新动能。防控金融风险作为三大攻坚战中经济属性最强的一项受到了重点关注，会议要求继续实施积极的财政政策和稳健的货币政策，2016 年经济工作会议中“调节好货币闸门”的提法被“管住货币供给总闸门”所取代，金融监管力度将保持高位，进一步遏制不合理的金融杠杆，“形成金融和实体经济、金融和房地产、金融体系内部的良性循环”。

民生领域中，会议延续了十九大报告关于住房制度的新提法，即加快建立“多主体供应、多渠道保障、租购并举”的住房制度，通过发展住房长期租赁市场，大城市房产去库存与中小城市城区棚改、城乡人口融合并举，央地差别化调控等手段，确保房地产市场稳定。同时，会议提出完善“长效机制”，结合 2017 年 12 月 20 日财政部部长在《人民日报》撰文提出的“推进房地产税立法和实施，对工商业房地产和个人住房按照评估值征收房地产税”的说法，房产税立法进程或将提速。[①] 会议还鼓励社会资本进入社保领域，缓解现有社保体制运行压力，并将精准扶贫进程转入针对性阶段，但未来 3 年解决剩余 3000 万贫困人口脱贫问题任务仍十分艰巨。

此外，会议还特意提及解决一系列具体问题，如中小学生课外负担重、“择校热”、“大班额”，婴幼儿照护和儿童早期教育服务，就业性别歧视与身份歧视，网络诈骗及倒卖个人信息等，可视为高层对前期社会热点事件的政策回应。

3. 高层对前期若干经济政策做出修正

此次中央经济工作会议在许多问题上的原则判断与政策拟定较之前有了明显的修正与转向，从中也可反映经济发展思路的变化。其一，不再片面强

① 肖捷．加快建立现代财政制度［N］．人民日报，2017－12－20.

调经济指标，以对可控经济下行的容忍换取经济质量的整体跃升，2018 年成为由“唯 GDP 论”到“追求发展质量”的元年，“负债繁荣”宣告终结。其二，会议通报全文未见先前热词“互联网 +”，在网络经济泡沫危机凸显、风险问题频发的背景下，电子商务、互联网金融等领域的政策热度或有所冷却。其三，此前政府力推的“新型城镇化”“农民市民化”等政策被“引导城镇人口回流”和“区域均衡”所取代，乡村振兴开始另辟蹊径。其四，伴随着“入世”保护期结束，深化市场经济体制改革迫在眉睫，国企混改与全面开放战略在此时被强调，体现出对内提振经济动能与对外谋取经贸合作的双重关照。

4. 中国经济治理策略实现再度升级

党的十八大以来，面对世界经济加剧分化、经贸壁垒重新泛起、逆全球化趋势凸显的外部形势，与周期性、结构性、体制性问题三重叠加的国内复杂状况，中国经济走过了承压下行、触底缓升的发展历程，与之相应的经济治理策略，也经历了从肯定市场决定作用、进一步理顺政府与市场关系，到分类推动区域协调发展、布局“一带一路”倡议，再到构建“经济新常态”理论、发起供给侧结构性改革的接续演变过程。恰逢承前启后的特殊时期，此次中央经济工作会议集往年经济治理理论与实践之大成，实现了经济思想、路径导向与治理技术的全面升级，在长期、中期、短期三个层面明确了未来经济治理的大方向和发力点。

（文/刘环宇）

武警改革终结二元领导制

2017 年 12 月底，中共中央印发《中共中央关于调整中国人民武装警察部队领导指挥体制的决定》（以下简称《决定》），自 2018 年 1 月 1 日零时起，武警部队由党中央、中央军委集中统一领导，实行中央军委—武警部队—部队领导指挥体制。[①] 作为一项“确保党对武警部队绝对领导的重大政治决定”，领导指挥体制调整对武警部队改革具有牵一发而动全身的重大意义，也标志着中国新一轮军改又迈出关键一步。

1. 武警改革，势在必行

中国人民武装警察部队于 1982 年 6 月正式成立，是中国武装力量的重要组成部分，主要担负国家内部安全保卫任务。截至 2016 年军队改革启动之前，武警部队已拥雄兵百万，下辖 50 多个军级单位，14 个武警机动师，300 多武警师旅级支队，无论在员额上还是在组织结构上，武警部队都已成为仅次于解放军的中国第二大武装力量。

然而，与如此庞大体量不尽相称的，是武警系统长期存在的定位不清、管理分割和财政负担高企等问题。在定位上，尽管以内卫职能为主，但武警部队的力量构成，不仅包括由解放军担负内卫执勤任务的部队划转而来的“军”，也包括边防、消防、警卫部队等“警”的部分，还包括水电、黄金、交通、森林部队等在职能上更接近于“民”的组织类型。这种军、警、民混为一体的复杂编成状况，使得武警部队在定位上不够清晰，在过去的执法实践中往往出现军、警、民不分的问题。在管理上，原先武警部队领导体制采取“一统二分”方式，由国务院、中央军委统一领导，各地公安机关分级管理、指挥。也就是说，在中央层面，公安部作为部级单位名义上拥有辖制百万武警部队的权力，但由于政法委体制的存在，实际上中央政法委书记拥有调兵之权。而在地方层面，地方政府事实上也拥有对驻地武警部队的调动

---

① 新华社．中共中央决定调整中国人民武装警察部队领导指挥体制［N］．人民日报，2017－12－28.

权。如此权力分置的体制结构，不利于党对武装力量的集中统一领导，在实践中可能产生多头指挥、恣意滥用等问题，甚至存在武装力量与政治势力结合而致权大难制的风险。另外，维持如此巨大的武警编制，不仅意味着巨大的财政压力，而且不利于武警部队由数量规模型向质量效能型转变，妨碍其现代化建设进程。由此可见，武警部队改革势在必行。

2. 兵权贵一，终结二元

武警部队改革自2016年拉开帷幕，酝酿两年之久，逐步完成了由体制编制到领导指挥机制的大调整。在体制编制方面，经过2016年3月和2017年10月两轮改革，武警部队总部机关格局由“司令部、政治部、后勤部”三大部变为“参谋部、政治工作部、后勤部、装备部、纪委”的“四部一委”，并已经按照新体制编制运行。

此轮武警部队的体制改革主要涉及领导指挥体制、职能任务、警衔制度、保障体制、部队和兵力调动使用制度等五方面的调整。① 此次《决定》按照“军是军、警是警、民是民”的原则，对武警部队领导指挥体制进行调

---

① 按照武警部队司令员王宁于2017年10月31日在第十二届全国人大常务委员会第三十次会议上所做的《关于中国人民武装警察部队改革期间暂时调整适用相关法律规定的决定（草案）》的说明，调整内容主要包括：一是调整领导指挥体制。强化党中央和中央军委对武警部队集中统一领导，坚定贯彻军委主席负责制，按照“军是军、警是警、民是民”的原则，调整武警部队指挥管理体制，优化力量结构和部队编成，实现领导管理与高效指挥的有机统一。二是调整职能任务。按照党中央和中央军委赋予的新时代使命任务，武警部队将主要担负执勤、处突、反恐怖、海上维权、抢险救援、防卫作战等任务，拓展了维护国家领土主权完整和国家安全职能。三是调整警衔制度。根据武警部队领导指挥体制改革和军官军衔制度改革情况，调整改革武警部队警衔的设置、授予、晋升和批准权限等规定。四是调整保障体制。根据武警部队领导指挥体制改革要求，对武警部队的后勤、装备实行统一规划、统一保障、统一管理、统一审计监督，提高保障效益。五是调整部队部署和兵力调动使用制度。由中央军委对武警部队部署和兵力调动使用做出规定。

整。其一，明确武警部队由党中央、中央军委集中统一领导，武警部队归中央军委建制，不再列国务院序列。武警部队建设，按照中央军委规定的建制关系组织领导。其二，中央和国家机关有关部门、地方各级党委和政府与武警部队各级相应建立任务需求和工作协调机制。其三，领导指挥体制调整后，武警部队根本职能属性没有发生变化，不列入人民解放军序列。

3. 军权一统，服务大局

此次武警领导指挥体制改革，意味着今后武警部队指挥权直属中央军委，国务院及地方政府不再拥有对武警部队的指挥权和调动权，从而在根本上实现了武装力量最高领导权和指挥权的高度集中统一。优化力量结构和部队编成，则意味着机构优化和精简，推动部队由数量规模型向质量效能型转变。而针对武警部队军、警、民不分的状况，明确“军是军、警是警、民是民”的原则，实际上是要匡正武警部队的职能定位，从管理、归属的角度，彻底理顺军、警、民关系，以期根治军、警、民不分所引发的诸多问题。至此，武警部队与解放军两大武装力量都完成了领导指挥体制的集中统一，这无疑强化了中国共产党对“枪杆子”的绝对领导，巩固了党、政、军一体整合的基本格局，为推进实现中国军队的现代化、维护国家安全和社会稳定、开启中国特色社会主义新时代提供了坚实保障。

（文/孙文帅）

中国八大民主党派完成新老换届

2017 年 11 月 27 日至 12 月 24 日，中国八大民主党派相继召开全国代表大会，选举产生新一届党主席。与此同时，在坚持德才兼备、以德为先的选人用人标准基础上，各民主党派代表大会同时选举产生了新一届中央领导机构，顺利实现新老交替。①

1. 新“惯例”凸显兄弟党亲密关系

过去几轮民主党派换届的规律是，各民主党派在中国共产党全国党代会召开之后的一两个月内进行集中换届，此次也不例外。在此之前，各民主党派已经先行完成了省级组织的换届工作。

此次换届延续了近10年形成的新“惯例”，即中共中央政治局常委到会祝贺。在党的十七大之前，各民主党派换届时到会祝贺的一般是中央政治局委员，党的十七大后才“升级”为常委。2012年的民主党派换届，中共中央安排6位时任常委分赴八大民主党派祝贺。而在2017年的换届中，8个民主党派的开幕会共有5位常委出席。② 这体现了中国共产党与民主党派之间作为兄弟党的亲密关系。

2. 年龄结构趋于合理，高学历与经验兼备

首先，年龄结构、年龄梯次比较合理。20世纪90年代，“政治断层”和“年龄老化”曾一度是各民主党派面临的共同问题。由此，各民主党派开始着手对后续人才进行梯队培养。2002年，各民主党派修改了章程，将“终身制”改为“每届5年，一般两届，特殊情况三届”的“任期制”。

---

① 王俊：各民主党派中央实现新老交替，牵动新一届全国人大政协领导层．澎湃网，http：//www. thepaper. cn/newsDetail_ forward_ 1921139.

② 其中，栗战书出席中国农工民主党和中国民主同盟的全国代表大会开幕会，汪洋出席中国民主促进会和中国民主建国会的全国代表大会开幕会，王沪宁出席中国致公党和中国国民党革命委员会的全国代表大会开幕会，赵乐际出席九三学社的全国代表大会开幕会，韩正出席台湾民主自治同盟的全国代表大会开幕会。

经过此后几次换届，民主党派领导人的年龄开始趋于年轻化。在此次换届选出的85名民主党派中央领导人员中，50后有48名，60后有37名，平均年龄58.1岁。1970年出生的潘建伟，此次当选九三学社中央副主席，也是85名民主党派中央领导班子成员中最年轻的一位。中央委员会是各民主党派的中央领导机构。此次全国代表大会共选举产生各民主党派新一届中央委员1537名、中央常委362名，他们大多是60后，其中，中央委员平均年龄约为53.6岁，中央常委平均年龄约为56.2岁，可见，年龄结构、年龄梯次比较合理。①

其次，成员和领导层高学历者占比高，党派界别色彩突出。民主党派的成员向来以中高级知识分子为主。在新当选的85名民主党派中央领导人员中，有中国科学院院士、中国工程院院士13人，60人拥有博士学位，占比超过70%。但各党派在界别上有所区别，例如，民盟是以主要由从事文化教育以及科学技术工作的高、中级知识分子组成的参政党，其成员主要集中在高教和普教界，高教和普教界盟员占比达53%。而九三学社的主体界别则是科学技术界、高等教育界和医药卫生界。

最后，任职履历全面，实干经验丰富。在新当选的85名民主党派中央领导人员中，共有16人在国务院有关部门、司法机关担任实职，在地方省级人民政府担任副省长、副市长、副主席，担任实职或有实职经历者达75%。正因为经历过不同岗位、不同职务的长期历练，这些领导干部在政治把握、参政议政、组织领导、合作共事和解决自身问题等方面的能力才得到保证，也为其在新的岗位上尽责履职奠定了基础。

中国共产党领导的多党合作和政治协商制度是中国的一项基本政治制

① 韩金伟. 民主党派换届观察：70后进入领导班子，博士学历者大幅增加［OL］. 澎湃网，2017-12-30.

度，构成中国共产党统一战线体制的核心部分。此次八大民主党派顺利完成新老交替，有助于中国特色社会主义多党合作事业的巩固和发展，由此在中国共产党的领导下凝聚政治合力，“画出最大同心圆”。

（文/吴双）

新班子力推党内整风新动作

2017 年 12 月以来，中国共产党新一届领导集体着眼“新时代”开局，首先从政治领域破题，频推党风整治新动作：从保持反腐高压态势、纠正改头换面后的“四风”乱象，到进一步规范党政机关用房用车，再到召开中央政治局首次民主生活会，及至正式建立党务公开制度，党的十九大后全面从严治党序幕正式拉开。

1. 聚焦“四风”：遏制官僚主义和形式主义变异反弹

“四风”问题，即形式主义、官僚主义、享乐主义和奢靡之风，是中共中央对党内作风存在的突出矛盾与突出表征的集中概括。[①] 早在 2013 年群众路线教育实践活动中，反“四风”就成为中国共产党的整风焦点；其后，通过对具体作风乱象的重点打击并强化常态性的监督检查与执纪问责，党内作风改善明显，尤其是享乐主义与奢靡之风得到有效遏制。相比于过去 5 年的反“四风”行动，此轮作风整顿活动重点有所调整，凸显了新一届领导集体对于党风形势的整体判断：一方面，奢靡享乐歪风总体上有所好转，但改头换面的铺张浪费、潜入地下的隐性高消费又开始冒头；另一方面，官僚主义与形式主义不仅具有反弹回潮隐患，而且调研活动、精简会议、检查评比在

① 朱基钗．习近平总书记@全体党员，纠正“四风”不能止步［OL］．中国新闻网，2017 - 12 - 12.

执行中的变形走样也催生了新形式的官僚主义与形式主义。

2017 年 12 月 11 日，新华社发布中共中央总书记习近平就《形式主义、官僚主义新表现值得警惕》一文所做的专门指示，其中强调“纠正‘四风’不能止步，作风建设永远在路上”。[①] 此后，中央纪委也专门针对“四风”反弹问题，指出奢靡享乐歪风的隐形变异现象，明确界定了形式主义和官僚主义的 10 种新表现。[②] 今后一段时间，反对和抵制“四风”仍是攻坚重点，党风整治也将通过理想信念教育、主体责任落实、解决具体问题与严格监督执纪等手段持续发力。

2. 向上看齐：政治局民主生活会重申维护中央权威

近年来，中共中央政治局在年底召开民主生活会，已成为高层政治生活的一项惯例。党的十八届六中全会后，中共中央印发了《县以上党和国家机关党员领导干部民主生活会若干规定》，为完善各级党组织民主生活会提供了制度依据。2017 年 12 月 25 至 26 日，习近平主持召开中央政治局民主生活会。[③] 作为新一届中央政治局的第一次民主生活会，此次会议为接下来各级党组织规范开展民主生活会做了典型示范。

此次会议的一大亮点，是重点对照此前出台的《中共中央政治局关于加强和维护党中央集中统一领导的若干规定》和《中共中央政治局贯彻落实中央八项规定实施细则》，进行自我检查与党性分析，开展批评和自我批评。除此以外，会议要求政治局成员要“把维护党中央权威和集中统一领导作为

---

① 新华社．习近平近日做出重要指示强调：纠正‘四风’不能止步，作风建设永远在路上［N］．人民日报，2017－12－12.

② 参见吴晶、朱基钗：“纠正‘四风’不能止步作风建设永远在路上——中央纪委有关负责同志答新华社记者问”，载《人民日报》，2017 年 12 月 12 日 02 版。

③ 新华社．中共中央政治局召开民主生活会［N］．人民日报，2017－12－27.

明确的政治准则和根本的政治要求”，要带头反对“四风”、引导全党大兴调查研究之风、树好廉洁自律的“风向标”，增强忧患意识，保持居安思危的精神状态。在向上看齐的语境下，上述要求也同样面向全党成员和各级党组织。例如，河北省委印发《关于维护党中央集中统一领导的规定》，湖南省委常委会会议通过《省委常委班子2017年度民主生活会建议方案》，青海省委常委会成为首个召开年度民主生活会的省级党委。在党风整顿的背景下，自上而下开展的民主生活会有助于重建党内组织生活方式，层层激发党组织活力，从而自下而上凝聚政治向心力。

3. 制度管党：严控用房用车，推行党务公开

过去5年，机关楼堂馆所乱象和“车轮腐败”是政治整风行动的重点。随着集中清理整改阶段基本告成，整治的重点开始转向制度化建设。2017年12月5日，《党政机关办公用房管理办法》和《党政机关公务用车管理办法》（以下各称《用房办法》和《用车办法》）正式施行。针对办公用房，2014年国家发展改革委与住建部曾共同发布《党政机关办公用房建设标准》（以下简称《标准》），各省级地方政府也出台过区域性的办公用房管理办法。此次《用房办法》的出台，既在《标准》基础上囊括了建设与管理的全面规定，也在中央层面对全国党政机关办公用房管理制度做了统一整合。《用房办法》对于办公用房的资金来源、管理方法以及监督机制提出了严格要求，并明确了具有可操作性的数字量化规定。针对公务用车，《用车办法》相较于2011年印发的《党政机关公务用车配备使用管理办法》，在新能源汽车配备、公务车种类和监督问责等方面都做了细化规定，并加大了规范力度。总体看来，《用房办法》和《用车办法》既是对此前整治经验成果的制度性总结，也为今后进一步严控用房用车、整顿党政机关作风提供了统一规范。

而党务公开领域也进入制度化规范阶段。2017年12月20日，《中国共

产党党务公开条例（试行）》（以下简称《条例》）正式施行。《条例》明确了党务公开的主体、原则、内容、范围、程序和方式，其中引人注目的有："坚决维护以习近平同志为核心的党中央权威和集中统一领导情况"被列为党的地方组织和基层组织的首项公开内容；明确要求建立健全党委新闻发言人制度、例行发布制度及重大事项社会公示和社会听证制度；此外，党务公开工作情况还被列入了全面从严治党政治责任的考核内容。事实上，早在2004年，"党务公开"就已出现在党的文件之中。① 其后，党的十七大、十八大和十九大都提及"推进党务公开"②，相应的实践探索也渐次展开，但却一直缺乏统一的制度规范。此次《条例》的出台，明确了党务公开的主体、原则、内容、范围、程序和方式，使党务公开走上了制度化、规范化、程序化的轨道。

4. 自我革命：党风整治仍将保持高压常态化趋势

自党的十八大以来，全面从严治党不仅被提升至重大战略部署的高度，更在新时代条件下与党的自我革命决心紧密相连。过去5年，中国共产党密集开展了党的群众路线教育实践活动、"三严三实"专题教育活动等作风建设活动，在出台"八项规定"的基础上修订了《中国共产党纪律处分条

① 党的十六届四中全会第一次在党的文件中正式提出逐步推进党务公开。

② 自2007年党的十七大开始，"党务公开"被写入党代会报告，同时按规定将实行党务公开作为党的一项组织制度写入党章。十七大报告中强调，"尊重党员主体地位，保障党员民主权利，推进党务公开，营造党内民主讨论环境"。2009年7月，中央党务公开工作领导小组在北京成立，加强对党务公开工作的组织领导和工作指导。两个月后，党的十七届四中全会通过了《关于加强和改进新形势下党的建设若干重大问题的决定》，强调要"推进党务公开，健全党内情况通报制度，及时公布党内信息，畅通党内信息上下互通渠道"。2012年，党的十八大报告中明确，"推进权力运行公开化、规范化，完善党务公开、政务公开、司法公开和各领域办事公开制度"。2017年，党的十九大报告中指出，"扩大党内基层民主，推进党务公开，畅通党员参与党内事务、监督党的组织和干部、向上级党组织提出意见和建议的渠道"。

例》，通过严格控制党员规模，[①] 实施巡视全覆盖等党内监察机制，强化党员队伍清理整顿，仅在中管干部层面就立案审查了440余人。在此基础上，习近平在党的十九大报告中再次强调坚定不移推动全面从严治党"向纵深发展"。2017年12月密集出台的诸项举措，不仅表明了高层抵制"四风"问题的坚决态度，也显示其"让权力在阳光下运行"的政治信心，由此构成新一轮党风整治开局部署的重要部分，必将在作风建设领域产生联动反应。可以预见，党风整治在未来一个时期仍将保持高压与常态。

（文/刘环宇）

新政全面规制中企资本输出

2017年年末，中国监管部门密集出台境外投资新政。12月18日，国家发展改革委、商务部、中国人民银行、外交部、全国工商联等五部门联合发布《民营企业境外投资经营行为规范》（以下简称《规范》），引导和规范民营企业境外投资活动。12月26日，国家发展改革委发布《企业境外投资管理办法》（以下简称《办法》），定于2018年3月1日起正式实施，届时《境外投资项目核准和备案管理办法》将同步废止。境外投资新政迭出，意味着中国企业境外投资进入全面管制时期。

1. 防范风险：境外投资政策由松到紧、变宽为严

自21世纪初官方提出"走出去"战略以来，中国的境外投资监管经历了一系列政策变迁，以2016年为分水岭，前后政策导向表现为宽松和从严

① 许耀桐．党的十八大以来全面从严治党的新进展［J］．国家行政学院学报，2017（4）．

从紧两个阶段。2004 年、2009 年、2011 年，国内主管部门推出多项对外投资政策，逐步放松境外投资事前监管程序，下放事前监管的审核权限。2014 年，国家发展改革委发布《境外投资项目核准和备案管理办法》，将境外投资监管方式由逐项核准改为备案为主、核准为辅，此后境外投资快速发展，中国迅速跻身境外投资大国前列。但与此同时，境外投资发展出现了一些新问题，企业也提出一些新诉求，需要在管理机制上做出及时应对。

一方面，2016 年以来出现了大规模、不平衡的对外投资活动①，这在人民币汇率疲弱、外汇储备快速缩水的背景下尤显异常，引起监管部门的警惕；另一方面，部分中国企业在境外投资过程中出现了一些不规范行为，对"走出去"战略实施和中国负责任的大国形象产生了负面影响。其中，占据中国企业"走出去"半壁江山的民营企业，在境外投资上也出现了违规经营、盲目决策、恶性竞争、忽视质量和安全管理等非理性现象。针对新问题、新诉求，监管部门在采取临时性措施的同时，开始酝酿长期性的制度建设，此轮境外投资新政"组合拳"在此背景下应运而生。

2. 放管结合：加强境外投资全方位监管

《办法》作为境外投资管理的基础性制度，在"放管服"三个方面统筹推出了八项改革举措。其中，监管领域着力减轻企业事前监管负担，完善境外投资全过程监管。

首先，在事前监管领域突出简政放权，推出三项改革，进一步便利企业境外投资。一是取消项目信息报告制度，即"小路条"，降低制度性交易成本；

① 从规模上看，2016 年，全球外商直接投资下降 2%，而中国的对外直接投资却整体同比增长 34.7%，非金融类对外直接投资增长 49.3%，并且债务投资工具是 2015 年的 4.6 倍，创历史极值。从行业上看，部分行业对外直接投资异常强劲，如酒店和餐饮业对外直接投资同比增长 124.8%，文化、体育和娱乐业同比增长 121.4%，房地产业同比增长 95.8%。

二是取消地方初审、转报环节，方便企业好办事、少跑腿；三是放宽投资主体履行核准、备案手续的最晚时间要求，有利于企业更加从容地安排交易节奏。

其次，在全过程监管上突出放管结合，推出三项改革，进一步规范境外投资。一是补齐管理短板，按照实质重于形式的原则，将境内企业和自然人通过其控制的境外企业开展的境外投资纳入管理框架，管理措施更加精细化；二是创新监管工具，改进协同监管和全程监管，多方式、全过程地开展监管活动，更好地发挥监管效力；三是完善惩戒措施，明确惩戒行为，加大惩戒力度，力图实现联合惩戒。

3. 引导规范：促进民企健康有序“走出去”

《规范》是国家针对民营企业“走出去”发布的引导性文件，也是对近几年对外投资热潮经验教训的总结，主要从五方面对民营企业境外投资行为进行了引导和规范。一是完善经营管理体系，建立健全境外投资决策、授权管理、财务管理等内部规章制度。二是依法合规诚信经营，开展公平竞争，诚信经营。三是切实履行社会责任，树立服务社会的良好企业形象。四是注重资源环境保护，履行环保责任和相关法律义务。五是加强境外风险防控，健全应急处置机制，完善安全保障措施。值得注意的是，《规范》强调对“走出去”的民营企业和国有企业一视同仁，并再次重申不得以虚假境外投资非法获取外汇、转移资产和进行洗钱等活动。

4. 治理升级：资本输出时代的中国选择

近年来，中国已从资本输入国转变为资本输出国。2015 年，中国对外直接投资流量跃居全球第二，超过同期吸引外资规模，实现资本净输出。在此背景下，随着强监管、防风险成为本届政府经济治理思路的核心要素，对外经济政策也势必需要做出相应调整。事实上，2017 年 8 月，相关部委已联合发布《关于进一步引导和规范境外投资方向的指导意见》，明确划设了境外投资“红线”。此次《办法》和《规范》延续了强监管的政策基调，是在总结中企境外投资经验教训的基础上做出的重要制度性安排，凸显监管部门放管结合、注重实质、强调全过程管控的总体思路。从更为深远的意义上看，这些具体制度的变化，或标志着中国“走出去”战略正从规模扩张转向量质平衡。这与国内经济治理的步调大体一致，二者都统一于“国家治理体系与治理能力现代化”的治理升级轨道之内。在未来实施过程中，如何进行合理引导，把握“放”与“管”的平衡，在防范投资风险的同时也充分发挥企业活力，使之服务于国家总体战略，仍需更多有益的探索。

（文/庄晓月）

两办发文促建“村务监督委员会”

2017年12月4日，中共中央办公厅、国务院办公厅印发《关于建立健全村务监督委员会的指导意见》（以下简称《意见》）。建立健全村务监督委员会，旨在建立村民对村务进行民主监督的机构，将对从源头上遏制村民群众身边的不正之风和腐败问题起到重要作用。

1. 村务监督委员会是基层反腐重要一环

一直以来，基层都是反腐工作重要而难以攻克的一环，基层腐败的治理深刻关系到脱贫攻坚能否最终成功。基层腐败的形式多种多样：从危房改造款到土地征用补偿款，再到救助资金，扶贫领域腐败问题涉及广泛；虚报冒领、截留私分、优亲厚友、挥霍浪费等。铲除基层腐败，需要全面推进基层民主法治建设，清除基层民主选举中的暗箱操作现象，破除家族势力、黑恶势力的根基。与此同时，扶贫领域腐败问题涉事者中基层工作人员较多，从村小组组长到村主任，他们中的一些大行不正之风，直接侵害贫困群众的切身利益。

此次《意见》是党的十九大后中央首次专门就打击基层腐败做出的重要部署，也是全面贯彻党的十九大精神的重大举措。

2. 用制度严控村级权力

《意见》主要从村务监督委员会的人员组成、职责权限、监督内容、工作方式、管理考核和组织领导六个方面提出指导意见。其要点如下：

第一，用制度严控村级权力。设立村务监督委员会，在村民自治体系中构建了一个与村“两委”平行的、独立行使监督权的机构，实现了村务管理和村务监督相分离。在组织形式方面，村务监督委员会是村设立的对村级事务实施民主监督的群众性自治组织，负责村民民主理财，监督村务公开等制度的落实，是一种基层自治组织形式。村务监督委员会一般由 3 至 5 人组成，设主任 1 名，提倡由非村民委员会成员的村党组织班子成员或党员担任主任，原则上不由村党组织书记兼任主任。村务监督委员会成员由村民会议或村民代表会议在村民中推选产生，任期与村民委员会的任期相同。

第二，给基层权力戴上紧箍咒。村务监督委员会是对村委会依法行事的监督和制衡机构，给农村基层组织的权力戴上了紧箍咒，形成了全方位的制约和监督。其职责是对村务、财务管理等情况进行监督，受理和收集村民有关意见建议，享有知情权、质询权、审核权、建议权和主持民主评议权。其监督内容主要有村务决策和公开状况、村级财产管理情况、村工程项目建设情况、惠农政策措施落实情况、农村精神文明建设情况等。

3. 用创新加强基层民主

从法治层面铲除基层腐败，需要多管齐下，村务公开、选举透明、财政公开等都应该严格依照相关法律法规行事。同时，加强监督，通过公布举报电话、举报邮箱等方式广开信访渠道，及时发现问题，及时调查了解，及时问责到位。有效的村务监督不仅可以保证村庄资源的有效使用，而且可以动员群众参与到村集体事务中来。村民越是关心村务、参与村务，村庄治理就越有活力，才能彻底铲除农村腐败土壤，才能确保乡村振兴战略各项政策落地、生根、发芽。

（文/王依琪）

中国全面试行生态环境损害赔偿制度

2017年12月17日，中共中央办公厅、国务院办公厅正式印发《生态环境损害赔偿制度改革方案》（以下简称《方案》），要求各地区各部门结合实际认真贯彻落实。这意味着此项两年前启动的改革从“先行试点”进入“全国试行”的新阶段。

1. 全面弥补我国现行环保法律制度的空白，明确权责

我们国家过往的企业排污、企业污染存在成本过低的问题，企业的违法成本过低，守法成本过高。现有的法律制度中和框架体系内缺乏一套制度来解决生态环境损害赔偿的问题。从2015年开始，在山东、吉林等7个省市进行了“生态环境损害赔偿”制度改革的试点，通过赋予政府作为辖区内生态环境、自然资源权力人的职能和职责，让它在生态环境损害发生的时候，代表辖区内的自然资源权利人去进行有关损害赔偿的磋商或诉讼，正式弥补法律跟制度上的一项空白。

我国环保法律制度已经取得了初步成效，并建立起全国试点的充分基

础。现行的《生态环境损害赔偿制度改革方案》在总结吉林等7省市试点经验、继承2015年《生态环境损害赔偿制度改革试点方案》基本框架基础上，进行了调整补充：将赔偿权利人由省级政府扩大至市地级政府（包括直辖市所辖的区县级政府）；授权地方细化启动赔偿的具体情形；将赔偿磋商作为诉讼的前置条件；进一步明确了地方人民政府提起的生态环境损害赔偿诉讼与社会组织、人民检察院等法律规定的机关提起的环境公益诉讼的关系。

根据两年试点中不断地进行地方调研、开会、讨论，《方案》根据暴露出来的问题针对性地做出修正，体现出新的时代特征。第一，明确赔偿权利人，赔偿权利人从省级政府扩大到市地级政府。第二，生态环境损害赔偿诉讼有前置条件，《方案》规定了"磋商前置"程序。第三，制度尚属"试行"阶段，要求创新公众参与方式，保障公众知情权。第四，《方案》将逐步建构环境诉讼新格局。

2. 环保部明确生态环境损害赔偿制度"三步走"

环保部将会同有关部门，分三阶段推动各地制订实施方案。2018年6月底前，组建改革领导小组，明确赔偿权利人及其指定的相关部门或机构的人员和工作流程，印发本行政区域改革实施方案，进一步明确生态环境损害赔偿适用范围；2018年7月以后，积极采取措施开展生态环境损害赔偿工作，做好配套文件制定和实施；2020年以后，深入开展生态环境损害赔偿工作，推动有关方面制修订相关法律法规政策，进一步指导地方改革实践。

环保部将重点抓好三方面工作：一是做好改革业务指导和跟踪督促。会同最高人民法院、最高人民检察院、司法部等相关业务指导部门，推动解决各地在试行过程中遇到的问题，并将各地生态环境损害赔偿制度改革进展情况纳入中央环保督察范围。二是加强生态环境损害赔偿技术保障。继续完善环境损害鉴定评估技术体系，研究编制土壤和地下水、污染物性质鉴别、替代等值分析法等方面的鉴定评估技术规范。联合司法部进一步强化全国环境损害司法鉴定机构登记评审专家国家库建设，指导推进地方库建设。三是积极推进相关立法工作，确立生态环境损害赔偿基本规则。

3. 完善环境损害鉴定评估技术，环境有价，损害担责

我们国家已经逐步形成一套生态环境损害鉴定评估的技术体系。国家已经发布了《生态环境损害鉴定评估技术指南 总纲》《生态环境损害鉴定评估技术指南 损害调查》等一系列的技术导则，初步建立了环境损害鉴定评估的技术体系。因为环境损害鉴定评估是把生态环境资产的价值变成可量化的方式和技术手段，所以我们初步建立了这个技术手段，就解决了生态环境损害赔偿的关键技术问题。

改革方案的本质目的是更加有效地恢复受损的生态环境，而并不一定是用金钱来衡量，修复和恢复的过程不一定是以赔付金钱的方式，也可以在原位进行生态环境的直接性恢复，有些恢复不了的，再行替代性的修复，目的是要把受损的生态资源、生态环境恢复到它遭受破坏之前的状态。无法修复、恢复的才把它量化，利用环境损害鉴定评估技术体系等一些经济学的可量化方法，把自然资源量化成金钱的价值。

“损害担责原则”是《中华人民共和国环境保护法》的一项重要原则，而生态环境损害赔偿改革就是对这条原则的一个实践。生态环境损害赔偿制度是由损害者（污染者）承担修复受损生态环境的责任，将企业污染、排污污染的外部成本内部化，有助于打破国内存在的“企业污染，百姓受害，政府买单”的困境。

（文/葛迎）